Architektur der Welt

Raymond Oursel
Henri Stierlin (Hrsg.)

Romanik

Fotos: Jacques Rouiller
Vorwort: Hermann Baur

EVERGREEN

Herausgeber der Reihe	Henri Stierlin
Grafische Gestaltung	Marcel Wyss SWB VSG
Ausführung der Pläne	Jean Duret FAS SIA
Übersetzung aus dem Französischen	Alfred P. Zeller

EVERGREEN is a lable of Benedikt Taschen Verlag GmbH

© für diese Ausgabe: Benedikt Taschen Verlag GmbH
© Compagnie du Livre d'Art, S.A.
Editions Office du Livre, Lausanne
Printed in Germany
ISBN 3-8228-9524-5

Anlage des Buches

Vorwort

Von Hermann Baur, Architekt

Die Architektur unserer Zeit hat sich in einer besonderen, vorher nicht bekannten Weise mit der architektonischen Ausdrucksweise früherer Zeiten auseinanderzusetzen. Bis in das 19. Jahrhundert hinein haben sich die Baumeister einer bestimmten Stilperiode über das, was früher geschehen war, keine großen Gedanken gemacht, sondern hemmungslos das Neue, das Andere, über das Vorherige Hinausgehende gesucht und verwirklicht, naiv und ohne Reflexion: das Bisherige war das Gegebene, aus dem man herausstrebte zu Neuem, Unbekanntem. Diese Tatsache ist in besonderer Weise am Schicksal der romanischen Kunst abzulesen. Von dem «weißen Gewande», mit dem nach dem schönen Worte des Mönches Glaber nach dem Jahre 1000 die westliche Hemisphäre überzogen worden war, blieb wenig übrig. Die folgende Zeit der Gotik hat mit stürmischer Hand das Romanische nach ihrer Weise umgestaltet oder beseitigt.

Der Einbruch des Historismus veränderte diesen Zustand des unmittelbaren Intuitiv-Schöpferischen. Die Reflexion begann und damit eine Erstarrung, die im Klassizismus ihren Ausdruck fand. Griechenland – das Ideal! Seine Bauten waren die Wert-Skala für die Architektur überhaupt. Bis zu Jacob Burckhardt reicht diese Sicht, diese fast ausschließliche Wertung nach dem klassischen Kanon, die dazu führte, daß die Bauten des Mittelalters und in besonderer Weise die Kunst der Romanik als minder hochstehend, als primitiv angesehen und übersehen wurden.

Gegen diese Erstarrung bedeutete die Romantik, die zu Anfang des letzten Jahrhunderts aufbrach, eine erste Auflehnung. Die Menschen dieser Zeit begannen, wieder das zu suchen und zu lieben, was von den «Klassikern» abgelehnt worden war: das Naive, das Irrationelle, das Traumhafte, das Groteske – Werte, die man in den Werken der romanischen Bau- und Bildkunst neu entdeckte und herausstellte. Zugleich erfolgte aber dadurch ein neues Verhaftetsein mit Vergangenem: Die romanische Baukunst wurde, neben jener der Gotik, als Kirchenbaustil «par excellence» determiniert und von den kirchlichen Amtsstellen bis ins 20. Jahrhundert hinein für neue Kirchenbauten vorgeschrieben. Die verhängnisvollen Folgen für das wirklich Schöpferische in der Kunst sind uns heute klargeworden.

Erst der Aufbruch des neuen Bauens am Anfang unseres Jahrhunderts brachte eine Klärung im Verhalten zur Kunst der Vergangenheit, das weder eine Ignorierung noch eine Imitierung sein darf... Die Schätze vergangener Kunstepochen liegen ausgebreitet vor uns Heutigen. Wir haben gelernt, sie im Zusammenhang und in der Verpflichtung mit den jeweiligen zeitlichen Bedingungen zu sehen; wir wissen aber auch um die zeitlosen, unverlierbaren Werte, die in ihnen geoffenbart worden sind, und um jene Dinge, die in ihnen nur ihren Anfang genommen haben, aber nicht zur Vollendung gebracht worden sind, und deren Wiederaufnahme und Weiterführung vielleicht unserer Zeit aufgegeben ist.

Die Gegenwart, ihre Anforderungen und ihre Möglichkeiten sind anders geworden. Die Technik hat die konstruktiven Voraussetzungen verändert. Der Gottesglaube, der die ganze romanische Welt zu höchsten künstlerischen

Werken brachte, ist nicht mehr das Signum unserer Welt. Nicht mehr, wie damals, sind Kirchenbauten die Krönung unserer Städte und Landschaften. Die Zeit der großen Kathedralen und Klosteranlagen ist vorbei.

Und trotzdem, es ist schwer zu erklären und doch eine Tatsache, hat die moderne Architektur eine besondere Affinität zur Kunst der Romanik! Auch die heutige Architektur ist gekennzeichnet durch eine Vorliebe für klare, einfache, kubische Formen, wie sie uns besonders in kleinen romanischen Kirchen entgegentritt. Die wunderbare Klarheit und Einfachheit eines Kirchenraumes wie jener von Tournus mit seinem schattigen Dämmerlicht, seiner Stille und seinem geheimnisvollen Wesen, sprechen uns unmittelbar an.

▼ Der Chor der Kirche Sankt Niklaus von der Flüe in Birsfelden. Architektur Hermann Baur

▼ Der Eingang der Kirche von Döttingen. Architektur Hermann Baur

▲ Allerheiligenkirche in Basel: eine überraschende Ähnlichkeit mit den romanischen Altären. Architektur Hermann Baur

Der romanische Kirchenbau ist zwar im wesentlichen noch der basilikalen Anlage verpflichtet. Aber wir sehen in ihm doch auch schon das Ausbrechen aus diesem römischen Schema und den Beginn einer durchaus neuen, eigenständigen, unmittelbarer aus dem christlichen Kult herausgewachsenen Raum- und Bauform. Im Aufbrechen des Längsraumes durch das Querschiff und durch die Überhöhung über der Vierung, womit der Ort des Altars räumlich und baukörperlich markiert wird, kommt dies besonders deutlich zum Ausdruck. Ausdrücklich tritt dies bei jenen kleineren romanischen Kirchen in Erscheinung, deren kubisch gedrängte Bauanlage über dem Altarraum ihre Kulmination findet.

Hier, an dieser Stelle, sehen wir Ansätze zu etwas, das auch dem Kirchenbau unserer Zeit ein besonderes Anliegen geworden ist, nämlich eine Raum- und Bauform zu finden die der Funktion entspricht, also dem, was Kirchenbau sein und geben soll.

Wie damals um das Jahr 1000 ist es ein Ablösen von Konventionen, die nicht mehr Geltung haben können, und ein Neubeginn auf den Fundamenten einer erneuerten Schau der Kirche.

Der Vergleich gewisser neuer Kirchen und Kirchenprojekte mit romanischen Bauten, vor allem in Frankreich, ist sehr aufschlußreich. Wollte man Einzelheiten nennen, in denen die Affinität unserer Zeit zur Romanik sinnenfällig wird, so könnte man etwa auf das Thema «Portal» hinweisen, das der Romanik ein so wichtiges – und neues! – Anliegen war und das im Kirchenbau von heute wiederum bedeutungsvoll geworden ist, oder auf die überraschende Gleichartigkeit romanischer und moderner Altäre, die hier wie dort das Wesen des Mahltisches in einfacher unmittelbarer Weise zum Ausdruck bringen. Es ist auch auf die Tendenz hinzuweisen, die sogenannte freie Kunst unserer Zeit wieder neu in die Architektur zu integrieren, eine Sache, die für die romanische Architektur besonders charakteristisch ist. An Bauten unserer Zeit wird diese Integration schon dort sichtbar, wo in Sichtbetonwände feine Linien eingezogen oder reliefartige Gebilde eingegossen worden sind. Unverkennbar ist die geistige Verwandschaft der modernen Kunst zu jener der Romanik in der Malerei, mit der sie, in der Abkehr von Naturalismus und in der Abstrahierung vom Gegenständlichen, sich weitgehend trifft.

1000 Jahre liegen zwischen jener Zeit, in der die Romanik aufgebrochen war, um ein neues Weltbild in seinen Bauten und Bildern darzustellen. 1000 Jahre, in deren Verlauf sich die Geschicke der Menschheit in niemals vorausgeahnter Weise verändert haben, die uns die Unterwerfung und das In-Dienst-Nehmen der Kräfte der Natur und damit ganz neue Existenzbedingungen und -möglichkeiten gebracht hat. Über all diese Jahrhunderte und über all diese Verschiedenheiten der äußern Umstände hinweg aber schlägt unser Geist Brücken hinüber zu jener vergangenen Epoche, die so fern ist und uns doch wieder so nahe scheint.

Wir, die wir drin stehen im Werkraum unserer Zeit, einer Zeit, die wir lieben, wie jene die ihrige liebten, wir, die wir uns bemühen, ein gültiges Bild der unsrigen in die Geschichte einzuweben, wir sind immer wieder gerne zu Gaste bei den Malzeichen der romanischen Zeit; bewundernd stehen wir vor ihnen, und aufgemuntert und hohen Sinnes voll gehen wir zurück an das eigene, uns aufgegebene Werk.

Vorbemerkungen

Die Begeisterung für die Schätze der Romanik ist noch jung. Im Mittelalter wurden erbarmungslos kaum fünfzig Jahre alte Kirchen geschleift und an ihrer Stelle noch größere, noch schönere Bauwerke errichtet. Die gotischen Kathedralen stehen auf den Fundamenten von Vorgängerinnen, von denen bestenfalls noch die Krypten erhalten sind – melancholische Zeugen von Formen und Schätzen, die durch ein neues Stilempfinden verdrängt wurden. Diese üppig wuchernde Bautätigkeit führte zum spurlosen Verschwinden einiger der großartigsten architektonischen Schöpfungen aller Zeiten, bis schließlich die in den ersten Jahren des 14. Jahrhunderts auftauchenden finanziellen Schwierigkeiten, die dramatischen Geschehnisse, die während der Regierungszeit Philipps des Schönen die abendländische Christenheit erschütterten, der wirtschaftliche Niedergang und schließlich der Hundertjährige Krieg mit seinen Verwüstungen, Epidemien, Hungersnöten und Ausschreitungen der Blüte ein Ende setzten. Eine junge, kraftvolle Kultur schändete und zerstörte das Erbe der Vergangenheit, doch damals nahm niemand daran Anstoß. Die noch vorhandenen Zeugnisse der Romanik verdanken ihre Erhaltung weniger der Achtung als dem Geldmangel, der Gleichgültigkeit und der Verachtung.

Ein bedrohtes und verratenes Vermächtnis

Als das Abendland im ausgehenden 15. Jahrhundert endlich aus seinem über hundert Jahre währenden blutigen Taumel erwachte, als es wieder dem Versprechen eines beunruhigenden, unbestimmten und unsicheren Frühlings zu leben begann, fegte es auf einmal all das hinweg, wodurch es an seine vergangene Kindheit erinnert wurde. Nun waren ganz andere Vorstellungen lebendig, und das, woran man sich vor kurzem noch berauscht hatte, wurde als barbarisch und einer Wiedergeburt unwürdig verworfen. Mit der verächtlichen Bezeichnung «gotisch» belegte man unterschiedslos die Schöpfungen der Romanik und die französischen Kathedralen, die großen Klosterkirchen und die einfachsten Dorfkirchen. Durch die fortschreitende Verweltlichung und die Nachahmung der beinahe zum Dogma erhobenen Antike kamen die Mäzene immer mehr davon ab, die Errichtung von Sakralbauten zu fördern. Im 16. Jahrhundert wurden – und nicht nur im Tal der Loire – weit mehr Schlösser als Kirchen gebaut.

Den schwersten Schlag aber versetzten dem alten, unverstandenen Erbe die Religionskriege. Man kann ohne Übertreibung sagen, daß in ganz Europa, von den Pyrenäen bis zu den böhmischen Tälern, alle alten Kirchen, die diese traurigen Zeiten überstanden haben, von den fanatischen Verfolgungen und Ausschreitungen gezeichnet sind: sie wurden entweiht und geschändet, wurden oft dessen beraubt, was ihre eigentliche Bedeutung – ihre Seele – ausmachte, der verehrten Heiligenreliquiare, der kostbaren Goldschmiedearbeiten, deren Funkeln das Halbdunkel mit Leben erfüllt hatte, der an die Pfeiler gelehnten bunten Statuen, der mit bemalten Skulpturen geschmückten Gräber, die vor dem Altar in der verbindenden Gemeinsamkeit der Vergänglichkeit die sich der Unerbittlichkeit des Todes

▼ Moissac, Kreuzgang (nach einem Stich aus dem 19. Jh.)

bewußten Lebenden und die Schar jener Zahllosen versammelten, die bereits entschlafen und in Gottes Gegenwart waren. Gewiß, dem heutigen Empfinden entsprechen diese nackten Wände und die gewaltige Leere der Kirchenschiffe, in die so bedrückend trostlos verstümmelte Portale hineinführen. Wer aber jemals eine der Kirchen in Spanien, das von der Geißel des im Namen des Evangeliums entflammten Hasses verschont geblieben ist, betreten hat, wird niemals den verwirrenden, überwältigenden Eindruck vergessen, den er dort empfängt: Kirchenschiffe voller Gold und Zierat, durchglüht vom Funkeln sakraler Gegenstände, übersät mit leuchtend weißen Grabplatten, die sich unregelmäßig unter den hohen Altarwänden, unter kunstvoll geschmückten Grabnischen und in den Ecken der Querschiffe häufen. Hier erlebt der Besucher die ganze Großartigkeit romanischer Sakralkunst, bereichert durch Schöpfungen späterer Jahrhunderte, die sie jedoch vermögens ihrer machtvollen Eigenständigkeit sich einzuordnen und ihren Gesetzen zu unterwerfen vermochte.

Seit der Renaissance wurden die Zeugnisse einer toten Christenheit von einer Mauer der Verständnislosigkeit umschlossen und blieben vielleicht eben dadurch vor dem Übereifer und der genialen Universalität dieser Zeit bewahrt. Hin und wieder jedoch war man mit rührender Treue bemüht, das Vermächtnis der Vergangenheit zu erhalten und notfalls wiederherzustellen. Das bezeichnendste Beispiel bietet die französische Stadt Valence. Als 1604 der Stadtrat von Valence beschloß, die durch Bruderkriege zweimal stark in Mitleidenschaft gezogene romanische Kathedrale fast in ihrer Gesamtheit neu errichten zu lassen, wurde ausdrücklich bestimmt, die Baumeister hätten «die Pfeiler auf den gleichen Fundamenten zu erstellen, auf denen die alten standen, in der gleichen Gestalt, Stärke und Höhe wie jene, die noch stehen und ganz sind, mit ihren Kapitellen geschmückt, wie sie es in der Vergangenheit waren». Dies führte dazu, daß zur gleichen Zeit, da der Renaissance-Stil entwickelt wurde, eine stilgerechte romanische Nachbildung entstand, die in allen Details so präzis ist, daß sogar Fachleute getäuscht werden könnten. Verdienstvollerweise benützten die Restauratoren zum Wiederaufbau Reste der alten Kirche, besonders zwei figurengeschmückte Tympana, die sich harmonisch in das neue Gebäude einfügen und diesem etwas von ihrer Lebendigkeit mitteilen.

Auch andernorts war man mutig und ehrfurchtsvoll genug, sich der Schöpfungen einer vergangenen Zeit anzunehmen – was zumindest teilweise die schmähliche Behandlung aufwiegt, die diesen Bauwerken im allgemeinen zuteil wurde.

▲ Die Abtei von Cluny im Jahre 1157 (nach einem Rekonstruktionsvorschlag von K.J.Conant)

So wurde in Saint-Paulien, dem einstigen Hauptort der gallischen Vellavier und von Le Puy entthronten Bischofssitz, das vom Zerfall bedrohte herrliche, geräumige Schiff der romanischen Kathedrale innen mit einer prächtigen Verkleidung versehen, die noch den Geist des Mittelalters atmet und den ursprünglichen Charakter des Bauwerks wahrt. Das hohe, weite Gewölbe, die durch einen Kapellen-kranz erweiterte Chorhaube und die in der Morgensonne leuchtenden Außenmauern mit ihren schwarz-weißen Inkrustationen sind noch erhalten.

Aber leider handelt es sich hierbei nur um glückliche Ausnahmen. Im 17. und 18. Jahrhundert war – und nicht nur in Frankreich – die Mehrzahl der romanischen Bauwerke, zu denen die sich wandelnde Gesellschaft innerlich keinerlei Verhältnis mehr hatte, dem langsamen Zerfall preisgegeben. Aus den von den Visitatoren der Bischöfe oder Klöster verfaßten Berichten läßt sich dieser erschütternde Vorgang nur allzu deutlich ablesen. Der Fanatismus der Französischen Revolution, die verbrecherische Dummheit eines Materialismus, für den die großen «nutzlosen» Sakralbauten lediglich als Lieferanten von Bausteinen für Lagerhäuser oder Wohnhäuser von Interesse waren, beschleunigten den unerbittlichen Ruin nach Kräften. Jedem erhalten gebliebenen romanischen Bauwerk, von dem man in unserer Zeit so viel Wesens macht, stehen zahlreiche Zerstörungen gegenüber, wobei sich manche Departements des revolutionären Frankreichs besonders auszeichneten: In der Indre-et-Loire riß man eine der ehrwürdigsten Wallfahrtskirchen Frankreichs nieder, Saint-Martin in Tours; in der Haute-Vienne zerstörte man Saint-Martial in Limoges; in der Vienne ließ man den einzigartigen Rundbau von Saint-Saveur in Charroux zerfallen; gleicherweise wurde in der Côte-d'Or jener Rundbau abgerissen, den Abt Guillaume östlich von Saint-Bénigne in Dijon errichtet hatte; in der Saône-et-Loire verbrannte man mit blindwütendem Eifer die alten Archive der Kirchen und Klöster, erfaßte sämtliche zu schleifenden «Kastelle und Prunkhäuser» und zerstörte mit der Spitzhacke in verbissener, methodischer, langwieriger Arbeit die fraglos schönste aller romanischen Bauschöpfungen, die gewaltige Abteikirche von Cluny.

▲ Carcassonne, Saint-Nazaire: Kapitell

Eine fragwürdige Auferstehung

Nach Revolutionen, die die Völker in Zeiten ihres Wachstums erschüttern und unter eine geschmähte Vergangenheit einen Schlußstrich zu setzen versuchen, kann man oft cine merkwürdige Umkehr beobachten. Ins Unbekannte hineingeworfen und von einem Erbe abgeschnitten, dessen Bedeutung für den Geist und den Fortbestand des Volkes man nunmehr wiederum zu erkennen wagt, sind die Menschen sehnsüchtig bemüht, wieder zur Sicherheit bewährter Traditionen zurückzufinden, verfolgen mit neuem Interesse den langen Weg, den sie zurückgelegt haben, entdecken ihr Antlitz und ihre Seele wieder, deren Vernichtung die treibenden Kräfte der Revolution sich zum Ziel gesetzt hatten. Zu einer solchen Umkehr, einer solchen Bewußtwerdung führte im Jahre 1802 in Frankreich das Erscheinen des Buches «Der Geist des Christentums». Nicht ohne Mut ließ sich Chateaubriand, wie er selber schreibt, «in den Ruinen der Tempel nieder», um Glauben, Religion, Gebet und Denken zu verherrlichen – Werte, die die Revolution

für immer in den Herzen der Masse hatte tilgen wollen, wobei sie vor der bewußten Irreführung nicht zurückgeschreckt war, sie mit dem untergegangenen Feudalsystem in Verbindung zu bringen. Der gewaltige Erfolg des Buches beweist, daß unter der jungen Asche die Kraft des uralten Feuers immer noch lebendig war. Die von dem Schriftsteller verkündete Rehabilitierung erstreckte sich auch auf die Künste. In einer überraschenden Beweisführung, deren lyrische Sprache die Tatsache verdeckt, daß sie theologisch unhaltbar ist, fordert er für die christliche Religion das Vorrecht und die Notwendigkeit eines Geheimnisses von Nebel und Schatten, die seines Erachtens die unergründliche Majestät des göttlichen Tabernakels einhüllen. Den «modernen» Architekten ruft er zu: «Und wenn man auch noch so elegante, noch so gut beleuchtete griechische Tempel erbaut, um das gute Volk des heiligen Ludwig zu versammeln, wird es doch stets den Notre-Dame von Reims und Paris nachtrauern, jenen völlig bemoosten, von Generationen Verstorbener und den Seelen seiner Väter erfüllten Basiliken... Gott ist das ewige Gesetz; sein Ursprung und alles, was zu seinem Kult gehört, muß sich im Dunkel der Zeiten verlieren.»

Diesen in brillantem Stil vorgetragenen, aber unrichtigen Ansichten entsprechend begeisterte sich die Generation der Romantik für ein Mittelalter, dessen finstere Leidenschaft und «religiöses Entsetzen» von ihr allerdings weit mehr nachempfunden wurde als die lichten Seiten. Dieser Generation stellte Chateaubriand die gotische Kathedrale als idealen Ausdruck solcher Träumerei hin. In ihr wurde das bewegte Halbdunkel der alten heiligen Haine eingefangen: «Diese in Form von Laubwerk ziselierten Gewölbe, diese Sockel, die die Mauern stützen und wie geborstene Stämme plötzlich enden, die Frische der Gewölbe, das Dunkel der Hochaltäre, die düsteren Seitenschiffe, die Geheimgänge, die niedrigen Tore – all das zeichnet in der gotischen Kirche die Labyrinthe der Wälder nach.» Und sogar die Vögel lassen sich täuschen: sie nisten in den steinernen Wipfeln, aber plötzlich erschreckt sie der Klang «von Orgel und Glocken», der furchterregend «in den Tiefen der Wälder widerhallt».

Zur gleichen Zeit, da man in England und Deutschland uralte Märchen und Sagen wiederentdeckte und sie phantasievoll ausschmückte, gestaltete Victor Hugo die erstaunliche Vision einer gewaltigen, von Menschen wimmelnden Kathedrale, die über ihren faktischen Gehalt hinaus symbolisch für dieses fieberhafte Bemühen war. Hier strichen Geister umher, flossen Zaubertränke aus goldenen Kannen! Über dem abstoßenden, wüsten Gewimmel der Cour des Miracles thronte Notre-Dame de Paris wie eine Märchenkönigin, Leidenschaft und Hexerei führten zu düsteren Tragödien, gespenstischer Feuerschein ließ die Kathedrale aufleuchten. Stiche und Radierungen nährten die Phantasie der Zeitgenossen mit den Darstellungen schwarzer Silhouetten von sturmumtosten Burgen, von Ruinen mit eingestürzten Gewölben und Spitzbogenfenstern, die ein gewaltiger Blitz plötzlich vor wolkenverhangenem Himmel sichtbar werden läßt. Die Kirchen, die man errichten mußte, um die Zerstörungen der jüngsten Vergangenheit wieder wettzumachen, die Adelsschlösser, die öffentlichen Gebäude und sogar die Titelbilder und Illustrationen der Bücher waren ganz im Stil dieser romantisch verbrämten Gotik gehalten, wurden mit geschmacklosen Zinnen versehen, in ein befremdendes, von Drachen und Teufeln bevölkertes Dunkel gehüllt, das uns heute nur noch ein Lächeln zu entlocken vermag.

Prosper Mérimée

Dennoch sollte man diese Verirrungen nicht allzu scharf verurteilen. Zwar wurden durch die falschen Annahmen nach so vielen Jahrhunderten ungerechtfertigter Verdammung viele Legenden gebildet und lebendig erhalten, die heute aus dem Bewußtsein der Allgemeinheit auszumerzen nicht eben leicht ist, aber anderseits erfaßten sie doch wenigstens teilweise eine weit dichtere Wirklichkeit, die von einigen intuitiveren oder aufgeklärteren Menschen erkannt wurde; mit dem glühenden Eifer von Neubekehrten machten sie sich daran, diese Wirklichkeit zu erforschen. Nur auf solchem Umweg war es möglich, die allzu lange verschüttete Welt der Romanik wiederzuentdecken. Diesen Menschen erging es wie Bergwanderern, die nach dem verwirrenden Kreuz und Quer der Aufstiegspfade plötzlich den zu besteigenden Gipfel in seiner ganzen faszinierenden Majestät vor sich aufragen sehen.

Eine überraschende, vielschichtige Gestalt, die ihrer Zeit weit voraus war, stand an der Spitze einer Erneuerungsbewegung, der es endlich gelang, sich von Verbrämungen und dichterischer Begeisterung freizumachen: Prosper Mérimée. Er wurde kurz nach der Jahrhundertwende geboren, ein Jahr nach Erscheinen des Werkes «Der Geist des Christentums». In jungen Jahren neigte er zur Malerei, studierte jedoch auf Wunsch seines Vaters Rechtswissenschaft. Er wurde Advokat, verkehrte aber in seiner Freizeit viel in den literarischen Salons, in denen er durch einige wenig bedeutsame Arbeiten bekannt wurde, sich dann aber durch Novellen einen Namen machte, die in einem neuen, scharfen, harten, manchmal heftigen, immer aber dem Schwulst der Romantik völlig entgegengesetzten Stil geschrieben waren. «Colomba», sein Meisterwerk, entstand 1840. Auf einer Spanienreise kam er der Familie Montijo näher und befreundete sich mit der Gräfin Montijo. Als deren Tochter später als Kaiserin Eugénie nach Frankreich kam, war sie froh, in der ihr fremden Umgebung wieder mit Mérimée zusammenzutreffen, und von da an ging der mondäne Dichter in den Tuilerien ein und aus. Daß er am 23. September 1870, drei Wochen nach der Schlacht bei Sedan, gestorben ist, ist ein eigenartiger Zufall.

Nur wenige Menschen kannten zu seinen Lebzeiten sein wahres Wesen, das er hinter einem zur Schau getragenen Skeptizismus und hochmütiger, beißender Ironie zu verbergen verstand. Gelegentlich verriet er durch eine aufschlußreiche Äußerung das sorgfältig verheimlichte Gefühl der Vereinsamung und Enttäuschung, das ihn erfüllte.

Welche untergründigen Motive veranlaßten ihn, sich 1833 dank seiner guten Beziehungen als Nachfolger des mittelmäßigen Schriftstellers Vitet zum Generalinspektor der historischen Denkmäler ernennen zu lassen? Er war damals erst dreißig Jahre alt und verfügte über keinerlei Fachwissen. Und doch brachte eben diese neue Aufgabe seine besten Eigenschaften an den Tag: er verschrieb sich ihr mit Leib und Seele und fand auf seinen Streifzügen durch die Jahrhunderte, bei der Entdeckung der über die Provinzen verstreuten großartigen Überreste der Vergangenheit, bei der scharfsichtigen Untersuchung, ob eine Restaurierung notwendig war, und schließlich bei der Überwachung der Restaurationsarbeiten eine Befriedigung und innere Erfüllung, die ihm das mondäne Leben nicht zu geben vermochte. In seinen Reiseaufzeichnungen kommt dies ganz deutlich zum Ausdruck.

▼ Vézelay, Madeleine: Inneres der Abteikirche

Viollet-le-Duc, Theoretiker und Prophet

Im Gegensatz zu den Romantikern, die sich vom Mittelalter eine weitgehend falsche, stark gefühlsbetonte Vorstellung machten, betrachtete Mérimée ohne jede Verabsolutierung oder Voreingenommenheit das Baudenkmal an sich und für sich; ganz unsentimental sah er in ihm lediglich die kunstvolle architektonische Schöpfung. Zu einer Zeit, da die Neugotik Triumphe feierte, erkannte er als einer der ersten außerhalb des kleinen Spezialistenkreises der Kommission für historische Denkmäler, daß die romanische Kunst den gotischen Kathedralen gleichkam und in gleichem Maße verdiente, bewundert und geliebt zu werden. Er ließ Saint-Savin-sur-Gartemps und die Kirche von Vézelay restaurieren; für Vézelay zog er einen noch unbekannten 26jährigen Architekten bei, Eugène Viollet-le-Duc. Der junge Architekt verstand es, diese verantwortungsvolle Chance zu nutzen. Es wäre ebenso sinnlos wie ungerecht, wollte man ihn heute wegen mancher Übertreibungen oder fragwürdiger Details seiner Restaurationsarbeit kritisieren: ohne ihn wären die Kirche von Vézelay und viele andere mittelalterliche Bauten heute vermutlich nicht mehr da.

Weniger bekannt ist, daß dieser Architekt auch ein hervorragender Theoretiker war, der sich mehr als einmal als Prophet erwiesen hat. Im Vorwort zu seinem zehnbändigen «Dictionnaire raisonné de l'architecture française du XIe au XVIe siècle» skizzierte Viollet-le-Duc das Programm, zu dem als zum einzig möglichen Zugang zur mittelalterlichen und besonders zur romanischen Kunst zurückzukehren man in den neuesten Arbeiten und Studien bemüht ist. Mit überraschendem Scharfsinn erfaßte er gleichzeitig den Umfang, die Entwicklungstendenz und die Schwerpunkte dieser Kunst: «Vom 9. bis zum 15. Jahrhundert haben sich die Künste in Frankreich gleichmäßig und logisch entwickelt; sie strahlten nach England, Deutschland, Nordspanien und bis nach Italien, Sizilien und dem Nahen Osten aus... Die Bauschöpfungen aus Stein oder Holz verschwinden..., aber was nicht verschwinden kann und darf, ist der Geist,

▲ Speyer, Dom: Gesamtansicht (nach einem Stich aus dem 19. Jahrhundert)

Geschichte der Baukunst des Mittelalters schreiben will, denn man müßte gleichzeitig die religiöse, politische, soziale und ethnische Geschichte mehrerer Völker darstellen und parallel zueinander entwickeln; man müßte die verschiedenartigen Einflüsse festhalten, die in unterschiedlichem Maße in dieser oder jener Gegend wirksam waren, müßte feststellen, wie diese Einflüsse zusammenhängen, müßte im Falle mehrerer Einflüsse die einzelnen Komponenten analysieren und die Ergebnisse bestimmen, müßte lokale Traditionen, Sitten und Gebräuche von Bevölkerungsgruppen, die durch die Verwendung bestimmter Materialien vorgeschriebenen Gesetze, Handelsbeziehungen und die Eigenart jener Menschen in Rechnung stellen, die auf die Geschehnisse eingewirkt haben, indem sie deren natürliche Entwicklung entweder beschleunigten oder in andere Bahnen lenkten; ferner darf man nicht das unaufhörliche Suchen einer sich allmählich formierenden Kultur aus dem Auge verlieren und muß sich vom enzyklopädischen, religiösen und philosophischen Geist des Mittelalters durchdringen lassen. »

Diese ungemein klugen Äußerungen deuteten bereits an, daß jede kunsthistorische Forschung zum Scheitern verurteilt ist, die sich ausschließlich auf Klassifikationskriterien nach Art eines geologischen oder naturwissenschaftlichen Systems stützt, auf der deterministischen, unpersönlichen Grundlage formaler oder stilistischer Kriterien beruht oder auch mit den verschwommenen Argumenten einer jener mystischen oder symbolischen «Geheimlehren» arbeitet, die die Welt der Romanik seit einiger Zeit in Hülle und Fülle hervorbrachte. Heute jedoch, da die noch gestern von manchen als einfache Vorstufe der gotischen Blüte und Vollkommenheit betrachtete romanische Kunst dem sehnsüchtigen Verlangen unserer Zeit nach der Echtheit einer ursprünglichen, spontanen Geistigkeit zu entsprechen scheint und sich diese Kunst uns in der Fülle eines Selbstzwecks als herrlicher Baum mit tiefen Wurzeln und zahllosen prächtig gereiften Früchten darstellt, findet die vorsichtige, zurückhaltende Aufforderung des großen Architekten vielleicht mehr Verständnis. Durch immer umfassendere und vorurteilsfreiere Bestandaufnahmen werden im gewaltigen Bereich der Romanik eine Vielfalt von Aspekten und Typen und eine fast endlose Fülle von Abstufungen sichtbar, die die herkömmliche Einteilung in Schulen nicht zu erfassen vermag. Besteht beispielsweise auch nur die geringste Gemeinsamkeit zwischen den großen, langgestreckten, ungegliederten, nicht überwölbten Räumen der mitteleuropäischen Kirchen des 9. Jahrhunderts und den kunstvoll gestalteten, überwölbten Kirchen mit

aus dem heraus diese Bauten entstanden sind, denn dieser Geist ist unser Geist, ist die Seele unseres Landes... Wir halten es für schwierig, die aufeinanderfolgenden Wandlungen der architektonischen Künste darzustellen, ohne gleichzeitig eine kurze Übersicht über die Kultur zu geben, die von dieser Architektur gleichsam umhüllt wird; und wenn diese Aufgabe unsere Kräfte überstiegen hat, so haben wir doch zumindest einen neuen Weg aufgezeigt... Ohne Berücksichtigung irgendeiner Vorliebe für diese oder jene Kunstform überraschte uns der vollkommene Einklang zwischen den Künsten des Mittelalters und dem Geist der Völker, in deren Mitte sich diese Künste entfaltet haben... Vielleicht versucht man Unmögliches, wenn man eine komplexem Grundriß wie Saint-Sernin in Toulouse und Saint-Etienne in Nevers? Gibt es auch nur die geringste stilistische Verwandtschaft zwischen den aquitanischen Kuppelkirchen mit ihren zusammengesetzten, gestuften, autonomen Innenräumen und den Kluniazenserbauten mit ihrer ungeheuren Spannung, ihren weitgespannten, hoch aufragenden Bögen, ihren schmalen Emporen und geknickten Gewölbbogen? Atmet die üppige Ausgestaltung der Kirchen im Raum von Poitiers den gleichen Geist wie die großartige Strenge der Abteikirchen in der Normandie? Jeder auf konstruktiven oder dekorativen Schemata gründende Definitionsversuch führt in eine Sackgasse. Ein solcher Versuch wäre hauptsächlich nur deshalb von Nutzen, weil er durch seine Unzulänglichkeit einen weiteren Beweis dafür darstellt, daß der vor hundert Jahren von Viollet-le-Duc aufgezeigte schwierige Weg den einzigen wirklich ausreichenden Zugang zur Welt der Romanik ermöglicht und uns gleichzeitig die vielfachen Kraftlinien und die fundamentale geistige Einheit dieses Universums erkennen läßt. Eine unendliche Vielfalt liegt vor uns, und doch ist sie ein einziger, einheitlicher, unvergänglicher Lobgesang zur Ehre Gottes.

Eine fragwürdige Begriffsbestimmung

Aber schon werden wir unsicher. Die Kunsthistoriker wissen seit langem, daß der Ausdruck «romanisch», mit dem sie eine derart fließende Wirklichkeit einfangen wollen, mehrdeutig und trügerisch ist. Im Gegensatz zu dem drei Jahrhunderte älteren Begriff «gotisch» hat er keinerlei abwertende Vor- oder Nebenbedeutung. Die Bezeichnung wurde 1818 von dem ansonsten unbedeutenden Auguste de Prévost eingeführt; sie drückt die Übereinstimmung aus, die man zwischen den Anfängen dieser Kunst und der Ausbildung der aus dem Lateinischen hervorgegangenen und dementsprechend «romanisch» genannten Sprachen zu erkennen glaubte. Nahezu ein Jahrhundert lang begeisterte das Wort die im Bann der Evolutionstheorie der Naturwissenschaft stehenden Kunsthistoriker. So schrieb J. A. Brutails: «Aus der immer mehr degenerierenden römischen Kunst entstand eine eigenständige Kunst, die romanische Kunst. Diese Bezeichnung ist um so glücklicher, als die Entwicklung der Architektur entsprechend der Entwicklung der Sprache verlief.» In der von André Michel herausgegebenen gewaltigen «Geschichte der Kunst» äußerte sich der gelehrte Camille Enlart im gleichen Sinn: «Der romanische Stil ist – wie die romanischen Sprachen – ein Produkt der von einem neuen Geist beseelten römischen

Tradition.» Der besser unterscheidende Robert de Lasteyrie bestritt zwar nicht, daß der Ausdruck «romanisch» «glücklich» sei, stellte jedoch fest, daß die römische Tradition «stark mit byzantinischen und barbarischen Elementen vermischt» worden sei.

Während im Französischen zwischen römisch («romain») und romanisch («roman») gleichsam ein fließender Übergang besteht, wird in anderen europäischen Ländern eine schärfere Trennung gemacht («römisch» – «romanisch»; «roman» – «romanesque»; «romano» – «romanico» usw.). In diesen Ländern, in denen das kunsthistorische Erwachen langsamer vor sich ging als in Frankreich, wurden die herkömmlichen Kriterien später erst angezweifelt. In England hat zwar die Romanik mehr Spuren hinterlassen, als man vielleicht annehmen möchte, aber sie sind weder so zahlreich noch von so einzigartiger Ursprünglichkeit wie die Zeugnisse der Gotik. In Mitteleuropa wurden die Zwischentypen von den eindrucksvollen Schöpfungen der karolingischen und der ottonischen Zeit und später von der offenbar dem deutschen Geist besser entsprechenden Gotik lange verdeckt. Das Weiterbestehen frühchristlicher Kunstformen in Italien sowie die starke, lang anhaltende Beeinflussung der Apenninenhalbinsel durch die byzantinische und die sarazenische Kunst haben manche Kunsthistoriker veranlaßt, dieses Gebiet fast völlig aus dem romanischen Bereich auszugliedern. Spanien schließlich – von Katalonien abgesehen, mit dem sich J. Puig i Cadafalch gründlich befaßt hat – wurde bis vor kurzem noch stark vernachlässigt, was um so weniger gerechtfertigt ist, als die Gebiete der Reconquista, Navarra, Kastilien und bis hin zum fernen Portugal, nicht nur einige der glänzendsten Schöpfungen romanischer Bildhauerkunst beherbergen, sondern auch eine Fülle von Spätformen aufweisen, die ohne jeden Bruch in die Formen der Gotik übergehen.

Der Begriff «Romanik» erfaßt übrigens keineswegs in allen diesen Gebieten eine gleiche Zeitspanne oder auch völlig übereinstimmende technische Gegebenheiten. Weiter kompliziert wird die Begriffsbestimmung durch die in neuer Zeit immer deutlicher erkannte Tatsache, daß man in weit auseinanderliegenden, sehr unterschiedlichen Regionen der romanischen Welt früh schon mit Spitzbogen experimentiert hat. So rechnen die Italiener nicht selten noch so späte Bauschöpfungen wie das berühmte Broletto in Como (aus dem 13. Jahrhundert) und sogar den nach 1300 entstandenen Palazzo dei Consoli in Gubbio zu ihrer «arte romanico». Die deutschen und die amerikanischen Kunsthistoriker neigen dazu, die Kategorien ihrer französischen

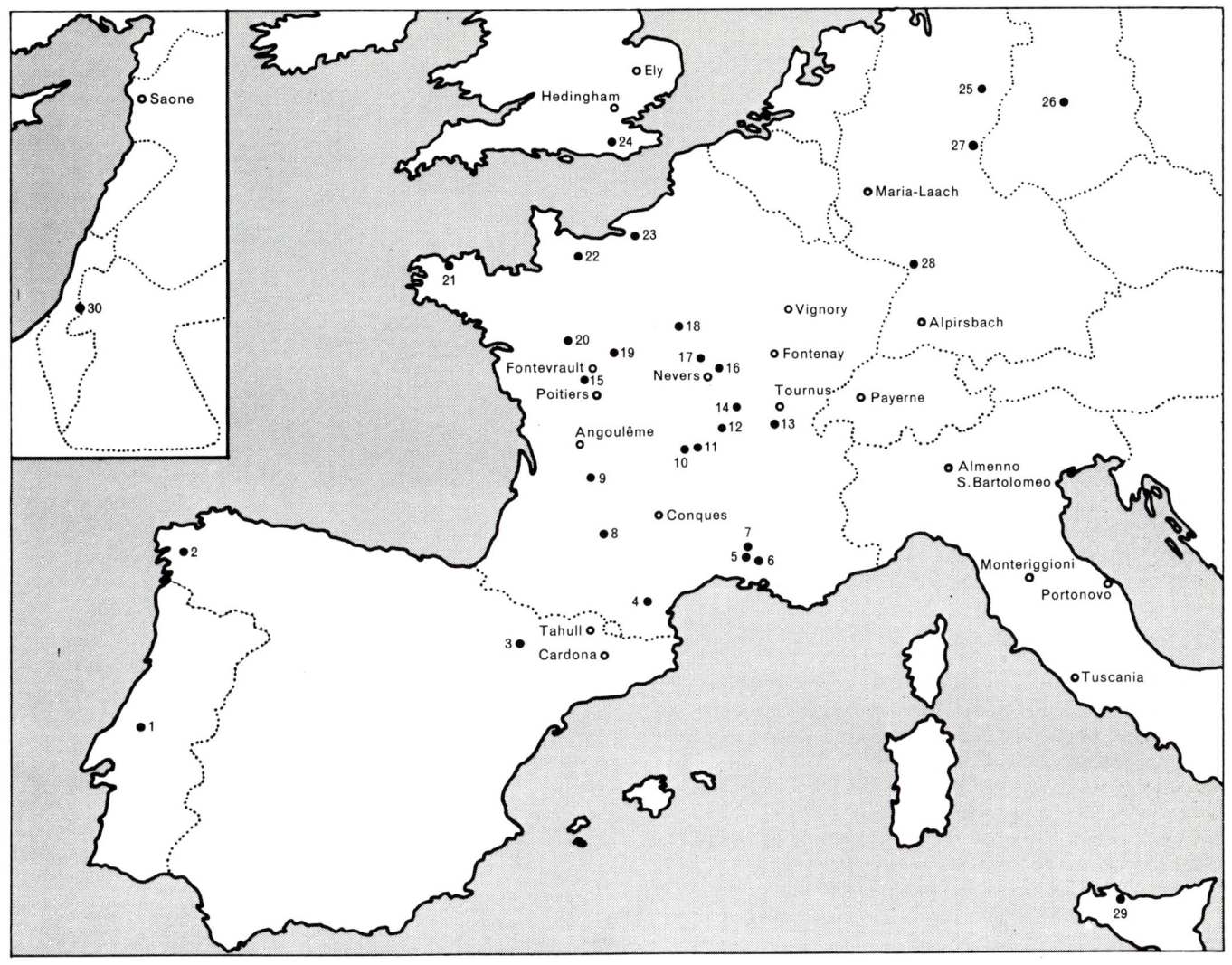

▲ Carte de l'Occident roman où figurent les principaux sites
mentionnés dans le texte:

1 Tomar	9 Périgueux	17 Charité-sur-Loire	25 Hildesheim
2 Saint-Jacques de Compostelle	10 Orcival	18 Saint-Benoît-sur-Loire	26 Mersebourg
3 Siresa	11 Clermont	19 Tours	27 Hersfeld
4 Carcassonne	12 Châtel-Montagne	20 Angers	28 Spire
5 Saint-Gilles-du-Gard	13 Cluny	21 Saint-Pol-de-Léon	29 Palerme
6 Tarascon	14 Paray-le-Monial	22 Caen	30 Jérusalem
7 Uzès	15 Saint-Généroux	23 Jumièges	
8 Moissac	16 Vézelay	24 Lewes	

Kollegen zu verwerfen, und bevorzugen formale Studien und Analysen, die nicht selten zu reiner Abstraktion oder auch zu verschwommenen Eindrücken führen, in denen sich die Kraft und Geschlossenheit der historischen Welten auflösen.

Alles in allem ist das Aufzeigen der weitreichenden, teils widersprüchlichen Einflüsse, die den Geist der Romanik befruchtet und unablässig genährt haben, nicht weniger verdienstvoll als der Versuch, seine inneren Entwicklungen nachzuzeichnen oder seine geographischen Sonderheiten deutlich zu machen, und doch erweist sich all das letzten Endes als unzureichend. In Wirklichkeit haben die Künstler der Romanik in ihrem unbezähmbaren Verlangen, zu erkennen, zu umschreiben und neu zu schaffen, aus allen Quellen geschöpft: aus der damals keineswegs abgelehnten heidnischen Antike, aus der byzantinischen Kultur, deren Pracht ihnen Vorbild war, aus der syrischen und armenischen Kunst mit ihren uralten Themen, aus der von gespenstischen Fabelwesen bevölkerten Welt der wilden Steppenvölker, die damals bis weit nach Westeuropa vorstießen, aus der irischen Welt mit ihren Träumen. Sie erbten ein vollständiges Repertoire, dessen Elemente von sieben Jahrhunderten Christentum im Verlauf und trotz der Wirren einer blutigen Geschichte nach und nach zusammengetragen und einander angepaßt worden waren. Man würde jedoch die Romanik verkennen, wenn man sie nur als eine Verschmelzung oder als eine einfache, geschlossene Synthese dieser so unterschiedlichen Elemente betrachten würde. In diesem Fall würde die unendliche Fruchtbarkeit ihrer Erfindungsgabe auf geschickte Nachahmung und außergewöhnliche Anpassungsfähigkeit reduziert. Vielmehr wurde das alte Erbe von der Kraft, die dieser jungen Kultur innewohnte, erschüttert und umgestaltet; sie bediente sich seiner nur, um daraus etwas Neues zu schmieden, um es zu formen, wie der Töpfer den toten Ton formt, um ihm das neue Leben, den jungen Schwung mitzuteilen, den die Menschen jener Zeit in ihren Adern spürten.

Die Geburt der romanischen Welt

In weniger als zwei Jahrhunderten vollendete sich das Geschick jener Welt, die wir als romanisch bezeichnen – eine Zeitspanne, die, in die jüngste Vergangenheit übertragen, etwa von Napoleon bis in unser Atomzeitalter reicht. Allerdings sind die beiden Zeitpunkte, zwischen die man die Romanik stellt und durch die man sie mangels besserer Kriterien zu definieren versucht, ihrerseits fragwürdig und strittig. Im allgemeinen nehmen die Kunsthistoriker das

Jahr 1000 n.Chr. als Ausgangspunkt der romanischen Kunst an. Sie stützen sich dabei auf eines der berühmtesten Zeugnisse mittelalterlicher Literatur, das, obwohl schon unzählige Male zitiert, noch nichts von seiner kraftvollen Frische, seinem Zauber und seiner außergewöhnlichen Anschaulichkeit verloren hat: «Kurz nach dem Jahr 1000 geschah es, daß fast in der ganzen Welt und besonders in Italien und Gallien die Kirchen wieder aufgebaut wurden, und obgleich sie größtenteils durchaus angemessen waren und fast nichts brauchten, wurde ein jedes christliches Volk von großem Eifer erfaßt, die anderen an Pracht zu übertreffen. Es schien, als ob die Welt ihr Alter abschüttelte und ablegte und sich mit einem weißen Mantel von Kirchen bedeckte.»

Auf dieses von dem Mönch und Chronisten Radulfus Glaber, der Zeuge der von ihm geschilderten Ereignisse war, gezeichnete Bild stützten sich zahllose historische und kunstgeschichtliche Exegesen. Es führte zu maßlos übertreibenden Legenden über die Schrecken des Jahres 1000, die besonders von den Romantikern phantasievoll ausgemalt wurden. Die moderne Forschung hat das Bild korrigiert und gleichzeitig die einzigartige Fähigkeit des mittelalterlichen Geistes aufgezeigt, eine Vielfalt von Handlungen und Entwicklungen zu verwandeln und intuitiv zu deuten und in einer idealen, einprägsamen Formel zusammenzufassen. Radulfus hat also lediglich in einer erstaunlichen dichterischen Zusammenfassung die langsame soziale, wirtschaftliche und politische Entwicklung umschrieben, für die das Jahr 1000 trotz allem in gewisser Hinsicht ein Wendepunkt oder doch zumindest ein auffälliger Markstein war. Wir wollen uns hier nicht bei der kunsthistorischen Auseinandersetzung über dieses visionäre Schema aufhalten; es sei an dieser Stelle nur festgehalten, daß seine Darstellung zwar generell den Tatsachen entspricht, aber idealisiert ist. Es ist nicht falsch, den Beginn der romanischen Kunst um das Jahr 1000 anzusetzen, doch wäre es übertrieben, in dem plötzlichen Aufatmen nach den Weltuntergangs-Ängsten dieses Jahres die unmittelbare Ursache dafür zu sehen. Diese Ängste waren weder so ausgeprägt noch so allgemein, wie man manchmal angenommen hat; in manchen Gegenden blühte die neue Hoffnung bereits vor und nicht erst nach dem ersten rettenden Morgenrot des zweiten Jahrtausends auf und verbreitete sich viel rascher und mächtiger, als es der Fall gewesen wäre, wenn es sich nur um eine Reaktion auf den nach dem Kalender berechneten Weltuntergang gehandelt hätte.

Anmerkungen

Vignory (Frankreich)

Kirche. Der in der alten Diözese Langres gelegene Ort wurde von Karl dem Großen der Abtei Luxeuil zugewiesen, scheint aber nicht lange in deren Besitz gewesen zu sein. Um 1050 vermachte ihn Roger, der Grundherr des Gebiets, der Abtei Saint-Bénigne in Dijon, die in Vignory eine Priorei einrichtete. In der Schenkungsurkunde wird ausgeführt, daß die Kirche erst kurz zuvor («noviter») errichtet und geweiht worden war. Wie schon Deshoulières aufgezeigt hat, scheint das Langhaus etwas älter zu sein als der Chor, der einen Umgang mit drei angrenzenden Kapellen erhielt. Dieses schöne, nüchterne Bauwerk stellt eine beispielhafte Verbindung zweier unterschiedlicher architektonischer Formeln dar: die Anlage des Chors ist französisch, während das nicht überwölbte Langhaus in der karolingischen Tradition steht. Die erhabene Wirkung dieser Kirche beruht auf der harmonischen Raumgestaltung: Zwillingsbögen durchbrechen in genauer Entsprechung mit den Arkaden des Erdgeschosses die mächtigen Mauern des Mittelschiffes.

Angoulême (Frankreich)

Saint-Pierre. Dieses herrliche Bauwerk liegt im Herzen des aquitanischen Verbreitungsgebietes der sogenannten Kuppelkirchen und ist zweifellos ein Prototyp dieser Gruppe. Leider wurde sie im 19. Jahrhundert durch den zu Unrecht so berühmten Architekten Abadie recht ungeschickt restauriert (aber schließlich erging es den meisten Baudenkmälern, die uns aus dem Mittelalter überkommen sind, kaum besser). Die Feststellung, daß der Bau von Bischof Girard von Blaye angeregt wurde, der als Scholast in Périgueux möglicherweise die Errichtung der ersten Kuppeln der dortigen Kathedrale Saint-Etienne miterlebt hatte, bedeutet keine Lösung, sondern lediglich eine Verschiebung eines der rätselhaftesten Probleme der gesamten romanischen Kunstgeschichte: woher kam den Baumeistern von Saint-Etienne die Anregung zu dieser außergewöhnlich majestätischen, merkwürdig orientalisch wirkenden Raumgestaltung? Drei kreisförmige Kuppeln überwölben das Langhaus, eine achteckige Kuppel auf durchbrochenem Tambour krönt die Vierung, vier Kapellen schließen sich an den halbkreisförmigen Chor an. Die fünfteilige – Hauptportal und vier Scheinportale – und fünfgeschossige Fassade mit ihren harmonisch angeordneten Bogenstellungen ist von lockerem Figurenschmuck bedeckt.

Fontevrault (Frankreich)

Küche der einstigen Abtei. Eine der ungewöhnlichsten Schöpfungen der profanen Architektur der Romanik. Die von Robert von Arbrissel, einem Freund von Girard von Blaye, gegründete Benediktinerabtei Fontevrault hatte nach dem Beispiel von Angoulême eine Kuppelkirche, die 1119 geweiht wurde. Die ungefähr um die gleiche Zeit entstandene Küche der Abtei, ein Zentralbau, erinnert in der Anlage an die Kirche. Der Grundriß bildet ein Achteck, an dessen Seiten sich Apsiden anschließen; eingeschrieben ist ein Quadrat, in das sich ein kleineres Achteck einfügt. Eine komplexe Abfolge von Pfeilern und Bögen trägt das hohe konische Gewölbe; ein Hauptkamin und siebzehn kleinere Öffnungen ließen den Rauch abziehen.

Poitiers (Frankreich)

Notre-Dame-la-Grande. Eindrucksvoll ist hier der Gegensatz zwischen dem trotz aller Bemalung streng und nüchtern ausgewogen wirkenden Kircheninneren und der Außenansicht. Über der Vierung erhebt sich ein hoher Turm; die Fassade weist reichen Figurenschmuck auf, der jedoch durch drei Arkadenreihen straff gegliedert wird. Eine kraftvolle Rahmung ergeben die beiden Ecktürmchen.

Tournus (Frankreich)

Saint-Philibert. Die Abtei von Tournus, eine der ältesten Klostergründungen in Burgund, wurde während des Ungarneinfalls vom Jahre 937 verheert und im 11. Jahrhundert fast völlig neu errichtet. Mehrere Bauhütten lösten sich beim Bau der Kirche ab. Die Krypta, die vermutlich den Grundriß der Chorhaube bestimmte, steht noch in der vorromanischen Tradition; das Tonnengewölbe über dem Umgang weist interessanterweise noch die Spuren der Verschalung auf. Besonders eigenartig sind die Gewölbekombinationen in der lombardisch beeinflußten Vorkirche: Kreuzgewölbe, Tonnen und Vierteltonnen. Sie ist zweigeschossig. Die Unterkirche dient als Durchgangsraum, das hohe Obergeschoß hat über den westlichen Ecken zwei Türme. Neu ist die Überwölbung des hoch aufsteigenden Mittelschiffes durch quergestellte Tonnen auf mächtigen Gurtbögen. Der schöne, kunstvoll angelegte Chor schließt die Kirche im Osten würdig ab.

Kirche von Vignory

Grundriß, axonometrische Ansicht und Querschnitt 1:400

0 1   5   10   15   M
0   10   20   50 FT

18

Angoulême, Kathedrale Saint-Pierre
Grundriß und Längsschnitt durch ein Joch 1:600

Kloster Fontevrault, Küche
Grundriß und Aufriß 1:300

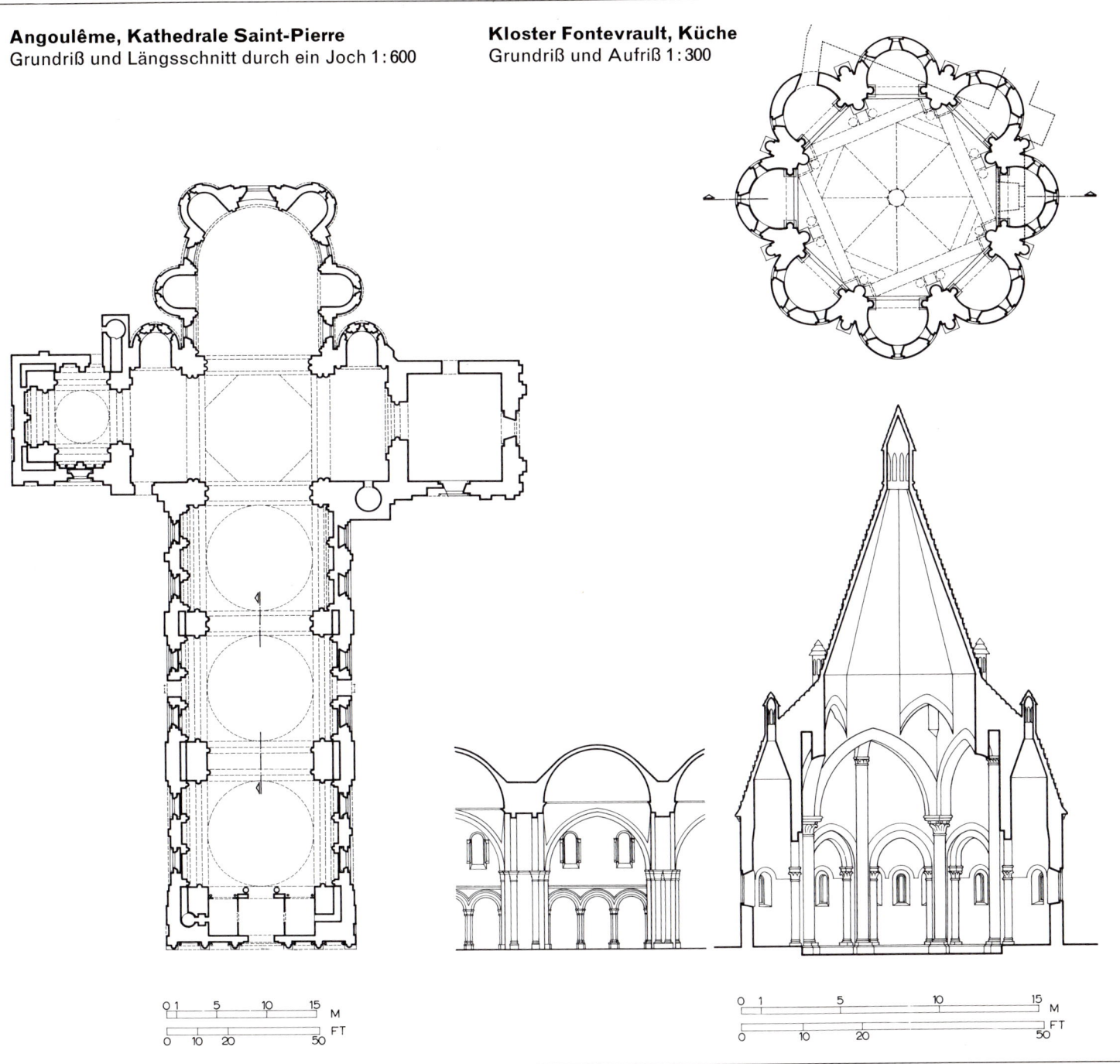

Legenden

Vignory (Frankreich)

21 **Kirche.** Blick vom Chor in das Langhaus. Frühromanische Emporenkirche mit durch Bögen abgeschlossenem Querraum. Erdgeschoß-, Obergeschoßarkaden und Fenster bilden eine einheitliche vertikale Folge.

22 Der durch eine Vierteltonne überwölbte Chorumgang mit Stützenwechsel.

23 Zwillingsfenster im Obergeschoß des Mittelschiffes; Kapitell mit stilisierter Blattreihe und mächtigem Würfel.

Angoulême (Frankreich)

24 **Saint-Pierre-Kathedrale.** Fassade. Die von zwei Türmen mit modernen Helmen eingefaßte meisterliche Fassade ist fünfgeschossig. Zusammengehalten werden die Bogenstellungen und Rundbogenfenster durch den mächtigen Bogen, der den Mittelteil überspannt, und durch den reichen, lockeren Skulpturenschmuck, der sich bis zu den Turmgeschossen ausbreitet.

25 Von einer Arkade gesäumtes Tympanon: zum Himmel auffahrender Christus mit zwei Engeln und den Symbolen der vier Evangelisten.

26 Die mächtige Kuppel über der Vierung.

27 Langhauskuppel auf Pendentifs.

Fontevrault (Frankreich)

28 **Küche der alten Abtei.** Außenansicht.

29 Teilansicht. Interessant sind die achteckige Pyramide des Daches und die Verteilung der Kamine, deren Helme zur wohlabgewogenen Mutwilligkeit der Silhouette beitragen.

30 Blick in die achteckige Dachhaube; an vier Ecken sind Rauchabzugsöffnungen zu erkennen.

31 Detail der Innenstruktur. Mauergebundene Säulen in den Ecken festigen das Bauwerk.

32 Zwei der fünf noch erhaltenen Apsiden. Die drei übrigen wurden im 16. Jahrhundert zerstört. Ein gutes Beispiel für den Einfluß der sakralen auf die profane Architektur: Diese Apsiden könnten auch zu einer Kirche gehören.

Poitiers (Frankreich)

33 **Notre-Dame-la-Grande.** Außenansicht von Osten her. Der Glockenturm ruht auf einem mächtigen Entlastungsbogen und wird von einer eleganten durchbrochenen Laterne gekrönt.

34 Fassade. Man vergleiche sie mit der Fassade der Kathedrale von Angoulême (Abb.24). Drei übereinandergestellte Arkadenreihen ermöglichen eine reiche, typisch aquitanische, aber harmonisch gebändigte Formenüberspinnung der Fassade.

35 Rundbogenarkaden im Chor.

36 Detail der Vierpaßpfeiler, gegliederter Rundpfeiler.

Tournus (Frankreich)

37 **Saint-Philibert.** Blick auf die beiden Türme der Abteikirche von der Chorseite her.

38 Blick in Mittel- und Seitenschiff. Hohe, schlanke Rundpfeiler, aus kleinen Steinen gemauert, tragen die Kreuzgratgewölbe der Seitenschiffe und die Rundbögen des Mittelschiffes. Die Schwibbögen, die das Mittelschiff in Joche gliedern, stehen auf Halbsäulen auf.

39 Blick vom Obergeschoß der Vorkirche ins Mittelschiff.

40 Quergestellte Tonnen überwölben das Mittelschiff.

41 Flache Kreuzgratgewölbe bedecken die nördliche Galerie des sogenannten Saint-Ardain-Kreuzgangs.

42 Obergeschoß der Vorkirche. Das mächtige Tonnengewölbe auf massiven Pfeilern wird durch die Halbtonnen der Seitenschiffe abgestützt.

43 Blick zum Dach des Südturms der Vorkirche.

44 Chorkapelle mit «opus spicatum».

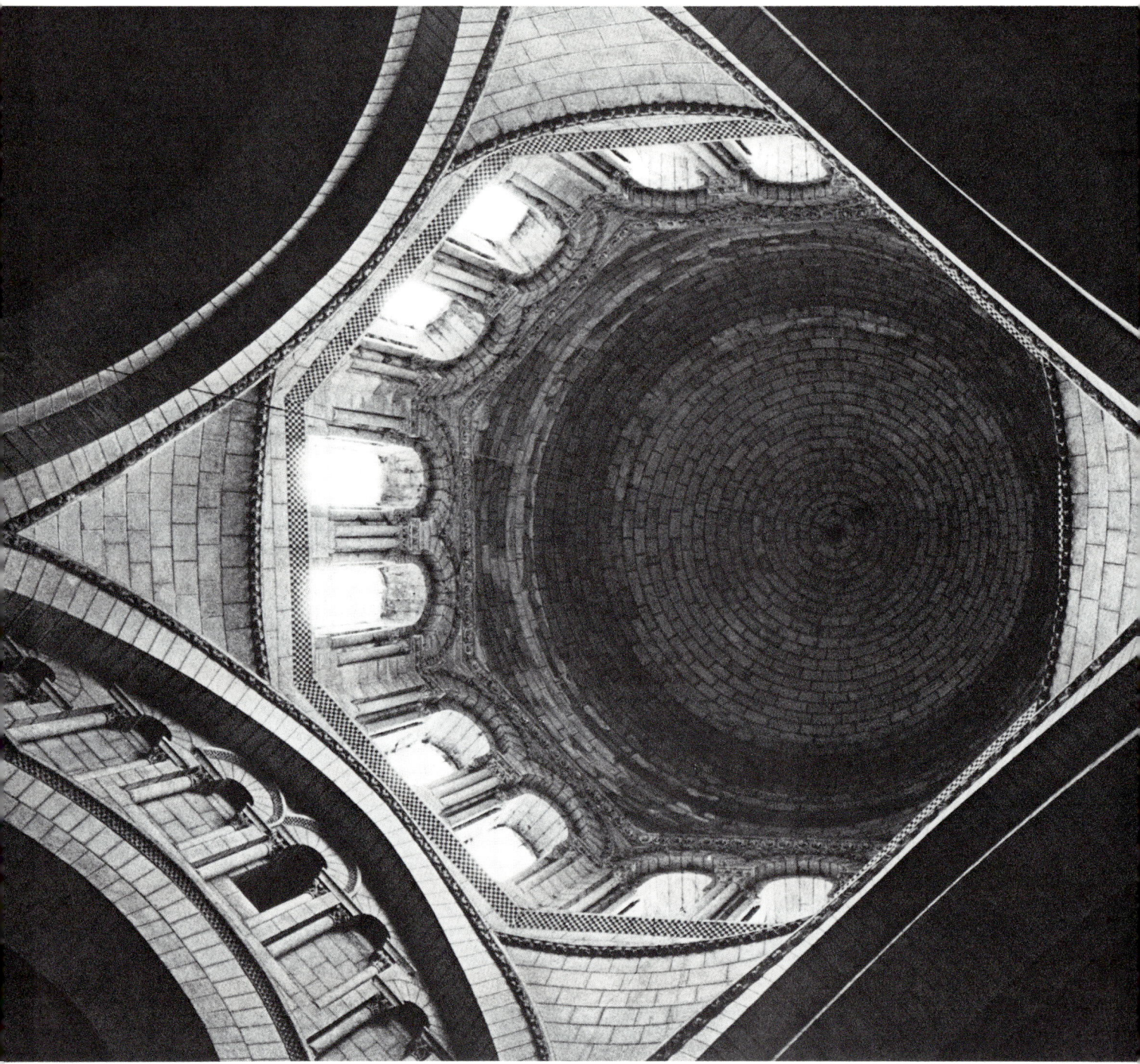

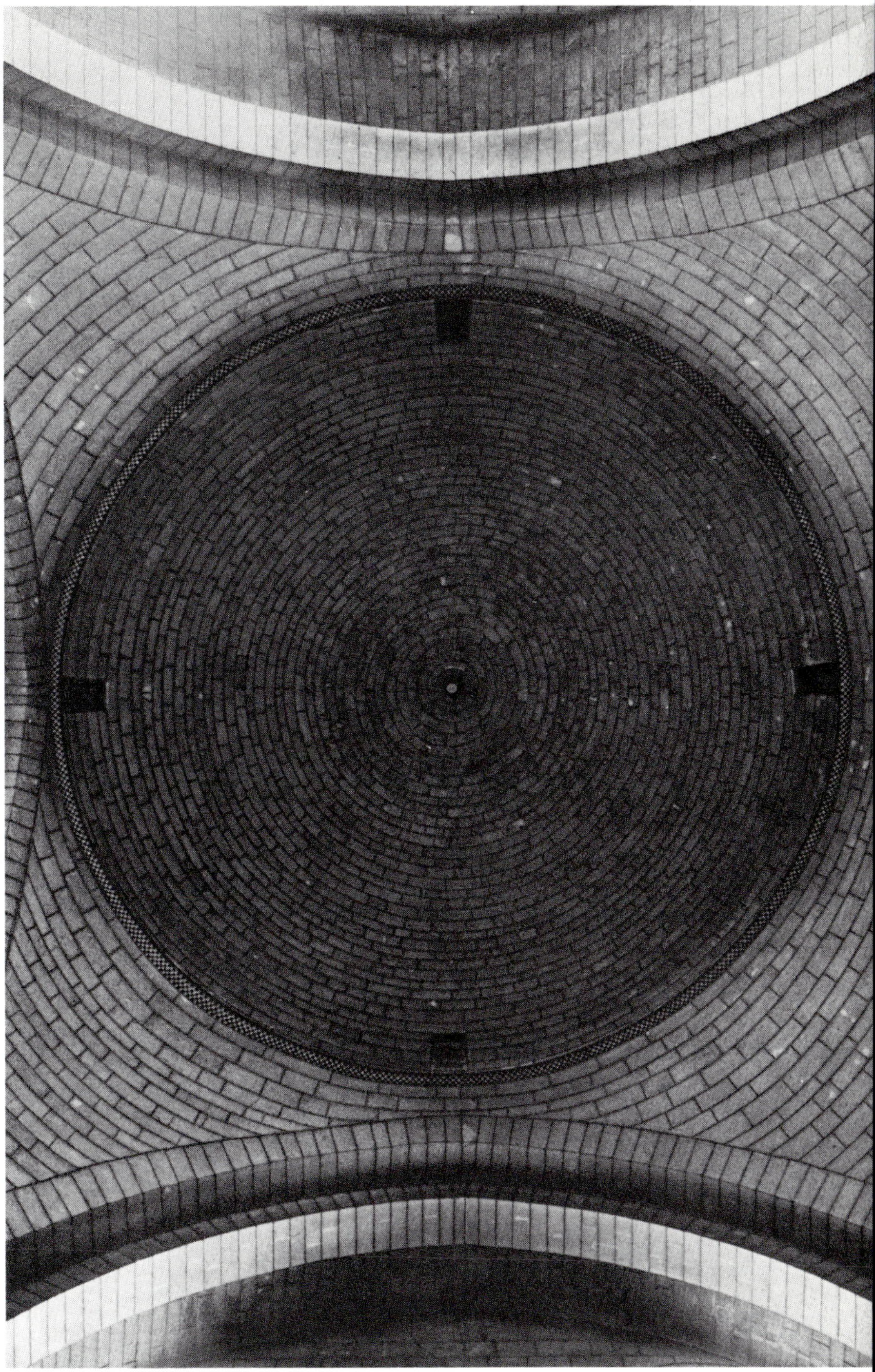

39

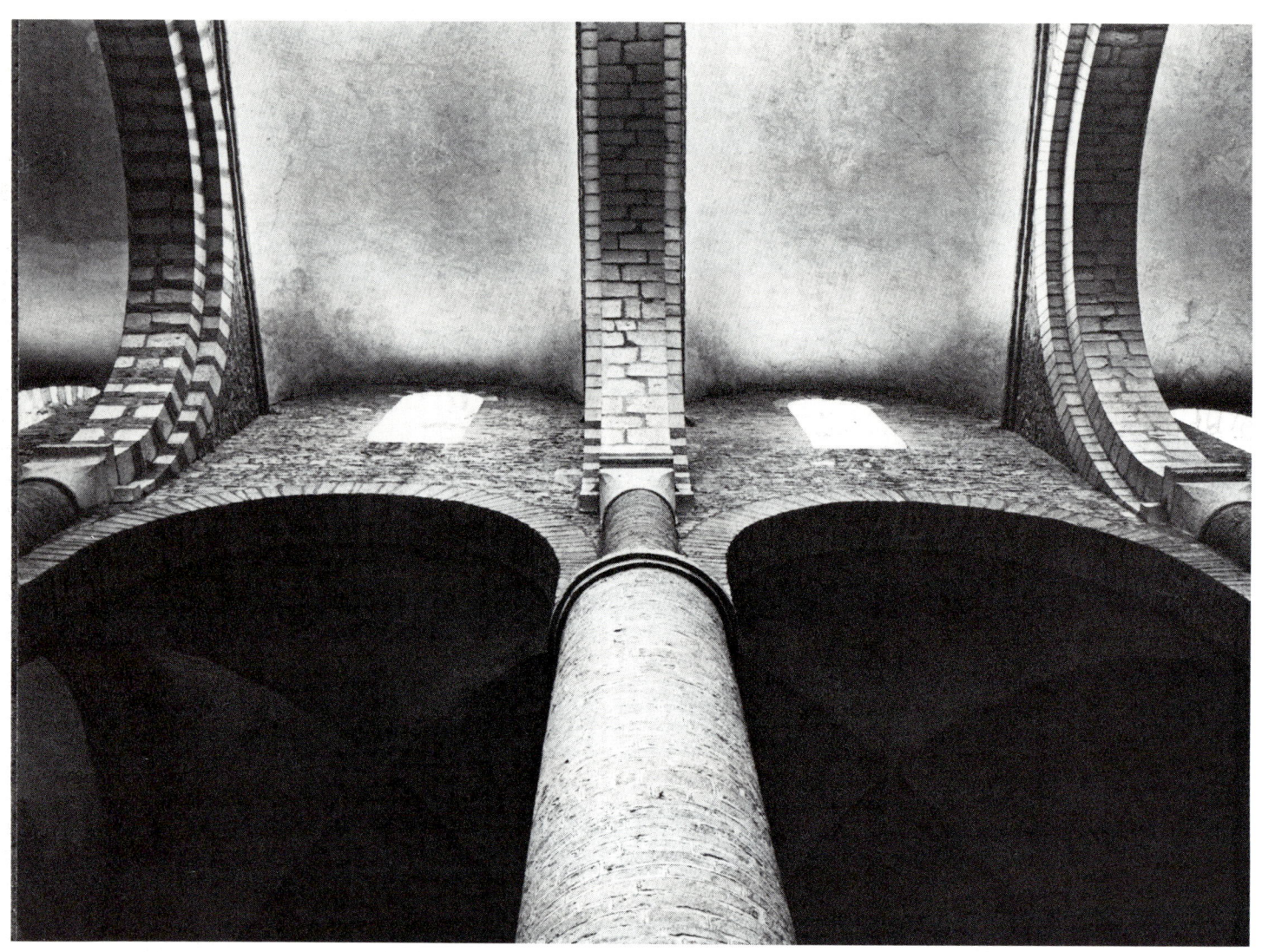

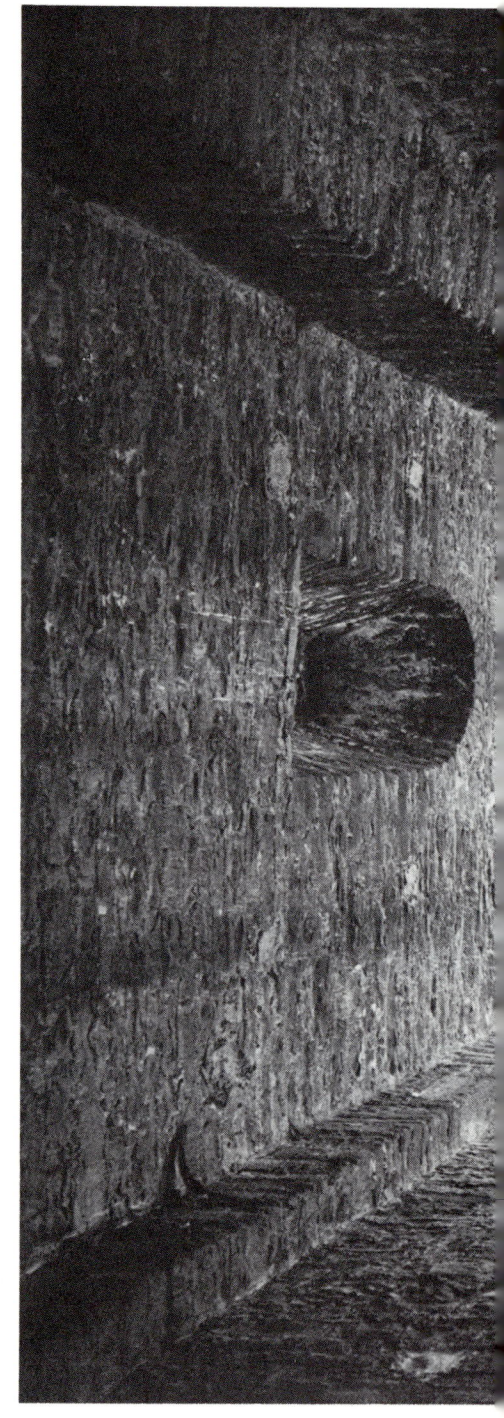

Poitiers, Notre-Dame-la-Grande
Grundriß, axonometrische Ansicht und Querschnitt 1:400

0 1   5   10   15   M
0   10   20   50   FT

Tournus, Saint-Philibert
Querschnitte durch Vorkirche und Langhaus, Grundriß der Krypta, Gesamtplan und Längsschnitt 1:600

O 1 5 10 20 30 M
0 10 20 50 100 FT

1. Die romanische Welt

Durch Nacht zum Licht. Die letzten Ausläufer der Völkerwanderung im 10. Jahrhundert

In den knappen, anschaulichen Äußerungen des Chronisten Radulfus spiegelt sich die Tatsache wider, daß Europa damals zur Ruhe kam; allerdings handelte es sich um weit mehr als nur ein Aufatmen nach einer vorübergehenden abergläubischen Angst. Das Zeitalter der großen Völkerwanderungen und Einfälle, die das Abendland sieben Jahrhunderte lang bedroht und erschüttert hatten, war eben zu Ende gegangen. Nun, da zumindest diese Gefahr vorüber war, konnte sich der «weiße Mantel der Kirchen» entfalten. Seit den letzten Jahren der Regierungszeit Karls des Großen hatten die Normannen immer wieder die Küsten der an Nordsee, Ärmelkanal und Atlantik gelegenen Länder heimgesucht, waren den Flüssen gefolgt und tief ins Landesinnere vorgedrungen, hatten verwüstet, geraubt und gemordet. Während des ganzen 9. Jahrhunderts hatten die Normanneneinfälle zur Verödung weiter Landstriche in Gallien geführt, besonders in Aquitanien, Poitou, Touraine, im Tal der Loire, der Ile-de-France bis nach Nordburgund. Der Klugheit Karls des Einfältigen war es zu verdanken, daß die unsteten Invasoren endlich zur Ruhe kamen: 911 schloß er mit ihnen einen Vertrag, durch den sie ein Gebiet an der unteren Seine als westfränkisches Lehen erhielten. Bald erwachte in den verwüsteten Gebieten des westfränkischen Reiches neues Leben. Der Kunsthistoriker P. Plat, dessen kühne Schlußfolgerungen die Entstehung der romanischen Kunst in einem ganz neuen Licht erscheinen lassen, ist der Ansicht, daß dieses noch im Dunkel von blutigen Unruhen und bitterer Not schmachtende 10. Jahrhundert besonders in der Touraine eine große Zeit des Aufbaus war. Man mußte möglichst rasch wiedererrichten, was die Normannen verbrannt, geschleift und verheert hatten. Bei diesen Bauten offenbarte sich ein ganz neuer Geschmack, «von dem aus sich eine freie, logische Kunst entwickelte, die Kunst des schönen Steines, der Ausschmückung, die von wesentlichen Bauelementen ausgeht, etwa von den Grundmauern; die Kunst der farblichen Wirkung, die nicht durch Einfügung von Ziegeln, sondern durch vorspringende Gesimse erzielt wird, die Schwarzweiß-Kontraste ergeben und das tote Mauerwerk beleben. Alles, was – von der Lösung des Problems der Überwölbung abgesehen – später den romanischen Stil bildet, findet sich in nuce bereits in diesen Bauwerken.»

Aber kaum war die von Westen her drohende Gefahr gebannt, da brandete von Osten her eine neue Woge heran. Zu Beginn des 10. Jahrhunderts stießen ungarische Reiterhorden

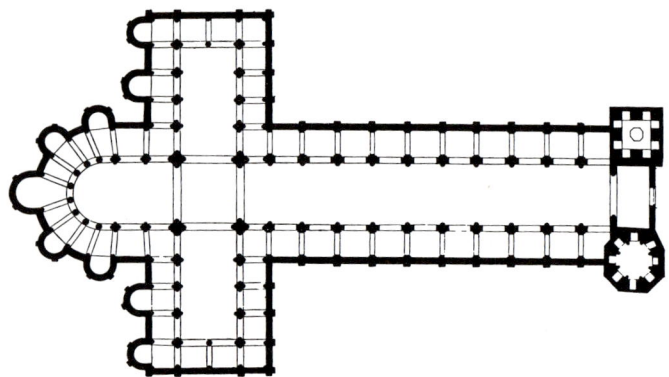

▲ Tours, Saint-Martin: rekonstruierter Grundriß mit neuerem Turm

über Alemannien und die Lombardei nach Westen vor. 913 gelangten sie an die Grenze von Burgund, 924 ergossen sie sich ins Rhonetal. 937 fügte ihnen Otto I. eine schwere Niederlage zu, aber schon wenig später stürzten sie sich, von Feuerbränden am Himmel angekündigt, erneut auf Burgund. Erst 955 wurden sie auf dem Lechfeld bei Augsburg von Otto entscheidend geschlagen, zogen sich daraufhin allmählich in die Donauebenen zurück, und als sich ihr König Stephan (997–1038) zum Christentum bekehrte, waren sie endgültig gebändigt. Nachdem Westeuropa von dieser Geißel befreit war, führte die Genialität des wenig später zum Kaiser gekrönten Otto und seines Sohnes zu einer künstlerischen und geistigen Wiedergeburt, an der auch, wie wir noch sehen werden, die von frühchristlichen und karolingischen Formen geprägte Architektur Anteil hatte. Schon jetzt sei gesagt, daß manche bemerkenswerte Neuerungen, so die Einführung eines mit allen Teilen des Bauwerks organisch verbundenen und strukturell zum Schlüsselelement werdenden Querhauses, unmittelbar zum kreuzförmigen Grundriß des romanischen Kirchenbaus überleiten, aus dem sich die schönsten architektonischen Formen dieser Zeit entwickelten.

Im Mittelmeergebiet waren es die sarazenischen Seeräuber, deren verheerende Überfälle das Bild des Schreckens vervollständigten. Zwar wurde durch den Sieg Karl Martells über die Araber im Jahre 732 bei Poitiers deren Vordringen nach Norden endgültig zum Stillstand gebracht, aber Südfrankreich wurde von ihnen noch jahrhundertelang immer wieder heimgesucht. In Spanien errichteten sie ein blühendes Reich, von dem aus sie von Zeit zu Zeit gefährlich nach

Norden vorstießen. Nur ein kleiner Teil von Asturien blieb in christlicher Hand; 997 zerstörte Almansor sogar das «Nationalheiligtum» Santiago de Compostela.

Ohne große Mühe konnten die Sarazenen von Spanien aus die Inseln im Mittelmeer erobern. 827 besetzten sie Sizilien, folgten 846 dem Lauf des Tiber und gelangten vor die Tore Roms. Später ließen sie sich auf Korsika, Sardinien und in Kalabrien nieder; im ausgehenden 9. Jahrhundert errichteten sie in der Provence im Gebirgsmassiv von Freinet, dessen dunkle Hänge den Golf von Saint-Tropez und die Zugänge zum Hinterland beherrschen, einen uneinnehmbaren Brückenkopf. Nachdem sie sich dieser Stützpunkte bemächtigt hatten, vervielfachten sie ihre Raubzüge durch die Provence und das Tal der Rhone, drangen in die Alpentäler ein, verwüsteten 906 das große Kloster von Novalèse am Fuß des Mont-Cenis, gelangten bis zur Maurienne, der Tarentaise und ins Valais (den späteren Kanton Wallis) und stießen sogar nach Rätien vor. Die Lücken in den Bischofsverzeichnissen der meisten Bistümer in Südfrankreich und im südlichen Alpengebiet lassen erkennen, wie katastrophal sich diese Überfälle auswirkten: die Verwaltung brach zusammen, Schweigen und Angst breiteten sich in den einst blühenden Gebieten aus. Die völlig verheerte Diözese Grenoble mußte neu besiedelt werden.

Der Verkehr über die Alpen wurde durch umherstreifende Banden gefährdet, die sich in den Hinterhalt legten, blitzschnell zuschlugen und dann spurlos verschwanden. Eine dieser Banden überfiel um 940 das Kloster Agaunum und verwüstete es, eine andere bemächtigte sich 972 des aus Rom zurückkehrenden Abtes von Cluny, des heiligen Majolus, und ließ ihn nur gegen ein hohes Lösegeld wieder frei. Dieser Übergriff erregte endlich so großes Aufsehen, daß eine Gegenbewegung ausgelöst wurde: unter der Führung des Grafen der Provence Wilhelm und seines Bruders Rubald belagerte eine christliche Streitmacht das Massiv von Freinet und erstürmte diesen Brückenkopf der Sarazenen – ein von den Historikern fast völlig vergessenes Vorspiel zu den Kreuzzügen, bei dem auch bereits ein Kriegsgeschrei erscholl, das man dem Grafen Rubald in den Mund legte: «Brüder, kämpft für eure Seelen! Ihr seid auf heidnischer Erde!»

Noch lange blieb die Küste der Provence von Barbareneinfällen bedroht, und nur langsam erwachte hier neues Leben. Dementsprechend erblühte in diesen Regionen die romanische Kunst erst spät: ihre bedeutendsten Schöpfungen in Arles und Saint-Gilles entstanden fast gleichzeitig mit Notre-Dame in Paris. Im Gegensatz zum christlichen Spanien hat die Provence vom Islam nur dessen kriegerische Leidenschaft und Grausamkeit kennengelernt. Dennoch war das Geschehen des Jahres 972, durch das sich Graf Wilhelm ein verdientes Ansehen erwarb, von entscheidender Bedeutung: dadurch, daß von den durch die Alpen führenden Straßen endlich der Fluch genommen wurde, der seit über einem Jahrhundert auf ihnen lastete, konnte auf ihnen wieder neues Leben pulsieren, wurde die Verbindung zwischen der Apenninenhalbinsel, Gallien und Deutschland wiederhergestellt. Ganz gewiß besteht eine Beziehung zwischen der Befreiung der großen Verbindungswege und den Wanderungen der Baumeister aus Como, die weit über die Grenzen ihres kleinen Gebietes hinaus über die Pässe und durch die Täler der Alpenkette ihre inzwischen entwickelten Bautechniken verbreiteten und sich nunmehr frei entfalten konnten.

Aber das Geschehen des Jahres 972 hatte noch weiterreichende Folgen. Es war für jedermann der offenkundige Beweis dafür, daß eine Zeit zu Ende gegangen war: die Zeit der Angst, die jeden Mut gelähmt, jede Schöpferkraft zerstört, die Menschen vorzeitig zu Greisen gemacht hatte. Henri Focillon hat den verbitterten Aufschrei eines Chronisten des 10. Jahrhunderts: «Mundus senescit!» meisterhaft kommentiert. Die romanische Kunst wurde von einer Jugend getragen, die das lähmende Entsetzen der Vergangenheit von sich abgeschüttelt hatte und sich mutig an die Spitze der Erneuerungsbewegung stellte.

Die Wende im Jahr 1140. Suger und das gotische Licht

Die aus diesem heldenhaften Aufbäumen geborene romanische Kunst erlebte keinen Alterungsprozeß, sondern ging ohne jedes Absinken bruchlos in die junge Gotik über, der sie ihren ganzen Schatz bewährter Techniken, ihre erstaunliche Fülle neuer konstruktiver Lösungen und eine in ihren Hauptthemen für mehrere Jahrhunderte festgelegte dogmatische und moralische Ikonographie zuführte. Aber der Zeitpunkt und die Art und Weise dieses Übergangs waren in den einzelnen Gebieten verschieden. Während sich in der Ile-de-France der gotische Stil schon sehr früh ausbildete, gelangte er erst im ausgehenden 12. Jahrhundert ins Lyonnais und nach Südfrankreich und erst im 13. Jahrhundert nach Mitteleuropa. In den schon seit Jahrhunderten verhältnismäßig abgesonderten Westgebieten Frankreichs sowie in dem von den Albigenserkreuzzügen und ihren traurigen Folgen erschütterten Languedoc wurden Formen entwickelt, die sich von der anmutigen, edlen Gotik etwa von Noyon oder Chartres grundlegend unterschieden. In England verlief die Ausbildung der Gotik anders als auf dem Kontinent: in weniger als zwei Jahrhunderten machte sie dort eine Entwicklung durch, die anderswo ganze vier Jahrhunderte in Anspruch nahm.

Allgemein gilt die Einführung des Spitzbogens als Charakteristikum für den Beginn der Gotik. Gewiß führte dies allmählich zu tiefgreifenden Änderungen in der inneren und äußeren Gestaltung der Bauwerke, doch anderseits wissen wir, daß man in England, in der Lombardei und in Südwestfrankreich schon zur Zeit der Romanik – zumindest experimentell – mit Spitzbögen arbeitete. Weder im Herzen der französischen Kunstlandschaft noch in deren Randbezirken hatte der Übergang zur Gotik eine plötzliche Veränderung von Silhouette oder Innenraumgestaltung der Bauwerke zur Folge: so blieb beispielsweise das Aufrißschema der zwischen 1141 und 1196 errichteten Kathedrale von Langres typisch romanisch-kluniazensisch.

Bekanntlich erlaubte erst die Erfindung des Schwibbogens um 1180 den Verzicht auf die reichlich massiven Wände und ermöglichte Durchbrechungen des Mauerwerks, die für den neuen Stil kennzeichnend wurden. Aber wenn auch diese Verbindung zweier technischer Mittel neue Perspektiven eröffnete, ist sie doch für die Charakterisierung eines Systems nicht ausreichend. Vielmehr besteht zwischen der Romanik und der jungen Gotik eine tiefe geistige und religiöse Kluft, die in der Rückschau die Unabhängigkeit und Eigenständigkeit der Romanik sichtbar werden läßt. Die Kathedralen der Ile-de-France, Ausdruck und Symbol des gotischen Geistes, sind mehr als eine strukturelle Weiterentwicklung, denn sie verkörpern die einzigartige, subjektive Weltanschauung eines begnadeten Abtes, welcher den Kirchenbau nicht mehr als ein zweckbestimmtes Zusammentragen von Steinen und Kräften betrachtete. Von dieser Knechtschaft durch zahlreiche anonyme und von ihm meisterhaft angewandte Erfindungen befreit, wurden die Kathedralen Träger, Mittler und Ausdruck seiner persönlichen Metaphysik.

Die Synode zu Sens und das Ende der romanischen Mystik

An dieser Wende des Jahres 1140 heißt es achtgeben. Gewiß nicht zufällig fällt in dieses Jahr die Verdammung der Lehren von Peter Abälard und der Beginn der Bauarbeiten am Chor der Abteikirche von Saint-Denis durch Abt Suger.

Allzuoft schon wurde behauptet, daß auf der Synode zu Sens der rückschrittliche, engstirnige Konservatismus eines von jeder geistigen Weiterentwicklung feindlichen Mönchen bedrängten Bischofskollegiums über die prophetische Theologie eines Peter Abälard triumphiert habe. Richtiger wäre es zu sagen, daß bei dieser tiefgreifenden Auseinandersetzung zwei theologische Konzeptionen aufeinanderstießen, die zwar unvereinbar waren, von denen sich aber heute nicht mehr sagen läßt, daß die eine weniger Wert besessen hätte als die andere – der Versuch, die göttliche Transzendenz mit Hilfe des Verstandes zu erfassen, und das Bemühen um deren intuitive Erkenntnis mittels des Geheimnisses und der Mystik der Liebe. Um die gleiche Zeit verfolgten Wilhelm von Saint-Thierry, der weder dumm noch ängstlich war, und Petrus Venerabilis, dem man diese Eigenschaften ebensowenig zusprechen kann, ähnliche Wege der Meditation, die nicht nur die Fähigkeiten und Entwicklungsmöglichkeiten des Verstandes, sondern sämtliche Kräfte von Geist und Seele ins Spiel brachten. Vielleicht haben die hohen Vertreter der Kirche in Sens mehr oder weniger deutlich erkannt, daß diese Haltung, die in der mystischen Ekstase gipfelt, weiter und höher zu führen vermochte als der syllogistische Nachweis einer höchsten Wesenheit und ihrer Eigenschaften. Nach acht Jahrhunderten geben ihnen merkwürdigerweise manche Strömungen der zeitgenössischen Philosophie recht.

Innerhalb dieses gewaltigen Programms bewegte sich der Abt Suger. Als erstrangiger, ungemein sensibler Künstler berauschte er sich nicht nur an der statischen Schönheit des Gotteshauses; wenn er es betrachtete, erfaßte ihn ein Entzücken, und er gönnte seinem Geist keine Ruhe, bis er eine tatsächliche, aktive Verbindung zwischen dem Bauwerk und seiner Kontemplation hergestellt hatte, so daß er sich durch die Kirche «wie in Wirklichkeit in eine fremde Gegend des Universums» versetzt sah, «die weder ganz im Schlamm der Erde noch in der Reinheit des Himmels existiert». Während die Theologen sich damit beschäftigen, das unergründliche Geheimnis der Transsubstantiation zu erforschen, und die Alchimisten sich auf einer tieferen Stufe verzweifelt bemühen, die Umwandlung der Materie zu bewerkstelligen, zerlegt und verwandelt Suger kühn das natürliche Tageslicht «durch den Zauber vielfarbiger Edelsteine», die er in das dünner werdende Mauerwerk einfügt. Das neue, «wunderbare und ununterbrochene» Licht, in dem das Gotteshaus erstrahlt, soll nun nicht mehr lediglich das Auge erfreuen, sondern den Geist erfüllen und die Seele in einen ergreifenden, paradiesischen Zustand versetzen.

Zweifellos waren diese philosophischen Themen keineswegs völlig neu; sie wurden schon von Petrus Venerabilis geäußert. Suger stützte sich auf die neuplatonischen Themen des Pseudo-Dionys, den er fälschlicherweise für den Schutzpatron seines Klosters hielt. Allerdings trennt ein weiter Abstand die abstrakten Theorien von deren einzigartiger konkreter Verkörperung, die Suger anstrebte und deren Verwirklichung sein Verdienst ist. Die von ihm herbeigeführte tektonische Revolution war auf ihre Weise ebenso entscheidend wie das plötzliche Eindringen des Betons in die Architektur unserer Zeit. Die romanische Baukunst hatte bei all ihrer regionalen Verschiedenheit ihre machtvolle Wirkung aus zwei stets vorhandenen Elementen bezogen: aus der Dynamik der geschickt gegliederten Massen und der inneren Belebtheit des Mauerwerks, die durch den vielfarbigen Dekor lediglich betont oder manchmal auch aufgehoben wurde. Diese Gestaltungsweise, dieses Ebenmaß machen ihre Eigenart aus. Die aus dem Traum Sugers hervorgegangene gotische Kathedrale hingegen ist eine Welt für sich, die den Gläubigen umschließt, wechselndes Spiel des Lichtes, das über den toten Stein gleitet und ihm sein Leben mitteilt. Die strukturell fast übereinstimmenden Kathedralen Notre-Dame in Chartres und Santa Maria in Leon (Spanien) lassen ganz deutlich die kulturellen und ethnischen Unterschiede der Landschaften erkennen, in denen sie entstanden sind – und doch sind beide ganz Licht.

Dieser subtile Wandel wurde durch das vergrößerte und bemalte Glasfenster bewirkt, das in Verbindung mit dem Spitzbogen, der die fortlaufend gesteigerte Spannung des Innenraumes trägt, und mit dem Strebepfeiler, der die Reduzierung des Mauerwerks auf ein einfaches netzförmiges Steinskelett ermöglichte, Sugers Traum von der gotischen Lichtfülle verwirklichte. Drei Jahrhunderte lang verfolgten die Baumeister der Gotik mit immer kühneren Schöpfungen die von ihm aufgezeigte Richtung. Aber damit hatte Suger, der Freund von Petrus Venerabilis (der in Cluny lediglich das romanische Werk des heiligen Hugo vollenden wollte) und des heiligen Bernhard (der für seine Zisterzienserkirchen die gefährliche Verlockung sinnenfälligen Beiwerks ablehnte), das romanische Prinzip im gleichen Augenblick, in dem er ihm seinen höchsten Ausdruck gab, zum Untergang verurteilt. Mit anderen Worten: Durch das bewußte totale Engagement seiner geistigen und seelischen Persönlichkeit zerstörte er das geheimnisvolle Gleichgewicht zwischen dem schöpferischen Wollen des Menschen und dem Spiel der unter großen Mühen der Erde entrissenen nackten Steine. Im ganzen christlichen Abendland war damit das Schicksal der Romanik besiegelt, wenngleich der Übergang zur Gotik in den einzelnen Gebieten Europas zu verschiedenen Zeiten erfolgte.

Ein langsamer, unaufhaltsamer Übergang

Denn die Geschichte bleibt nicht stehen. Manchmal werden Beziehungen deutlich, die ihren Gang erhellen. Es war nicht bloß ein Zufall, daß der Schöpfer der französischen Kathedrale, die im Laufe der Zeit für ganz Europa beispielgebend wurde, der beste Freund und Ratgeber des französischen Königs war, eine der Stützen des Reiches und Regent während der Abwesenheit des Königs, als dieser einen Kreuzzug unternahm. Die beiden romanischen Jahrhunderte haben den Schwerpunkt der christlichen Welt verschoben und damit dieses unbestrittene Primat vorbereitet. Der Traum von der auf Erden durch eine enge Verbindung von Kirche und Reich verwirklichten Stadt Gottes war damit endgültig vorbei.

Als im Jahre 962 König Otto I. auf dem Gipfel seiner Macht dem Beispiel Karls des Großen folgte und sich in Rom vom Papst zum Kaiser krönen ließ, besiegelte er nicht nur die feierlich bekräftigte Übereinstimmung zwischen geistlicher und weltlicher Macht und die Abhängigkeit des Stuhles Petri vom neu gegründeten Heiligen Römischen Reich Deutscher Nation, sondern wollte auf einer von Angst, Irrlehren und Unruhe befreiten Christenheit eine stabile Ordnung begründen. Er wußte genau, daß niemand im Abendland ihm dieses Vorrecht streitig machen konnte: auf der Apenninenhalbinsel herrschten Zwietracht und Anarchie, in Frankreich versuchten sich die letzten Karolinger in einer Welt des Verrats zu halten, Spanien war noch fast ganz in der Macht der Araber, England hatte sich von den Wirren der Heptarchie noch nicht erholt und war ständig von normannisch-dänischen Einfällen bedroht. Mit Recht schien der Herrscher des deutschen Reiches von einer Hegemonie im Abendland träumen zu können – und sein Streben nach Größe fand nicht zuletzt Ausdruck in der Architektur.

Wie Karl der Große wandte sich Otto Byzanz zu und verheiratete seinen Sohn mit der Nichte des byzantinischen Kaisers Johannes Tzimiskes. Mit seinem Enkel, Otto III., bestieg ein Mystiker den Kaiserthron, was ganz Europa zugute kommen sollte. Zwischen dem Jüngling, den die Nachwelt als «mirabilia mundi» (Wunder der Welt) bezeichnete, und seinem Lehrer, dem berühmten Gerbert von Aurillac,

der als Silvester II. der Papst des Jahres 1000 war, bestand eine Seelenverwandtschaft, die an die großen, abgeklärten Freundschaften eines Petrus Venerabilis erinnert. Er wollte, wie E. R. Labande schreibt, «ohne Waffengewalt eine pax romana» verwirklichen und war gleichzeitig ein strenger Asket, der «die Sünde, die jeder Mensch in sich trägt, demütig erkannte und büßend bereute». Als er, noch keine 22 Jahre alt, im Jahr 1002 starb, hinterließ er nicht nur «eine schwindelnde Leere», war sein Tod nicht nur «das Zusammenstürzen eines Traumes» – dieses Jahr bedeutet, wie E. R. Labande sich ausdrückt, «einen Riß in der politischen Entwicklung Europas». Noch ehe das 11. Jahrhundert zu Ende ging, zerbrach die glühend ersehnte, aber nicht zu verwirklichende Verschmelzung von Kirche und Staat jäh am Felsen von Canossa.

Die Geschichte nahm ihren Lauf. Die Päpste des 11. Jahrhunderts waren großenteils ganz andere Männer als die schwankenden, würdelosen, gefügigen Päpste des 10. Jahrhunderts. Hildebrand von Saona, ein Bauernsohn aus der Toscana, Mönch im Benediktinerkloster Santa Maria auf dem Aventin, Kaplan des Papstes Gregor VI., Mönch in Cluny, wo er unter den Äbten Odilo und Hugo seine entscheidende Formung erhielt, Kardinal und Ratgeber von Papst Leo IX., päpstlicher Legat in Frankreich und Deutschland, bestieg 1073 als Gregor VII. den Stuhl Petri. In dieser langen Vorbereitungszeit reifte in ihm die hohe theokratische Auffassung, die er von seinem Amt hatte: eine Unterwerfung der Kirche unter weltliche Macht kam für ihn nicht in Frage. Unerschrocken trotzte er dem deutschen König Heinrich IV. im Investiturstreit, worauf Heinrich ihn kurzerhand auf der Wormser Reichssynode von dem ihm treu ergebenen deutschen Episkopat für abgesetzt erklären ließ. Gregor antwortete mit dem Bann gegen den König und entband dessen Untertanen vom Treueid. Die Aussöhnung in Canossa war nur von kurzer Dauer; bald versteifte sich die Haltung der beiden Gegner wieder, und erst im Jahre 1122 fand der Investiturstreit mit dem Wormser Konkordat ein Ende.

Cluny als treibende Kraft der romanischen Kultur

Der Investiturstreit erschütterte nicht nur die beiden sich unmittelbar gegenüberstehenden Parteien, das zwischen dem Kaiser und dem Papst schwankende Deutschland und das päpstliche Italien, sondern zog das ganze Abendland in Mitleidenschaft. Weit bedeutsamer als die halbherzige Unterstützung opportunistischer Fürsten war für das

Papsttum in dieser Auseinandersetzung eine zuverlässige Kraft, die nach hundertfünfzigjähriger Entwicklung zur vollen Entfaltung gekommen war: Cluny. Nach dem ausdrücklichen Willen des Gründers, des Herzogs Wilhelm von Aquitanien, bezeichnete sich die kleine Klostergemeinde am Ufer der Grosne als unmittelbares Eigentum des Papstes, unter dessen Schutzherrschaft Wilhelm sie gestellt hatte. Die Sonderstellung, die die Päpste dem Kloster bereitwillig einräumten, ermöglichte eine rasche Ausdehnung seines Einflusses; eifersüchtig wachten die Äbte über ihre völlige Unabhängigkeit von weltlichen oder geistlichen Lokalbehörden. Diese waren im 10. Jahrhundert fast ganz machtlos und auf gegenseitige Unterstützung angewiesen. In Cluny jedoch begannen unerschrockene Äbte, Odo, Aimard und Majolus, das gewaltige Werk der längst überfälligen kirchlichen und klösterlichen Reform in Angriff zu nehmen und eine riesige Organisation von Klöstern aufzubauen, die nach Clunys Vorbild für die Reform wirkten. Majolus und sein Nachfolger, der große Heilige Odilo von Mercœur, waren in Freundschaft und Achtung den Herrschern des Deutschen Reiches verbunden und waren völlig damit einverstanden, daß diese in ihrem Gebiet die Zügel der Kirchenreform fest in der Hand hielten. Hugo von Semur, der 1049 auf Odilo folgte, war der Taufpate Heinrichs IV. Durch die Auseinandersetzungen zwischen Papst Gregor VII. und dem deutschen König kam er in eine peinliche Lage. In Canossa setzte er sich zwar leidenschaftlich für den reuigen König ein, stand aber im Investiturstreit ganz auf seiten des Papstes. Als der unbeugsame Gregor wenige Jahre später den Abt für seine Treue durch den öffentlichen Ausspruch belohnte: «Das Kloster Cluny hat unter heiligen Äbten eine solche Größe und Heiligkeit erlangt, daß es alle ultramontanen Klöster im Dienst an Gott und geistlichem Eifer überragt», stellte er nur fest, was schon allgemein bekannt war. Der Schutz des Papsttums war zunächst wirkungslos gewesen, aber nach dem Wiedererstarken der Päpste war er für die kluniazensische Reform von großer Bedeutung, während anderseits Cluny durch sein großes Ansehen und seine unerschöpflichen Möglichkeiten dem Papsttum zu helfen vermochte. Dafür wurden die Kluniazenser mit Privilegien und Garantien belohnt, nicht nur das Stammkloster, sondern sämtliche Klöster der kluniazensischen Organisation in Italien, Spanien, England, Deutschland, Polen und bald auch im Heiligen Land.

Als Gregor VII. den Stuhl Petri bestieg, verleugnete er nicht seine als Kluniazensermönch erworbenen Anschauungen. Kluniazenser waren auch die Päpste Urban II. und Paschalis II. Nach Cluny kam 1119 Papst Gelasius II., um dort zu sterben, nachdem er nach Ablehnung der Forderungen Heinrichs V. aus Rom vertrieben worden war, und in Cluny wurde sein Nachfolger, Kalixtus II., gewählt. Als nach dem Tod von Honorius II. die Partei der Pierleoni gegen den neugewählten Papst Innozenz II. einen Gegenpapst (Anaklet II.) aufstellte, entschied sich der Abt von Cluny, Petrus Venerabilis, im Gegensatz zu dem noch schwankenden Bernhard von Clairvaux sofort für Innozenz, nahm den aus Rom verjagten Papst in seinem Kloster auf und setzte sich entschieden für ihn ein. Man kann ohne Übertreibung sagen, daß von 1049 bis zur Aufhebung des Schismas Anaklets II. 1139 die Geschicke Clunys und der römischen Kirche unauflösbar miteinander verknüpft waren.

Ein monumentaler Höhepunkt

In diesem Jahrhundert und besonders im entscheidungsreichen letzten Jahrzehnt (1095 rief Urban II. den ersten Kreuzzug aus) erreichte die Romanik ihren Höhepunkt. Es wäre müßig, Erwägungen darüber anzustellen, wie sich die Kultur der Romanik ohne den machtvollen Einfluß von Cluny entwickelt hätte. An dieser Stelle sei nur kurz darauf hingewiesen, daß außer der großen Abteikirche, die der heilige Hugo erbauen ließ und die bis zu ihrer verbrecherischen Zerstörung nach der Französischen Revolution das großartigste Zeugnis und die vollkommenste Verkörperung romanischen Geistes war, viele der bedeutendsten Schöpfungen romanischer Kunst kluniazensische Gründungen oder Besitztümer waren. Am bekanntesten sind: in Burgund unter anderen die von Reinhold von Semur, dem Großneffen des heiligen Hugo, wiederaufgebaute Ste-Madeleine in Vézelay, ferner Pary-le-Monial und Saint-Germain in Auxerre; im Comté Baume und Gigny; in der Westschweiz Payerne und Romainmôtier; im Nivernais Saint-

▼ Cluny, Abteikirche Saint-Pierre-et-Saint-Paul: Grundriß

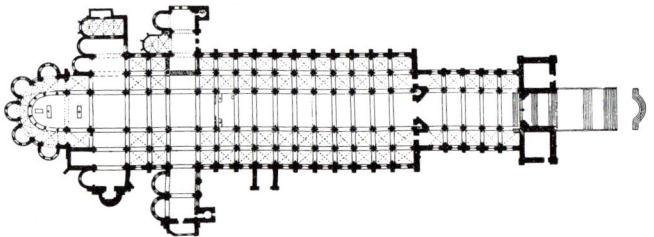

Etienne in Nevers, La-Charité-sur-Loire und Saint-
Révérien; im Bourbonnais Souvigny und Châtel-Montagne;
in der Provence Saint-Marcel-les-Sauzet und Ganagobie;
im Roussillon Arles-sur-Tech; im Languedoc Saint-Gilles-
du-Gard, Morlaas, Moissac, Figeac, Marcilhac, Carennac
und Beaulieu; in der Auvergne Saint-Géraud in Aurillac
und Mozat; im Limousin Saint-Martial, Chambon, La
Souterraine und Uzerche; in der Saintonge Saint-Eutrope;
im Poitou Montierneuf; in der Ile-de-France Longpont und
Saint-Leu-d'Esserent; in England Lewes; in Spanien
Fromista. Diese willkürlich herausgegriffenen Beispiele
kluniazensischer Bauschöpfungen, mit denen sich Joan
Evans (in «Romanesque architecture of the order of Cluny»,
Cambridge 1938) systematisch befaßt hat, bezeugen vor
allem den Eklektizismus der Äbte von Cluny, die den dem
Orden angeschlossenen Klöstern in dieser Hinsicht weit-
gehend freie Hand ließen und trotz der von Odilo und Hugo
angestrebten organischen Zentralisation eine den lokalen
Traditionen und Gegebenheiten entsprechende Entwicklung
ermöglichten.

Die Entwicklung einer neuen Askese

Weder überlebte diese freie Entfaltung den Niedergang des
Ordens, noch wurde dieses Beispiel allgemein befolgt. In
den ersten Jahren des 12. Jahrhunderts wurde Cluny als
Mittelpunkt der klösterlichen Reformbewegung von Cîteaux
und in geringerem Ausmaß von der Chartreuse abgelöst.
Aber der eigentümliche Charakter der Kartäuser-Askese
einerseits und die vom heiligen Bernhard dem Zisterzienserorden aufgeprägte nüchterne Strenge anderseits, seine
systematische Ablehnung jeglicher Sinnenfreude, die von
ihm angeordnete Verdammung alles Gefälligen, Anmutigen
(venustas), die in den Bauten dieses Ordens ausschließlich die sachliche Harmonie der straffen Ordnung der
Einzelelemente gelten ließ, und schließlich die historische
Entwicklung führten zur Ausbildung prototypischer
Kategorien, die von nun an für die Baumeister im ganzen
Abendland maßgebend wurden. Verstärkt wurde dieser
Geist absoluter Nüchternheit durch die gleichzeitig entstehenden Wehrbauten. Die Klosterkirchen der Templer
und der Hospitaliter zeichnen sich weder durch besondere
Größe noch durch bemerkenswerte Qualität aus; in der
Mehrzahl sind sie sehr klein und von nüchterner Struktur.
Ein Streben nach Einfachheit in der Nachfolge Christi und
als Reaktion auf den übermäßigen kirchlichen Prunk wurde
vielerorts deutlich, sogar bei einem Petrus Venerabilis,
obgleich dieser doch Erbe des künstlerischen Mäzenaten-

▲ Zisterzienserabtei Sénanque: Kreuzgang, typisches Beispiel für den Zisterzienserstil

tums von Äbten wie Odilo, Hugo und Pontius von Melgueil
war. Eine entsprechende Strömung fand in den Briefen des
Petrus Abälard an Heloise, die Äbtissin seines Stiftes Para-
clet, ihren Ausdruck. Dieses Streben war, wie R.P.Dimier in
seinem ausgezeichneten Buch über die Zisterzienserkunst
aufgezeigt hat, «allen mönchischen Reformatoren des ausgehenden 11. Jahrhunderts gemeinsam, Stefan von Grand-
mont ebenso wie Bruno von der Chartreuse, Gerhard von
Afflighem, Peter von Fonthombault, Bernhard von Tiron
oder Vitalis von Mortain». Eine ähnliche Bewegung im
islamischen Bereich ging von dem Almohaden Mohamed
Ibn Tumart aus, der mit gleicher Entschiedenheit den
reichen Schmuck und die kostbaren Gewänder in den
spanischen und maghrebinischen Moscheen verwarf.
Interessant ist, daß eines der ersten Gebäude, in denen
dieser Geist sich offenbarte, in jenem Gebiet entstand, in
dem islamische und christliche Kultur sich begegneten:
in Nordspanien. Die im ausgehenden 11. Jahrhundert in
einem Pyrenäental in Aragonien errichtete Abteikirche der
Kanoniker von Siresa ist von einer vollkommen nüchternen
Strenge, die, wie R.Crozat schreibt, «als das Ergebnis des
bewußten Wollens eines Menschen oder einer Gruppe von
Menschen» bezeichnet werden kann, «die jedes orna-
mentale oder figurative Beiwerk entschieden ablehnen».
In diesem Lichte tritt die schöpferische Freiheit benedik-
tinischer, romanischer und kluniazensischer Erfindung
noch deutlicher zu Tage. In ihrer großartigen Entfaltung
verkörperte sie den Geist und das Lebensgefühl einer Welt.
Der Hinweis auf diese offenkundigen Wahrheiten war erforderlich, da sie manchmal verkannt oder verkleinert werden.

Der Aufstieg Frankreichs unter den Kapetingern

Aufstieg, Höhepunkt und Niedergang der Romanik wurden nicht nur von den erbitterten Auseinandersetzungen zwischen den deutschen Herrschern und dem Apostolischen Stuhl begleitet, sondern auch von der langsamen Ausbildung einer politischen Macht, mit der im Jahre 1000 noch niemand rechnete. Die Kapetinger kamen unter Ausschaltung des rechtmäßigen Thronprätendenten aus dem Haus der Karolinger 987 auf den französischen Thron und erfreuten sich zunächst des wohlwollenden Schutzes der deutschen Kaiser. Schon bald aber ließen einige kühne Gesten und Maßnahmen erkennen, daß sie ihre anfängliche Schwäche überwunden hatten und daß große Pläne im Keimen waren. Als König Hugo Majolus, den Abt von Cluny, zu sich berief und ihn beauftragte, das königliche Kloster von Saint-Denis zu reformieren, dachte er zwar wohl vermutlich in erster Linie an das Heil der Seelen und des Klosters, aber darüber hinaus ließ das von ihm angebotene Bündnis erkennen, daß man von nun an mit ihm zu rechnen hatte. Erneut bekräftigte er dies, als er nach dem Tod des Abtes nach Souvigny reiste, um an Majolus' Grab zu beten, und dort mit dem neuen Abt von Cluny, Odilo, zusammentraf. Sicherlich war es auch kein bloßer Zufall, daß der berühmte Goslin, vermutlich ein unehelicher Sohn des Königs, Abt von Saint-Benoît-sur-Loire wurde und während seiner Amtszeit einen gewaltigen Turm errichtete, der zu einem Symbol wurde. Trotz des Widerstands der Adeligen setzte sich die junge Dynastie im 11. und 12. Jahrhundert immer mehr durch, machte Ansätze zu einer europäischen Politik, benützte jede Gelegenheit, um ihren Machtbereich auszudehnen und festigte ihren Ruf durch Schiedssprüche und Vermittlungen im ganzen Reich bis hin nach Burgund und der Auvergne. Als es wegen der Wahl Anaklets II. zum Schisma kam, berief der gut beratene König Ludwig IV. eine Synode nach Etampes, auf der Innozenz II. als rechtmäßiger Papst anerkannt wurde. Verhängnisvoll für die französische Krone war die Heirat von Eleonore von Aquitanien mit Heinrich Plantagenet: der stetige Aufstieg des Herrscherhauses wurde jäh unterbrochen; es kam zu einer Krise, unter deren Folgen Frankreich bis zum ausgehenden Mittelalter zu leiden hatte. Aquitanien ging dem Königreich verloren, aber anderseits führte Eleonores unbesonnener Schritt zu einer neuen Kräfteverteilung in Europa. Von nun an standen dem mit seinen Auseinandersetzungen mit Italien vollauf beschäftigten Kaiser in Frankreich und England zwei gleichwertige Mächte gegenüber, die den ganzen Westen Europas beherrschten und an jenes christliche Spanien grenzten, das

dem immer kraftloser werdenden Islam Stück für Stück des Landes entriß, ehe es zum entscheidenden Angriff überging.

Die Jugendblüte der romanischen Welt

Diese langsame, von tragischen Geschehnissen begleitete Entwicklung führte zu einem ganz anderen Kräftegleichgewicht im Abendland, als es 962, im Jahre der Kaiserkrönung Ottos I. in Rom, bestanden hatte. Allerdings spiegelt die romanische Baukunst diesen Wandel nur zum Teil wider. Vor dem Hintergrund des politischen Geschehens vollzieht sich eine weit wesentlichere, tiefere Umwälzung. Radulfus Glaber hat dies gespürt: «Die Welt schüttelt ihr Alter ab!» Während noch Angst und Elend im Abendland herrschen, bereitet sich im Verborgenen eine gewaltige Wiedergeburt vor.

Das vielleicht bedeutsamste Anzeichen hierfür war eine Bevölkerungszunahme, über die man bis vor kurzem kaum etwas wußte, die aber durch neue Untersuchungen der wenigen Hinweise und der spärlichen schriftlichen Zeugnisse deutlich wurde (die Spärlichkeit der Quellen erschwert das Studium der romanischen Kultur ungemein). Zweifellos gab es hierbei regionale Unterschiede, und eingeschränkt wurde die Zunahme durch hohe Kindersterblichkeit, mangelnde Hygiene und Naturkatastrophen, so die entsetzliche Hungersnot, die von 1030 bis 1033 im Abendland herrschte und erst im Jahr der tausendsten Wiederkehr des Kreuzestodes Christi ihr Ende fand. Anderseits wird sie durch eine ganze Reihe von feststellbaren Konsequenzen bezeugt. Die gewaltigen Rodungen, die in jener Zeit vorgenommen wurden und das Landschaftsbild veränderten, weisen auf eine ungeheure Vitalität und Expansion hin. Der wachsende Nahrungsmittelbedarf ab 1050 führte, wie bereits Marc Bloch festgestellt hat, «zur größten Vermehrung der landwirtschaftlich genutzten Fläche, die auf unserem Planeten seit vorgeschichtlicher Zeit stattgefunden hat», und man kann ohne Übertreibung sagen, daß in jener Zeit sich die westeuropäische Landschaft in ihren wesentlichen Zügen herausbildete.

Neuere, sich gegenseitig ergänzende und bestätigende Untersuchungen haben ergeben, daß die alte These, nach der die Grenzen der Diözesen mit denen der Verwaltungsgebiete aus römischer Zeit übereinstimmten, nicht zu halten ist. Vielmehr scheint die kirchliche Organisation sich erst im Laufe der Zeit herausgebildet zu haben, und zwar mehr oder weniger parallel zu den karolingischen Grafschaften, was später zu einer Reihe von Grenzkorrekturen und inneren Umgruppierungen führte. Nach dieser Auffassung entfaltete sich der Geist der Romanik nicht in einem Gebiet, dessen Grenzen seit Jahrhunderten festlagen und unverändert blieben, sondern inmitten einer fließenden Entwicklung, eines lebendigen, unaufhörlich erneuerten Werdens. Während des ganzen 11. und 12. Jahrhunderts entstanden zahlreiche neue Pfarreien. Nicht nur in Cluny bezeugen die Archive der Klöster, daß allenthalben neue Prioreien zur Erschließung des Landes gegründet wurden. Die großen Handelsstraßen wurden wieder benutzt; nachdem das Bandenwesen zurückgedrängt war, belebte sich der transalpine Verkehr von neuem. Kaufleute aus Flandern, dem Rheinland und den lombardischen Städten, Heere, die zu Feldzügen unterwegs waren, Äbte, Geistliche und Pilger zogen über die Alpen. Vor den Toren der Städte und in der Nachbarschaft mancher Klöster entstanden neue Ansiedlungen, in denen sich Kaufleute und Handwerker niederließen. Nach der lähmenden Unbeweglichkeit des 10. Jahrhunderts entwickelte sich jener frische, belebende Abenteurergeist, der mit einem solchen machtvollen Erwachen einherzugehen pflegt. Ein Ausdruck dieses neuen Geistes waren nicht zuletzt die Pilgerfahrten.

Wanderer Gottes zu den heiligen Gräbern

Die Pilgerfahrten zu heiligen Stätten haben nie ganz aufgehört. Sogar im unsicheren 9. und 10. Jahrhundert trotzten unerschrocken, vom Feuer des Glaubens erfaßte Wallfahrer den Gefahren zu Land und Wasser, um sich auf den Felsen des Kalvarienberges niederwerfen oder die Gräber der Apostel küssen zu können. Karl der Große konnte durchsetzen, daß den Franken der Schutz der Heiligen Stätten übertragen wurde (wodurch der Kaiser seinen Ruhm nicht unbeträchtlich mehrte); die dadurch im Heiligen Land gewährleistete Sicherheit und Toleranz führte zu einem steten Anwachsen der Pilgerfahrten. Berühmte Reliquien wurden ins Abendland gebracht, und ebenso berühmte Wallfahrer zogen nach Palästina: um 920 der heilige Konrad, Bischof von Konstanz; 965 die Gräfin Hilda von Schwaben; 970 die Schwägerin Ottos des Großen; 1002 Graf Fulke Nerra von Anjou. Der heilige Johannes von Parma reiste nicht weniger als sechsmal nach Jerusalem. Mit dem Jahr 1000 begann jedoch eine unruhige Zeit im Heiligen Land, die beweist, daß die Behauptung, damals habe über der von neuem Mut erfaßten Christenheit ein neues Morgenrot geleuchtet, eine Legende ist. Der wahnsinnige Kalif Hakim ließ die christlichen Niederlassungen

im Heiligen Land plündern und zerstören; da die abendländischen Christen zu schwach waren, um Gegenmaßnahmen zu ergreifen, wurden die Heiligen Stätten von den byzantinischen Kaisern wieder aufgebaut und bewacht. Aber eine ununterdrückbare Sehnsucht weckte im ganzen Abendland das machtvolle Verlangen, einerseits die Pilgerstraßen ins Heilige Land zu sichern (die allerdings auch in den schlimmsten Zeiten nie völlig unterbrochen waren), andererseits und vor allem aber das Heilige Grab den Händen der Ungläubigen zu entreißen. Als Papst Urban II., ein ehemaliger Kluniazensermönch, in Clermont den Kreuzzug ausrief, zeigte die unbeschreibliche Begeisterung, mit der die Menschen seinem Ruf folgten, daß die Zeit reif war. Der heldenmütige Heerzug, die Eroberung Palästinas und die Errichtung christlicher Fürstentümer im Heiligen Land hatten bekanntlich weitreichende Folgen. Unter den romanischen Bauten, die damals errichtet wurden, war die Grabeskirche in Jerusalem Ausdruck sowohl der Macht als auch der religiösen Begeisterung der Kreuzfahrer. Das Prinzip, die Kirchen nach Osten hin auszurichten, war für die in einer Welt der Symbole lebenden Generationen der Romanik etwas so Selbstverständliches, daß sogar in Zion, diesem unter so großen Opfern und Mühen eroberten Quell des christlichen Heils, die neue Kirche ihren Chor im Osten hatte. Das an die letztmals 1045 auf Befehl des oströmischen Kaisers Konstantin Monomachos restaurierte Basilika Konstantins angelehnte Heiligtum hat einen gedrungenen kreuzförmigen Grundriß mit stark vorspringendem Quer-

▼ Jerusalem, Grabeskirche: Grundriß

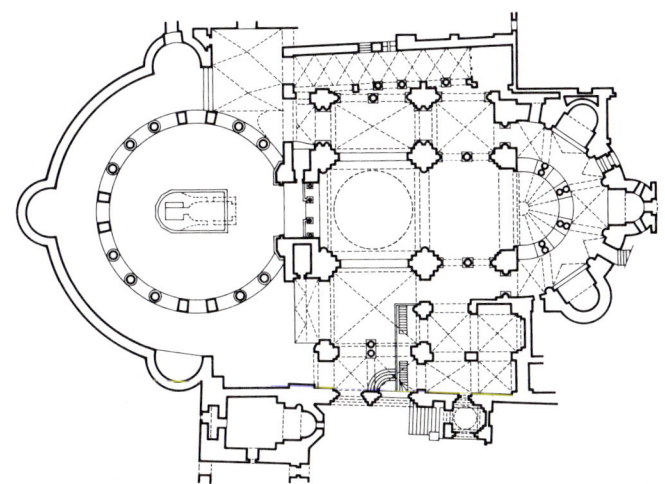

schiff und einem halbkreisförmigen Chor mit Umgang, an an den sich drei Kapellen anschließen. Die Südfassade weist zwei Portale auf; links davon erhebt sich der Turm, rechts befindet sich die quadratische Golgatha-Kapelle. In dem 1149 geweihten Heiligtum mischen sich westeuropäische, burgundische, südfranzösische und südwestfranzösische Formen mit orientalischen Elementen. Sogar ein Spitzbogengewölbe findet sich im Querschiff.

Dieser eindrucksvolle Bau bestimmt ein umfassendes Programm zur Errichtung von Kirchen, Klöstern, Komtureien und Hospitälern; gleichzeitig wurden die Grenzen durch die gewaltigen Festungsanlagen von Beaufort, Saone, Margat und Crac gesichert. Mit ihren aus mächtigen Steinblöcken errichteten riesigen Mauern und ihren aus dem nackten Fels herausgesprengten Gräben sind diese Zyklopenwerke die Vorläufer der neuzeitlichen Kasemattenfestungen und der Betonbunker und ebenso erdrückend wie diese. Ein derart gigantisches Unternehmen gibt zu denken. Hier wurden abendländische Bauweisen dem Orient angepaßt, während gleichzeitig die leibhaftige Begegnung mit den sagenhaften Schätzen von Byzanz die stets wache Erfindungsgabe der christlichen Baumeister befruchtete.

Die Menschen der Romanik waren von einer so dynamischen, unerschöpflichen Vitalität, daß der durch die Kreuzzüge verursachte Abfluß zahlloser junger, kräftiger Männer, die oft ohne Aussicht auf eine Rückkehr ins Morgenland zogen, ihre Heimatgebiete kaum geschwächt zu haben scheint. Nur wenige Menschen, unter ihnen Petrus Venerabilis, wagten sich dieser Bewegung zu widersetzen mit dem Einwand, daß man die abendländische Jugend besser bei weniger fernliegenden Aufgaben einsetzen solle. Durch die Kreuzzüge wurde die Arbeit auf den abendländischen Baustellen keineswegs verlangsamt, sondern durch den damit herbeigeführten Austausch ungemein befruchtet. Die begeisterten, einfachen Menschen wurden auf ein einziges Ideal hin ausgerichtet; was die Kreuzzüge verschlangen, waren letzten Endes überschüssige Kräfte, die, wenn sie in der Heimat geblieben wären, vermutlich zu Unruhen und Auseinandersetzungen geführt hätten.

Ein gleicher Überfluß an Kraft führte, wenn auch auf einer niedrigeren Ebene und mit unmittelbarerem Nutzen, keine zwei Jahrhunderte nach der Seßhaftwerdung der Normannen (911) im westlichen Frankreich zu einer zwiefachen Landnahme der unsteten Seefahrer: in Süditalien (Apulien, Kalabrien, Sizilien, Salerno) und in England. Nach Britannien brachten sie ihre großen Stabkirchen mit kahlen Mauern und durchbrochenen aufgesetzten Türmen; zwischen 1066 und 1189 errichteten sie nicht weniger als 1200 Burgen, bei denen ihnen im Laufe der Zeit die durch die großen Verteidigungsanlagen im Heiligen Land entwickelten Fortschritte des Wehrbaus zugute kamen. Noch heute finden sich im alten Anglien und in Wales Monumente aus dieser Zeit. In ihren Mittelmeer-Fürstentümern, in Monreale, Palermo, Cefalù, schufen sie die erstaunlichste Verbindung von arabischen, byzantinischen und nordischen Einflüssen, die die Romanik hervorgebracht hat. Ein gleicher Kräfteüberschuß verursachte vielleicht die französischen Einfälle in Spanien, die die spanische Reconquista von Zeit zu Zeit unterstützten, und zahlreiche kleinere Unternehmungen, die längst vergessen sind, die aber zur Befruchtung der Kunst beigetragen haben.

Vom 10. bis zum 12. Jahrhundert fast ebenso beliebt wie die Fahrten ins Heilige Land, wenn auch vielleicht etwas weniger gefährlich, waren die beiden anderen großen Wallfahrten, die Rom und Santiago de Compostela zum Ziel hatten. Die Chroniken der Jahre 900 bis 970 sind voll von Berichten über sarazenische Überfälle, durch welche die Reisen über die Alpen nach Rom und auch nach Monte-Cassino und dem Monte Gargano behindert, wenn auch nie völlig unterbunden wurden. Solche Überfälle bewirkten auch, daß die Wallfahrt nach Santiago de Compostela, wo der heilige Jakobus d. Ä. begraben ist, erst vom 11. Jahrhundert an einen größeren Aufschwung erlebte; aber der Ruhm des mohrentötenden Heiligen, dessen Mühen und Leiden dem Pilger Trost spendeten, die phantasievoll ausgeschmückten Legenden, die die Pilgerstraße begleiteten, sicherten ihm trotz des Fehlens geistiger Vorzüge eine ungeheure Popularität. Ihren hohen Rang verdankte die Wallfahrt nach Galicien einerseits den Legenden über die Auffindung des Heiligengrabes auf dem «Sternenfeld» in der Nähe der felsigen Vorgebirge, die nach damaliger Ansicht das Ende der Welt darstellten (Kap Finistère), und über die wunderbare Erscheinung des Apostels, der mit einem Schwert in der Hand auf einem Pferd im Jahre 844 der christlichen Armee voranritt und ihr half, die Araber zu besiegen, und anderseits den Schwierigkeiten des Weges, der über die von baskischen Räuberbanden verseuchten Pyrenäen führte, sowie der ständigen Bedrohung durch arabische Überfälle. Die von König Alfons V. Anfang des 11. Jahrhunderts durchgeführte Restauration fiel mit einer weitgehenden Christianisierung der Basken zusammen, so daß bald ein unbehindertes Überschreiten der westlichen Pyrenäenpässe ermöglicht wurde. Die ständige Zurückdrängung der Araber, die zur Eroberung der Landschaft Rioja in Kastilien führte, erlaubte unter dem kastilischen König Alfons VI. die systematische Anlage der schönen Straße, die vom Volk bald nur noch «Camino» bezeichnet wurde. Zu diesem Meisterwerk der Straßenbaukunst gehörten mehrere Brücken; es beweist, daß die Romantik dem Straßenbau mehr Beachtung schenkte, als man früher oft angenommen hat.

Sehr gefördert wurde die Wallfahrt nach Santiago de Compostela durch die von Cluny ausgehende Reformbewegung. Die gastfreundlichen Kanoniker in Roncesvalles, die den bequemsten Pyrenäenübergang bewachten, verstanden es ausgezeichnet, die über dem historischen Schlachtfeld von 778, auf dem die Nachhut des Heeres Karls des Großen in einen Hinterhalt geraten und aufgerieben worden war, schwebenden traurigen Erinnerungen und Sagen einzufangen und für ihre Zwecke auszunützen. Allerdings hätte es dessen in diesen unruhigen, aufgewühlten Zeiten gar nicht bedurft, um die Christen für Santiago de Compostela zu begeistern; unwiderstehlich zog es sie in Scharen zum Grab des heiligen, glorreichen Apostels hin. Die zahllosen Pilger, die damals durch das ganze christliche Abendland wanderten, das Hin und Her der Schiffe auf dem Mittelmeer unter dem Zeichen des Kreuzes, hinter dem sich so viel Zweideutiges verbarg, die reichen Schätze, die wie die Geschenke der Heiligen Drei Könige auf den armseligen Steinplatten, unter denen die Zeugen Christi ruhten, aufgeschichtet wurden, die Hymnen und Heldenlieder, die die Wanderer begleiteten – all das ist Ausdruck der Kraft, der freudig bewegten Unruhe, des Fiebers der romanischen Welt.

Zweitrangige Wallfahrten als einigende Kraft

Über dem Glanz der drei großen Wallfahrten darf man nicht vergessen, mit welcher Leidenschaft zahllose Menschen zu den Gräbern der heiligen Nachfolger Christi strömten, der Märtyrer, Bischöfe und Bekenner, der Kirchenväter, Priester, Mönche und Einsiedler, der Jungfrauen und Witwen, zu Orten, an denen die Erzengel erschienen sein sollen oder an denen man sich der Fürsprache Mariens versichern konnte. Dorthin zogen sie, um die heiligen Stätten zu sehen und zu berühren, um zu beten, um geheilt zu werden oder eine Linderung ihrer unheilbaren Leiden zu erlangen. Die Wallfahrt von Le Puy im Herzen Galliens geht weit in heidnische Zeit zurück; der Monte Gargano war dem heiligen Michael geweiht; und selbst auf dem Höhepunkt der Normanneneinfälle hörten die Wallfahrten nach Saint-Martin in Tours nicht auf. Rasch verbreiteten sich im ganzen christlichen Abendland die Litaneien, die sich bei den Wallfahrten herausbildeten. Die erstaunliche Selbstsicherheit, die die romanische Welt in dieser unruhigen Zeit bewies und die in ihren Heldenliedern und Bauschöpfungen ihren Ausdruck fand, beruhte in erster Linie auf dem Stolz eines rassischen Selbstbewußtseins. Aber für die Franken bestand ihre Sendung, die sie zu so großartigen und schrecklichen Taten führen sollte, lediglich darin, auf dieser Erde Gottes Willen wirksamer zu realisieren als durch fragwürdige Verbindungen von politischen oder wirtschaftlichen Machtgruppen: diese Sendung war jedem einzelnen Christen auferlegt als Angehörigem der Gemeinschaft, durch die Gott zur Welt sprach und sie seiner Herrschaft unterwerfen wollte. Ihre Kraft erhielt sie aus den unzähligen Gräbern: aus jenen, die im Schein von Kerzen Stätten der Anbetung waren; aus jenen, die gleichsam als Ehrenwache mit ihren steinernen Sarkophagen die Kirchen umgaben, so auf den Alyscamps, in Quarré-les-Tombes, in Cibaux, in Saint-Pierre-les-Eglises; aus jenen, die unter Erdhügeln oder in unterirdischen Nekropolen lagen, wobei man die dort Begrabenen einfach als Märtyrer des Glaubens bezeichnete: Martoret, Martray, Martoral. Alle gemeinsam, die Lebenden und die Toten, verkündeten, daß der Herr «so keinen Heiden» getan habe (Psalm 147), und auf dieser Gewißheit gründeten sie den großartigsten Ausdruck menschlichen Hoffens, der je aus dem Elend und der Vergänglichkeit dieser Welt heraus geboren wurde.

Die Theorie der «Schulen»

Aus dieser Sicht wird deutlich, daß die romanische Kultur mehr war als lediglich eine glückliche Kombination von wirtschaftlichen Kräften oder eine Ausweitung des abendländischen Straßennetzes nach sieben Jahrhunderten der Unruhe und Unsicherheit. Daß die Kunsthistoriker, die dieses Problem zu klären bestrebt waren, in Verlegenheit gerieten, wird verständlich, wenn man sich seine Ausdehnung, seinen erstaunlichen Reichtum und seine rätselhaften Gegensätze vor Augen hält. Die von den bedeutendsten französischen Kunsthistorikern des vergangenen Jahrhunderts aufgestellte These von den nach Provinzen gegliederten «Schulen» wird heute kaum mehr akzeptiert. Sie beschränkten seinerzeit ihre Kategorien auf Frankreich, weil sie von der romanischen Kunst in den übrigen europäischen Gebieten, in Spanien, Italien, Deutschland und Osteuropa, allzu wenig wußten. Dabei übersahen sie den «gesamteuropäischen» Charakter des Christentums im 11. und 12. Jahrhundert und die Tatsache, daß die romanische Welt mehr war als die Summe ihrer lokalen Eigenheiten. Es gibt keine scharfe Trennung zwischen den französischen und den, wie neue Untersuchungen gezeigt haben, nicht weniger bedeutsamen Ausdrucksformen romanischen Geistes in anderen Ländern; anderseits darf man nicht versuchen, einseitig und voreingenommen Abhängigkeiten zu behaupten, die, um nur ein einziges Beispiel anzuführen, das Studium der an sich schon recht komplizierten Probleme der romanischen Kunst in Spanien sehr belastet haben.

Wenn man sich nur auf Frankreich beschränkt – das übrigens zweifellos als Kerngebiet der Romanik anzusprechen ist –, erweist sich die Theorie der regionalen Schulen in ihren empirischen Aussagen als durchaus richtig; zumindest liefert sie einen geeigneten Rahmen für genauere und besser differenzierte Untersuchungen. Nach dieser Theorie besteht eine gewisse Entsprechung zwischen den Kunstformen und dem Gebiet, in dem sie verwurzelt sind. Wenn man entsprechend dieser Theorie von Kirchen der Normandie, des Poitou, der Saintonge, des Angoumois, von Bordeaux, des Languedoc, der Auvergne, der Provence, von Burgund oder des Rheinlands spricht (dies sind im wesentlichen die Schwerpunkte romanischer Kunst), erhält man ein übersichtliches Klassifikationssystem für die französischen Baudenkmäler, ein harmonisches, optisch und logisch befriedigendes Bild.
Die Unzulänglichkeiten einer solchen Nomenklatur sind die einer jeden Systematik. Historisch gesehen ist die Einteilung anachronistisch, weil die französischen Provinzen, die die Grundlage der Systematik bilden, erst viel später entstanden sind; zur Zeit der Romanik existierten auf französischem Boden große Lehen wie Marche, Bourbonnais, Berry und Meine, die bei der Klassifizierung der Baudenkmäler nicht berücksichtigt werden. Wenn auch alle Kunsthistoriker zugeben, daß die Grenzen der «Schulen» mit den politischen Grenzen nicht unbedingt übereinstimmen, behalten sie diese Einteilung doch bei, obwohl sie oft willkürlich und allzu starr ist. Im Verbreitungsgebiet einer «Schule», etwa in Burgund oder dem Poitou, existierten mehrere Typen nebeneinander, so daß entweder weitere Unterteilungen vorgenommen werden mußten oder die These infolge der zahlreichen Ausnahmen nicht mehr haltbar war. Die Kirchen der «auvergnatischen Schule» sind unter den romanischen Bauwerken dieses großen Gebietes in der Minderzahl. Das gilt sogar für die frühere Diözese Clermont, in der sie alle stehen.

Wenn auch als Versuch einer Klassifikation und Synthese verdienstvoll, wird doch die Theorie der «Schulen» seit

einiger Zeit von der jungen Kunsthistoriker-Generation angegriffen. So kritisiert Pierre Lavedan «die außergewöhnliche Zersplitterung des Landes, zu der man gelangt ist, die Enklaven, Überschneidungen, Ausbuchtungen», zieht kurzerhand den Schluß, daß «der eingeschlagene Weg falsch war», und schlägt eine ganz neue Unterscheidung vor, bei der die Überwölbung des Mittelschiffs das Hauptkriterium darstellt. Dementsprechend unterscheidet er drei Gruppen: «Kirchen mit Tonnen- oder Kreuzgewölben ohne Galerien über den Seitenschiffen; Kirchen mit Tonnen- oder Kreuzgewölben mit Galerien über den Seitenschiffen; durch aneinandergereihte Kuppeln überwölbte Kirchen». Zur ersten Gruppe gehören Burgund mit den drei architektonischen Typen, die man seit Charles Oursel in diesem Gebiet unterscheidet, ferner Poitou und die Provence, zur zweiten Gruppe die schönen Kirchen des Gebietes von Clermont sowie die Kirchen an den sogenannten Pilgerstraßen; die dritte umfaßt außer den zahlreichen Kuppelkirchen des Angoumois, des Périgord und des Quercy drei isolierte Kirchenbauten, die kaum untereinander und mit der Gegend, in der sie stehen, verbunden zu sein scheinen: Saint-Hilaire in Poitiers, die Kirche von Solignac und die Kathedrale von Le Puy.

Diese Einteilung hat zumindest einen Vorzug: sie ist originell. Spektakulär verläßt sie ausgefahrene Geleise und sieht in den Versuchen einer systematischen Überwölbung der Innenräume ohne Störung des Gleichgewichts und in der Vielfalt der gefundenen Lösungen das eigentliche Anliegen der romanischen Baumeister. In Wirklichkeit aber haben die gewaltigen Feuersbrünste, die immer wieder die mit Holzdecken oder offenen Dachstühlen versehenen Kirchen verheert haben, die Baumeister veranlaßt, statt brennbarer Materialien Stein zu verwenden. Ebensowenig kann geleugnet werden, daß steinerne Überwölbungen den Räumen eine Feierlichkeit, eine Geschlossenheit und Einheitlichkeit geben, die durch Flachdecken oder offene Dachstühle niemals erzielt werden können. Schließlich wurde auch darauf hingewiesen, daß unter einem Gewölbe der sakrale Gesang weit mächtiger und voller klingt und dadurch imstande ist, den Gläubigen so zu umfangen und einzuhüllen, wie es später das von Suger erträumte vielfarbige Licht der Gotik vermocht hat. Wenn man den Bereich der Romanik auf die überwölbten Kirchen beschränken wollte, würde man ihn allzusehr einengen, ja, die Kirchen in den nördlichen Randgebieten völlig ausschließen. Die Baulichkeiten mit offenem Dachstuhl oder hölzernen Flachdecken waren im 11. und 12. Jahrhundert keineswegs Überreste einer längst überholten kirchenbaulichen Tradition, wie Pierre Lavedan andeutet; vielmehr handelt es sich hier um eigenständige Weiterentwicklungen auf den Gebieten der Flächenstrukturierung und Massengliederung, die ebenso romanisch sind wie der Gewölbebau.

Die Bedeutung der Verbindungsstraßen

Es ist also nicht erstaunlich, daß die kühne Hypothese von Pierre Lavedan keineswegs die einhellige Zustimmung der Kunsthistoriker gefunden hat. Manche von ihnen haben das heikle Problem der «Schulen» ausgespart und sich brillanten Form- und Stilanalysen gewidmet (so etwa Henri Focillon); andere, unter ihnen Joseph Gantner, haben die Intensität und geistige Geschlossenheit einer Kunst herausgestellt, in der Gott als Herr der Welt herrscht und aus der er zu den Menschen spricht – haben in dieser Kunst eher eine von einem apokalyptisch triumphierenden Wirbel erfaßte Vision und Anbetung gesehen als eine Lösung technischer Probleme. Wieder andere begnügen sich damit, von der «Schulen»-Theorie das beizubehalten, was sich als gültig erwiesen hat, und sie im übrigen entsprechend den neuen Erkenntnissen zu modifizieren. Der These, daß sich bestimmte Stilformen nur in genau umgrenzten Gebieten verbreitet hätten, stellten sie vor allem die Behauptung entgegen, daß die diese Gebiete verbindenden Handels- und Pilgerstraßen zu wechselseitigen Beeinflussungen geführt haben.

Der Gedanke an sich war nicht neu. Schon früher hatte Gaston Paris die bekannte Theorie aufgestellt, die großen altfranzösischen Heldenepen (Chansons de geste) hätten sich aus den «Kantilenen» entwickelt, die seit undenklichen Zeiten von fahrenden Sängern erfunden, ausgearbeitet und in weiten Teilen des Abendlandes verbreitet wurden. Joseph Bédier trat dieser Ansicht entschieden entgegen und glaubte beweisen zu können, daß die Pilgerstraßen für die Ausgestaltung und Verbreitung der Epen von entscheidender Bedeutung gewesen seien. In letzter Konsequenz wurde durch beide Hypothesen die Möglichkeit verneint, daß die Heldenlieder von einem einzigen genialen Sänger stammten: vielmehr waren sie das Ergebnis des langsamen, im einzelnen nicht verfolgbaren Heranreifens einer anonymen Tradition. Es ist hier nicht der Ort, näher darauf einzugehen, mit welcher Begeisterung die Hypothese von Bédier aufgenommen wurde oder welch heftigen Kritiken sie ausgesetzt war (heute wird sie nur noch mit Einschränkungen anerkannt). Das berühmteste dieser langen und kunstvollen Epen, das Rolandslied, war seiner Berühmt-

heit und seiner außergewöhnlichen Schönheit wegen das beliebteste Streitobjekt, wobei jede Seite ungefähr gleich viele gültigen Argumente ins Treffen zu führen hatte. Scharfsinnig bemühten sich die «Traditionalisten», Fassungen des Rolandslieds ausfindig zu machen, die älter waren als das berühmte Oxford-Manuskript, und bezeichneten sie als Beweis für die Macht der von Legenden umrankten Erinnerung, die lange an der Stätte des tragischen Geschehens lebendig war. Dagegen wandten ihre Gegner ein, daß ein derartig einheitliches, gut durchkomponiertes, originelles Meisterwerk nur von einem einzelnen inspirierten Menschen geschaffen werden konnte, dem ersten französischen Dichter, der auch einer der größten Dichter aller Zeiten war. Die Wahrheit liegt vermutlich in der Mitte.

Die Pilgerkirchen

Diese Auseinandersetzung läßt sich durchaus auf den Bereich der romanischen Kunstgeschichte übertragen. Bédiers Theorie war allzu verlockend, als daß man der Versuchung hätte widerstehen können, sie auf die Baulichkeiten an den vier großen Pilgerstraßen anzuwenden, die von den Hauptkirchen von Tours, Vézelay, Le Puy und Saint-Gilles die Gläubigen zum Grab des Apostels Jakobus in Galicien führten. Von den Schöpfungen der sogenannten «Schule der Pilgerstraßen» sind nur noch drei erhalten: die Abteikirche von Conques, Saint-Sernin in Toulouse und die Kathedrale von Santiago de Compostela; dazu kamen zwei weitere, heute zerstörte Kirchen: die Wallfahrtskirche Saint-Martin in Tours und die Abteikirche Saint-Martial in Limoges. Die Errichtung dieser fünf Hauptkirchen nahm das ganze 11. Jahrhundert in Anspruch und beschäftigte auch noch die nachfolgende Generation, die dem ursprünglichen Plan bemerkenswert treu blieb. Dessen hervorstechendste Elemente waren: großräumige Anlage zur Aufnahme großer Menschenmassen; ausgeprägte Chorhaube mit Chorumgang; um die Querarme herumgeführte Seitenschiffe; von Halbtonnen überwölbte Emporen über den Seitenschiffen, die in Doppelbögen zum Hauptschiff hin geöffnet sind. Von diesem Typ wurden mehr oder weniger auch andere, keineswegs unbedeutende Kirchenbauten beeinflußt, so etwa die allerdings immer noch umstrittene Saint-Remi in Reims, Saint-Sauveur in Figeac sowie die Kirchen von Marcilhac und Saint-Gaudens. Man wies auch auf die Verwandtschaft dieser Hallenkirchen mit den großen romanischen Kirchen der unteren Auvergne hin sowie auf die offensichtlich davon abgeleitete harmonische Dreiteilung von Saint-Etienne in Nevers.

Bald wandte man die Hypothese der kunsthistorisch bedeutsamen Verbindungsstraßen auch auf andere Pilgerstraßen an: auf der Straße, die die dem heiligen Michael geweihten Wallfahrtskirchen verband, sollen nach Jean Vallery-Radot bestimmte bauliche Eigenheiten vom berühmten Benediktinerkloster Saint-Michel auf einer Insel vor der normannischen Küste über Saint-Michel-d'Aiguilhe in Velay bis nach San Michele in Piemont und San Michele in Monte Sant'-Angelo auf dem Monte Gargano gelangt sein; George Nebolsine hat auf die entsprechende Bedeutung der über die Alpen und durch Como führenden Straße nach Rom hingewiesen. Ein spektakulärer Neuankömmling auf dem Gebiet der romanischen Kunstgeschichte, der Amerikaner Kingsley Porter, spricht von einer «Bildhauerei der Pilgerstraßen»; Jean Hubert glaubt auf Grund einer kartographischen Erfassung eine Beziehung zwischen den Meisterwerken französischer Bauplastik und der von Cluny geschaffenen und nach Santiago in Spanien führenden «Hauptstraße» feststellen zu können.

Kuppelkirchen

Gleichzeitig glaubte man durch die Hypothese von den Schulen der Pilgerstraßen ein weiteres Rätsel der romanischen Architektur lösen zu können, das die Einteilung in landschaftliche Schulen erschwerte. In Aquitanien, in Angoumois, in der Saintonge, in Périgord, Quercy und dem Limousin gibt es eine Reihe von prächtigen Kirchen, die von aneinandergereihten Kuppeln überwölbt sind, und zwar nicht nur über der Vierung, sondern über dem Chor, dem Hauptschiff und sogar über den Seitenschiffen. Diese eindrucksvolle Gestaltung, die sich von den schmalen, gegliederten Schiffen der mit Tonnen- oder Kreuzgewölben überdachten Basiliken deutlich unterscheidet, führt zu einer maximalen Verbreiterung des Innenraumes, dessen Grundriß von nebeneinandergestellten gleichmäßigen Quadraten gebildet wird. Da man auf Pfeiler im Inneren verzichten konnte, sind die Räume vollkommen überschaubar, und das Licht kann ungehindert eindringen. Der Raum wird durch die Joche stark gegliedert; die gewaltigen Halbkugeln der Kuppeln sind höchst wirkungsvoll. Eine freie Entfaltung der schematischen Raumgliederung war nach außen hin nur in dem von einem Apsidenkranz umgebenen Chor möglich. In unruhigen Zeiten, beispielsweise während der Albigenserkreuzzüge und im Hundertjährigen Krieg, zeigte es sich, daß sich diese Bauten sehr gut verteidigen ließen.

Es steht zweifelsfrei fest, daß dieser Typus aus dem Nahen Osten, aus Byzanz stammt. Dagegen weiß man immer noch nicht mit Sicherheit, warum sich solche Kirchen nur in ganz bestimmten Gegenden finden. Man hat dafür geologische Gründe angeführt: der kreidige, weiche aquitanische Kalkstein läßt sich ausgezeichnet bearbeiten. Allerdings gibt es überall in Frankreich ebenso geeignete Gesteine, aus denen man jedoch ganz andere Formen gestaltet hat. In neuerer Zeit hat man die französischen Kuppelkirchen auf einer Landkarte eingetragen und glaubte feststellen zu können, daß sie allesamt längs der noch in romanischer Zeit benützten alten Römerstraße liegen, die «von Rodez nach Cahors über Périgueux und Angoulême nach Saintes führte». Aber warum soll unter den zahlreichen Hauptverbindungswegen des mittelalterlichen Frankreich, über die Pilger, Kaufleute und Herden zogen, ausgerechnet nur die alte Römerstraße die Verbreitung einer so stark stereotypisierten Formel ermöglicht haben? Aber warum endet das Verbreitungsgebiet der Kuppelkirchen an den ersten Vorbergen des Zentralmassivs, während doch anzunehmen ist, daß der Verkehr auf der alten Straße zwischen Rodez, der Auvergne, dem Velay und dem Mittelmeer mindestens ebenso stark war wie auf ihrem weiter westlich gelegenen Teilstück? Die Hypothese von der Bedeutung der großen Straßen für die Verbreitung architektonischer Formen ist zwar in mancher Hinsicht einleuchtend, erklärt aber nicht, warum sich, wenn auch in einer Fülle anderer Formen verborgen, das Prinzip der Kuppelkirche noch in Saint-Hilaire in Poitiers, in der Abteikirche von Fontevrault in der Touraine und sogar in der Kathedrale von Le Puy findet. Diese Hypothese hat also ebenso ihre Grenzen wie die Theorie von den landschaftlichen Schulen.

Die bedeutsame Rolle der Klöster

Hier sei eine Bemerkung vorweggenommen, die vielleicht eine gewisse Klärung bringt. So schwierig es heute auch ist, die in den ersten fünf Jahrhunderten nach dem Untergang des Römischen Reiches angestellten Versuche zur Entwicklung einer dem so drückenden Erbe der Antike würdigen Baukunst zu verfolgen, so zeigen doch die Uneinheitlichkeit, Spärlichkeit, Vergänglichkeit und die deutliche Unsicherheit aller dieser Versuche klar, daß sie niemals richtig Wurzeln faßten, keinen Boden fanden, aus dem ihnen befruchtende, belebende Kräfte zugeflossen wären. Ganz anders verhält es sich mit den zwar ebenfalls noch vereinzelten und unsicheren Versuchen, die im Dunkel des 9. Jahrhunderts begannen und in dieser trostlosen Zeit neue Hoffnung aufglimmen ließen. In den alten Klöstern waren die Mönche unter der Leitung mutiger Äbte bemüht, inmitten der Finsternis und der blutigen Auseinandersetzungen das Flämmchen der Kultur am Leben zu halten, und als die große Erneuerung einsetzte, waren sie keineswegs die letzten, die vom Fieber eines neuen Lebens erfaßt wurden. Von Agaunum und Payerne bis Tournus, Jumièges, Tours, Saintes, Conques, Moissac gab es kaum ein Kloster, das sich nicht alsbald in einen riesigen Bauplatz verwandelte, an dem kühne Experimente heranreiften. Durch die Urbarmachung neuen Landes, ihre vielfältigen Beziehungen und wachsenden Ländereien standen den Klöstern immer mehr Mittel zur Verfügung. Sie scheuten weder Mühen noch Kosten: durch gewaltige Kirchen, die weit über ihre tatsächlichen Bedürfnisse hinausgingen, wollten sie nicht für sich selber, sondern für Gott, das höchste Gut, Zeugnis ablegen.

Kostbares Baumaterial ließen sie über große Entfernungen heranschaffen. Als Abt Wilhelm von Volpiano die Abteikirche Saint-Bénigne in Dijon neu erbaute, forderte er von seinem Freund und Geschäftspartner Brun von Roucy, Bischof von Langres, « Säulen aus Marmor und Stein, wie man sie von überall herbeischafft » an. Als Odilo von Mercœur das Kloster Cluny übernahm, bestanden die Baulichkeiten aus Holz; er beschloß alsbald, neue Bauten aus Marmor zu errichten. Die Säulen für den neuen Kreuzgang ließ er « unter großen Mühen aus der tiefen Provence holen und den rasch dahineilenden Fluten der Durance und der Rhône anvertrauen ». Ebenso ließ in Saint-Benoît-sur-Loire Abt Goslin von den Steinbrüchen im Nivernais auf dem Flußweg die Steine herbeischaffen, aus denen er den Vorhallenturm seiner Kirche errichtete.

Pracht und Glanz der großen romanischen Kirchen

Uns Heutigen ist es leider nicht mehr vergönnt, die Bauschöpfungen der Romanik, soweit sie überhaupt die Zeiten überdauert haben, in ihrer ursprünglichen Pracht zu sehen; Restaurierungen, das Abfallen des Verputzes oder die Übertünchung der bemalten Wände haben ihr Aussehen stark verändert. Sogar die Patina der Jahrhunderte, von der sie manchmal überzogen sind, ist trügerisch: so haben die großen romanischen Kirchen seinerzeit nicht ausgesehen. Vielmehr schimmerten sie im Glanz edlen Beiwerks und kostbarer Stoffe, wurden erhellt durch Gold, bunte Farben und das Licht zahlloser Kerzen. Als unangezweifelte Königin herrschte die Architektur über eine Vielzahl von Künsten;

ihre bedeutendsten Dienerinnen waren die Bauplastik und die Bildhauerei. Manche romanischen Kirchen waren innen vollständig ausgemalt: das prächtigste Beispiel ist Saint-Savin-sur-Gartemps, wo sogar zugunsten der Malerei im Laufe der Bauarbeiten das Gewölbe über dem Hauptschiff abgeändert wurde. Bei der Restaurierung der Wallfahrtskirche Saint-Julien in Brioude entdeckte man, daß die Pfeiler früher mit überraschend kühnen Marmorierungen in lebhaften Farben bemalt waren. Besonders verbreitet scheinen die prächtig ausgemalten Kirchenschiffe im Poitou, der Touraine, in Anjou gewesen zu sein; die verblichenen, verwaschenen Farben, die man heute noch sieht, vermitteln allerdings einen ganz falschen Eindruck. In Wirklichkeit herrschte in diesen Kirchen ein fast unglaublicher Farbenreichtum – hier erscheint das Wandgemälde nicht mehr, wie es vielleicht anderswo der Fall war, als bequemer Ersatz für das allzu aufwendige und unerschwingliche Mosaik, sondern als eigenständige, vollendete Technik von staunenswertem Erfindungsreichtum.

Daher sollte man heute die Maler, die im 19. Jahrhundert unter eifriger Zuhilfenahme von Schablonen, mit Girlanden und Sternen versucht haben, einigen dieser Kirchen die warme Atmosphäre zurückzugeben, die im Laufe der Jahrhunderte verschwunden war, nicht allzu streng verurteilen. Wenn es ihnen auch nicht gelungen ist, den einstigen Glanz wiederaufleben zu lassen, ist ihr Verfahren doch der radikalen Entfernung aller Spuren alter Wandgemälde vorzuziehen, wodurch nach Ansicht der Kunsthistoriker neun Zehntel aller romanischen Gemälde unwiederbringlich verlorengegangen sind. Von manchen ausgesprochenen Scheußlichkeiten abgesehen – so etwa der geschmacklos ausgemalten Kirche von Civray in Poitou –, erhält man in vielen der restaurierten Kirchen (Civaux und Chauvigny in Poitou sind gute Beispiele) zumindest eine gewisse Vorstellung von der einstigen Farbenpracht. Wer in der Auvergne die majestätischen, jeden Schmuckes baren, zum reinen Schema gewordenen Steingerippe der Kirchen von Notre-Dame-du-Port, Orcival, Saint-Nectaire und Saint-Saturnin gesehen hat, steht verblüfft vor der scharlachrot ausgemalten Kirche von Issoire. Mit einigem guten Willen und unter Zuhilfenahme der diese Restaurierungen verwandelnden, transponierenden Phantasie wird er vielleicht zum Schluß kommen, daß angesichts der wiederentdeckten Fresken in Brioude das von den Restauratoren des 19. Jahrhunderts entwickelte dekorative Prinzip möglicherweise doch zu rechtfertigen ist, wenn auch dessen mechanische Anwendung anderseits weitgehende Vorbehalte bedingt. Ist es tatsächlich so verwerflich, daß die unzulängliche, naive

Treue der Maler des 19. Jahrhunderts dem gegenüber, was sie für den Geist, das Leben, die Atmosphäre der ihnen zur Wiedererweckung anvertrauten großen Kirchenskelette hielten, es uns hier und da ermöglicht, einen wenn auch vielleicht schwachen Gesamteindruck vom einstigen Aussehen zu erhalten – so wie eine Bühnendekoration über ihre Pappmaché-Wirklichkeit hinaus auf eine lebendige Wirklichkeit verweist, die sie weder ersetzen kann noch will?

Während man einerseits weiß, daß die heute so verbreitete Vorliebe für das pure Material («Werksteinromantik») der romanischen Auffassung völlig fremd war, beschränkte andererseits der Mangel an guten Malern die Wandgemälde oft auf eine einfache Darstellung Gottes. Dafür bemalte man systematisch die Kapitelle, die Tympana und die Bogen der Portale; in der Apsis befand sich gewöhnlich ein von den Symbolen der vier Evangelisten umrahmter thronender Christus. Manchmal ließ ein Gläubiger in einer Ecke der Kirche auf einer besonders hergerichteten Fläche etwa in Augenhöhe einen Schutzheiligen oder eine erbauliche Szene malen – solche überraschenden Darstellungen, die das symmetrische Gleichgewicht der Wände störten, gaben den mittelalterlichen Kirchen einen Teil jenes spontanen, freien, kraftvollen Lebens, das sie vor jeder stereotypen Monotonie bewahrte.

Für die romanische Seele und das romanische Empfinden scheint eine lichtvolle, farbige, schillernde Atmosphäre ein Bedürfnis gewesen zu sein. Petrus Venerabilis, von dem man ansonsten weiß, wie nüchtern und wie entschlossen er war, den ihm anvertrauten Orden einer strengen Askese zu unterwerfen, spielte einmal in einem eigenartigen Schreiben an Aton, den Bischof von Troyes, auf eine Unterhaltung an, die sie zwischen den Gemälden einer Kluniazenserkapelle – «bei weitem die schönste Kirche in unserem ganzen Burgund!» – geführt hatten. Auch der Zisterzienserorden verleugnete anfänglich diese Vorliebe für leuchtende, erhebende Farben nicht; er verstand es meisterhaft, mit solchen Farben seine Handschriften auszuschmücken, deren prächtig leuchtende Bilder nach Kingsley Porter «einer der ursprünglichsten künstlerischen Schätze Europas» sind.

Bewegliche Schmuckelemente

Diese Freude am Schönen und Glänzenden erklärt auch die zahllosen Kunstwerke, besonders Schöpfungen der Goldschmiedekunst, die untrennbar zur Architektur gehörten und sie erst richtig zur Geltung brachten: Altäre, Baldachine, Leuchter und Lampen aus Gold, Silber, Email, geschmückt mit Edelsteinen. Kostbare Schreine und Reliquiare waren in den Apsiden oder in den tiefen Krypten zur Schau gestellt; Pilger zogen an ihnen vorbei, um sie verzückt zu bewundern und leidenschaftlich die sterblichen Überreste der Heiligen zu küssen, die sich darin befanden. Eine Vorstellung von dieser Pracht vermittelt der wunderbarerweise erhalten gebliebene Klosterschatz von Conques. Auf seine Mehrung waren vor allem zwei große Äbte des 11. und 12. Jahrhunderts bedacht, die sich des Stifters, der der Kirche im ausgehenden 10. Jahrhundert die berühmte heilige Fides mit ihrem unerträglichen Blick schenkte, durchaus würdig erwiesen. Abt Bego III., der den Bau der Kirche vollendete, stiftete vor allem einen Tragaltar und drei Reliquiare. Eines von diesen ist triangelförmig («A de Charlemagne»), ein anderes hat das Aussehen eines achteckigen Turmes, das dritte ist ein quaderförmiges Kästchen, das die von Papst Paschalis übersandten Reliquien des wahren Kreuzes birgt. Eine Inschrift erlaubt es, seinem Nachfolger, Bonifatius, ein sehr schönes Reliquiar zuzuschreiben, das die sterblichen Überreste der heiligen Fides enthält; gleichzeitig preist die Inschrift die berühmten Schöpfungen der dem Kloster angeschlossenen Goldschmiedewerkstatt: «Die Schreine von Conques legen überall Zeugnis für ausgezeichnete Arbeit ab.»

Aber das Kloster in der Rouergue war nicht das einzige, das seine berühmte Kirche mit so herrlichen Schmuckwerken verschönern konnte. Jedes Kloster, jede Wallfahrtskirche, jede Bischofskirche setzte ihren Stolz darein, einen Schatz zu sammeln und zu mehren, der sichtbarer Ausdruck ihrer Bedeutung war. Nur noch wenig ist davon erhalten, aber die in regelmäßigen Zeitabständen aufgestellten Inventare lassen erkennen, um welche Reichtümer es sich handelte. In Cluny, auf das man beim Studium der romanischen Kunstgeschichte immer wieder zurückkommen muß, wurden bei einer Zählung der Reliquiare, Kleinodien, Handschriften und liturgischen Gegenstände nicht weniger als 225 Posten erfaßt, von denen wahrscheinlich ein Großteil aus romanischer Zeit stammte. Vier Jahrhunderte später zählte Philibert Buché de la Bertilière in einer ausführlichen Beschreibung der Abteikirche von Cluny – eine Beschreibung, die von den Kunsthistorikern bislang viel zu wenig beachtet wurde – allen Schmuck und alle Pracht auf, ohne die, wie man sich stets vor Augen halten sollte, die romanische Kirche nur ein totes Gehäuse ist, eine leere Anhäufung von Steinen, die durch menschliches Vorurteil ihres Lebens beraubt wurde.

Anmerkungen

Conques (Frankreich)

Sainte-Foy. Was hat wohl die Gründer von Conques veranlaßt dieses Kloster mitten in eine der wildesten Landschaften der Rouergue zu stellen ? Vielleicht war es lediglich die Nähe einer Furt über den durch dunkle Schluchten dahinbrausenden Dourdou, das Vorhandensein einer im Fels entspringenden Quelle, die später müde Pilger besser erquicken sollte als Nektar. Der fromme Raub der Reliquien der kleinen heiligen Fides von Agen machte das Kloster vom 10. Jahrhundert an zu einem beliebten Wallfahrtsort und ließ es rasch reich werden, was besonders die kostbaren Goldschmiedearbeiten im Klosterschatz bezeugen.

Die Entstehungszeit der außergewöhnlichen Abteikirche ist umstritten, doch weiß man, daß der Bau durch Abt Odolric (1030–1065) begonnen wurde, auf den wahrscheinlich auch das erst nach seinem Tod vollendete Programm zurückgeht: Vorkirche, dreischiffige Anlage, Querhaus mit Seitenschiffen, Umgangschor mit Kapellenkranz. Bezeichnend für den Aufriß ist die Abstützung von Langhaus, Querhaus und Langchor durch von Vierteltonnen überwölbte, mit großen Öffnungen versehene Emporen. Die gleiche Formel findet sich in der Auvergne, in Toulouse (Saint-Sernin) und in Santiago de Compostela.

Nevers (Frankreich)

Saint-Etienne. Die zu einer Kluniazenserpriorei gehörende Kirche wurde zwischen 1062 und 1097 errichtet. Sie besteht aus einem Langhaus mit sechs Jochen, einem Querhaus und einem Umgangschor mit Kapellenkranz. Während Focillon die Geschlossenheit, die klare Harmonie und kraftvolle Wirkung dieses Bauwerks pries, das seinen Adel ausschließlich aus der bewundernswerten Gliederung der Massen bezieht, wiesen andere Kunsthistoriker darauf hin, daß hier die burgundische dreigeschossige Anlage mit der auvergnatischen Emporenhalle eine glückliche Verbindung eingegangen ist. Weit eher könnte man sagen, daß Saint-Etienne eine eigenständige und in mancher Hinsicht einzigartige Schöpfung ist. Die technischen Errungenschaften der umliegenden Kunstlandschaften wurden zu einer originellen Synthese verschmolzen, aber gleichzeitig bildet das Bauwerk eine noch nicht erklärte Ausnahme.

Fontenay (Frankreich)

Abteikirche. Das in einem bewaldeten Tal auf der Hochebene des Châtillonnais im nördlichen Burgund gelegene Zisterzienserkloster wurde 1119 vom heiligen Bernhard, dem Abt von Clairvaux, auf einem im Besitz seiner Familie befindlichen Stück Land gegründet. 1139 begann Abt Wilhelm nach den Direktiven des Gründers mit dem Bau des neuen Klosters.

Fontenay ist die Verwirklichung der architektonischen Vorstellungen Bernhards – eine bewundernswerte Synthese von asketischer Strenge und erhabener Größe, die in der Raumanlage ihren Ausdruck finden.

Die als erstes in Angriff genommene Kirche wurde 1147 durch den aus dem Zisterzienserorden hervorgegangenen Papst Eugen III. geweiht. In ihrem Programm sind alle Möglichkeiten der romanischen Architektur von Burgund zusammengefaßt.

Payerne (Schweiz)

Abteikirche. Die Chronik schreibt den Neubau des kurz zuvor dem Kluniazenserorden angeschlossenen Klosters von Payerne (Peterlingen) dem heiligen Odilo von Mercœur zu, der von 962 bis 1048 lebte und seit 984 Abt von Cluny war. Nach Ansicht der Kunsthistoriker verdanken wir Odilo das eindrucksvolle Langhaus der Klosterkirche, das zweifelsohne aus der 1. Hälfte des 11. Jahrhunderts stammt.

Es ist beeinflußt durch den «premier art roman» des Mittelmeergebiets, gestaltet aber dessen Themen mit großer Freiheit und Eigenwilligkeit. Die Struktur ist ganz einfach: rechteckige Stützen mit eingebundenen Halbsäulen und Diensten, auf denen die Gurtbögen des Tonnengewölbes aufliegen (falls die in die Wölbung eingelassenen Fenster von Anfang an vorhanden waren, sind sie die ersten Fenster dieser Art); mächtige Arkaden aus verschiedenem Gestein. Ornamentaler Dekor fehlt völlig.

Weitergeführt wurde der Bau ab 1050 mit der zweigeschossigen, massigen Vorkirche, dem siebten Joch des Langhauses, dem weit vorspringenden Querhaus und dem Chor. Bei diesem handelt es sich um einen Staffelchor (von vier kleineren Apsiden flankierte Apsis) mit kluniazensischen Spitzbögen.

Conques, Sainte-Foy
Grundriß 1:400

0 1   5   10   15
M

0   10   20   50
FT

Nevers, Saint-Etienne
Grundriß, Längsschnitt und axonometrische Ansicht 1:400

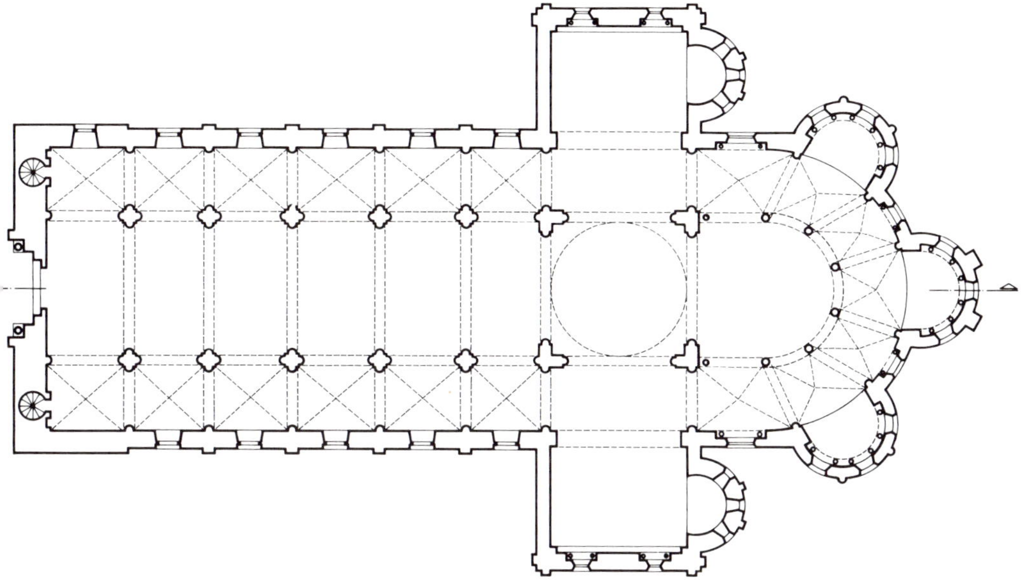

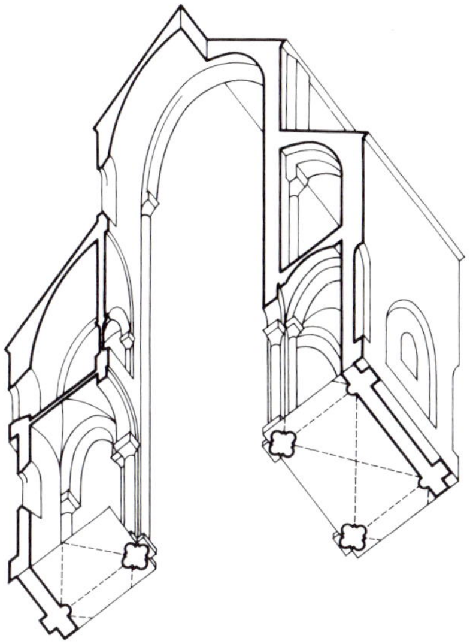

0 1   5   10   15
                                      M
0   10   20   50
                                      FT

Legenden

Conques (Frankreich)

67 **Sainte-Foy.** Die Abteikirche zwischen Bergen und
Bäumen. Deutlich erkennt man die massiven zwei-
geschossigen Seitenschiffe von Lang- und Querhaus.
Über der Vierungskuppel erhebt sich ein achteckiger
Turm; quadratische Türme flankieren die Vorkirche (die
Helme wurden später hinzugefügt). Das kurze Langhaus
endet an der bereits im Pilgerführer von Santiago ge-
nannten wundertätigen Quelle.

68 Oben: Das reich geschmückte Tympanon der Westfassade, sogenanntes Weltgerichtstympanon aus der
1. Hälfte des 12. Jahrhunderts. Es zeigt Christus inmitten
von Heiligen und Engeln, von denen einer die Seelen
wiegt. Auf dem Türsturz sieht man die Auserwählten,
die ins Paradies gelassen werden, und die Verdammten,
die Leviathan verschlingt (unten).

69 Das Langhaus, von den Emporen in der Höhe des Quer-
schiffes aus aufgenommen.

70 Die Arkaden der Emporen. Die Rundbögen werden von
schlanken Säulen getragen.

Nevers (Frankreich)

71 **Saint-Etienne.** Die dreigeschossige Wand des Mittelschiffes: mächtige Rundbögen, von Blendarkaden eingefaßte Zwillingsfenster der Empore und hohe Ober-
gadenfenster. Das Schiff wird durch wandgebundene
Halbsäulen und Gurtbögen in Joche gegliedert; die
Emporen sind durch Vierteltonnen überwölbt.

72 Eine der stereotomisch vollkommenen Trompen der
Vierungskuppel.

73 Der halbkreisförmige Chor. Hier ist die Wand anders
gegliedert als im Schiff, behält aber den gleichen kraftvollen Rhythmus. Die Arkaden des Erdgeschosses sind
stark gestelzt, die Kapitelle völlig schmucklos. An die
Stelle der Emporenöffnungen des Schiffes tritt hier ein
Triforium, eine Blendarkatur mit Stützenwechsel. Die
darüberliegenden Fenster werden von Säulen gerahmt.
Eine Halbkuppel krönt den Chor.

Fontenay (Frankreich)

74 **Abteikirche.** Diese Zisterzienserkirche beeindruckt
durch ihre strenge Harmonie, ihren klaren, ausgewogenen
Aufbau. Eine mächtige Längstonne deckt das Mittelschiff, das durch Dienste und Gurtbögen gegliedert
wird. Obergaden und seitliche Fenster fehlen. Nur durch
Fenstergruppen im Westen und Osten fällt Licht ein,
wodurch eine geheimnisvolle, verinnerlichte Atmosphäre
geschaffen wird.

75 Der Kreuzgang. Die romanischen Baumeister, denen ein
bewährtes Repertoire zur Verfügung stand, verzichteten
hier auf die formale Spannung des zugespitzten Bogens
und bedienten sich ausschließlich weitschwingender
Rundbögen. Die von kleinen Säulen gerahmten und von
Blendarkaden eingefaßten Zwillingsfenster werden an
einigen Stellen durch Durchgänge ersetzt, die in den
Kreuzgarten führen.

76 Innenansicht des Kreuzganges. Das leicht zugespitzte
Tonnengewölbe ergänzt harmonisch die ein wenig
gedrungenen und doch anmutig wirkenden Arkaden und
Säulen.

77 Stütze im Kreuzgang mit eingebundenen Säulchen und
kluniazensischen kannelierten Pfeilern. Die trotz ihres
einfachen linearen Musters eindrucksvollen Kapitelle
sind typisch zisterziensisch.

Payerne (Schweiz)

78 **Abteikirche.** Mittelschiff und Chor. Obwohl der Chor
erheblich jünger ist als die übrige Kirche, schließt seine
luftig durchbrochene Wand den hohen Innenraum harmonisch ab.

79 Blick zur Halbkuppel über der Apsis. Die Wand wird
durch die hohen Fenster stark reduziert.

80 Eine der Stützen im Mittelschiff mit eigenartigem
Kämpfer.

81 Das Langhaus mit der halbkreisförmig vorspringenden
Empore im Hintergrund nimmt bereits Cluny vorweg.

82 Blick auf das gotische Kreuzrippengewölbe über der
Vierung.

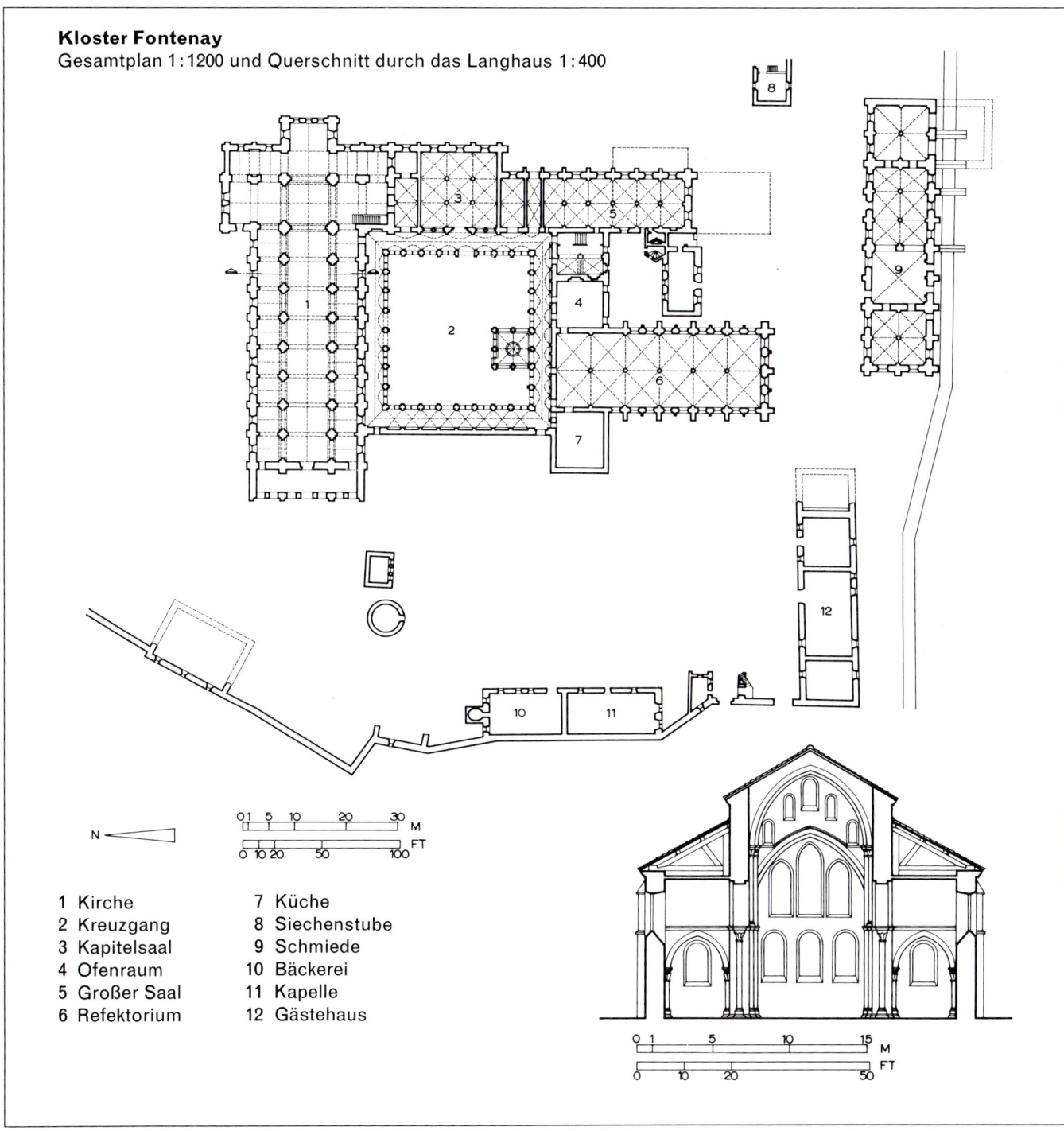

Kloster Fontenay
Gesamtplan 1:1200 und Querschnitt durch das Langhaus 1:400

N

0 1 5 10 20 30 M
0 10 20 50 100 FT

1 Kirche
2 Kreuzgang
3 Kapitelsaal
4 Ofenraum
5 Großer Saal
6 Refektorium
7 Küche
8 Siechenstube
9 Schmiede
10 Bäckerei
11 Kapelle
12 Gästehaus

0 1 5 10 15 M
0 10 20 50 FT

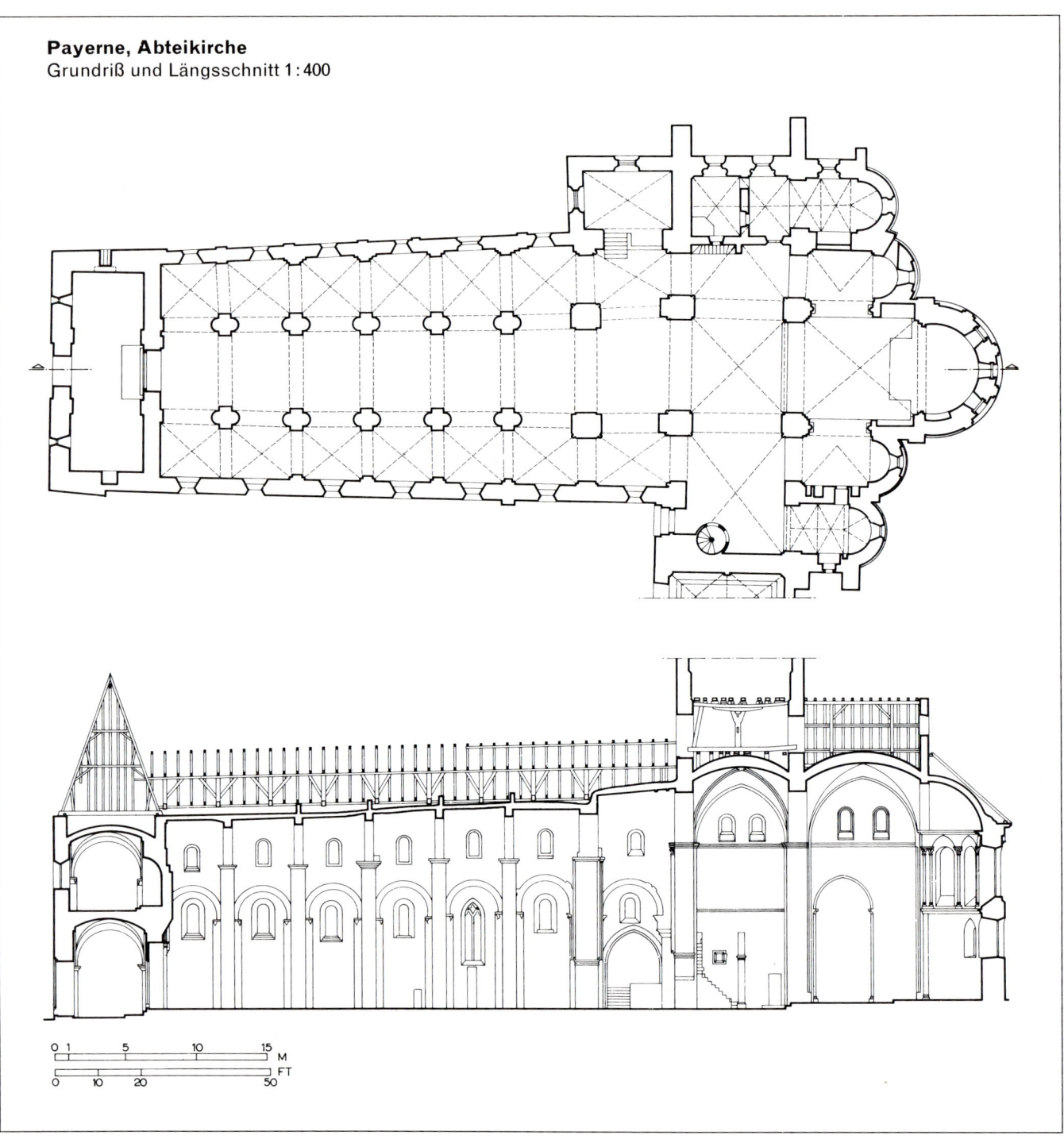

Payerne, Abteikirche
Grundriß und Längsschnitt 1:400

0 1   5   10   15
M
0   10   20   50
FT

2. Der Baumeister

Selbst wenn man die Permanenz des Gefühls für Schönheit einerseits und deren Verstümmelung in späteren Zeiten anderseits in Rechnung stellt, ist doch jeder Versuch, mittels einer Synthese die Welt der Romanik zu erfassen, zum Scheitern verurteilt, wenn man nicht von vornherein die verschiedenen Faktoren berücksichtigt, die diese Welt geprägt haben. Zunächst einmal gilt es, Reichweite und Vielfalt der Bedürfnisse zu erkennen, die durch einen über die engen Grenzen der herkömmlichen Zentren der Kultur, die Klöster und Paläste, weit hinausgehenden wirtschaftlichen und sozialen Aufschwung geweckt wurden; dann ist zu bestimmen, inwiefern und auf welche Weise diese Bedürfnisse befriedigt werden konnten. Es ist dies ein gewaltiges Unterfangen, das noch längst nicht abgeschlossen ist und immer wieder durch neue Entdeckungen oder ein übersehenes Detail in Frage gestellt wird. Wenn es auch bislang nur möglich ist, die Richtung dieser Untersuchungen anzugeben, springt doch eines von vornherein ins Auge: außerhalb der alten Zentren, in denen sich die schöpferischen Geister sammelten, wenn auch oft von ihnen abhängig, waren vordringlichere Aufgaben zu lösen. Etwas ähnliches erleben wir in unserer Zeit: die Ausdehnung der Städte verändert von Grund auf die Bauprogramme, führt zu einem vielfältigen Angebot und gibt dem umliegenden flachen Land ein anderes Gesicht. Ob dieses soziale und technische Phänomen nach fast einem Jahrtausend gewissermaßen die Zustände im so bewegten 11. Jahrhundert wiederholt, sei dahingestellt; jedenfalls wird deren Verständnis durch diesen Vergleich erleichtert. Es galt, für die neuen Märkte neue Städte zu erbauen, und da man sich inzwischen an manche Annehmlichkeiten gewöhnt hatte, begnügte man sich nicht mehr mit dürftigen Hütten. Mancherorts, so in Estella in Spanien und zwischen Villefranche-de-Conflent und Cluny, blieben schöne Bürgerhäuser aus dieser Zeit von späteren Umbauten verschont. Sie grenzen mit weiten Arkaden an die vorbeiführende Straße und weisen von Bögen abgeschlossene Galerien auf, die den Emporen in den um die gleiche Zeit entstandenen Kirchen genau entsprechen. Die gewaltigen Bedürfnisse des Heiligen Landes weckten nach und nach alle Mittelmeerhäfen zu neuem Leben und führten zur Anlage neuer Häfen, von denen aus schwer beladene Schiffe in See stachen. Die Straßen des Kontinents belebten sich wieder; der aufblühende Handel, der Viehtransport und die Pilgerzüge verlangten zumindest eine bescheidene Organisation, wenn man auch in dieser Hinsicht nicht sonderlich anspruchsvoll war. Es ist kaum anzunehmen, daß die Pilgerstraßen in romanischer Zeit so angenehme und sichere Verbindungswege mit gastlichen Herbergen in regelmäßigen Abständen waren, wie manchmal behauptet wird. Das ausgezeichnete römische Straßennetz, das in den ersten Jahrhunderten nach der Zeitenwende so sorgfältig unterhalten worden war, hatte die Zeit der Völkerwanderungen nicht überdauert; feste Hospize und gute Pilgerherbergen waren selten. Die drei bedeutendsten Hospize sind im Pilgerführer von Santiago angeführt: das Hospiz in Jerusalem als Endpunkt der mühseligen Pilgerfahrt, das zur Sicherung der Schluchten des Mont-Jou von dem berühmten Archidiakon von Aosta angelegte Hospiz auf dem Großen Sankt Bernhard und das Katharinenhospiz auf dem Somport-Paß, das vermutlich an der Stelle einer älteren römischen Herberge errichtet wurde. Erwähnt werden ferner das Hospiz von Roncesvalles, das zu Beginn des 12. Jahrhunderts entstand, und an der Pilgerstraße in Spanien die Hospize von Los Arcos in Navarra und auf dem Cebrero-Paß an der Grenze zwischen Leon und Galicien, ferner das Jakobus-Hospiz, in dem die erschöpften Pilger in der Nähe des Apostelgrabes Aufnahme fanden. Später wurden noch weitere Hospize gegründet, die nicht unmittelbar mit den großen Wallfahrten in Verbindung standen und gewöhnlich entweder von Mönchen der beiden nach der Eroberung des Heiligen Landes geschaffenen Hospitaliterorden oder von Augustinermönchen geleitet wurden. Einige dieser Hospize sind ganz oder teilweise erhalten, so das Hospiz von Pons in der Saintonge, dessen aus dem ausgehenden 12. Jahrhundert stammende Gebäude die Straße säumen, oder das Hospiz auf den Monts d'Aubrac, das mit seiner befestigten, von einem herrlichen, wenn auch teilweise eingestürzten Gewölbe überdachten Kapelle hoch über den einsamen Weiden thront.

Nicht weniger eindrucksvoll sind die bescheideneren Einrichtungen, die von den Pyrenäen über das Zentralmassiv bis zu den Alpen den Hirten inmitten einer wilden, verlassenen Natur Zuflucht und Schutz gewährten. In dem am Rand des Baskenlandes liegenden Saint-Blaise ist die Vierung der kleinen Hospitalskirche von einer unmittelbar aus dem arabischen Spanien übernommenen Stern-Rippen-Kuppel überwölbt. Die winzige Kapelle des hoch oben im wilden Tal von Ossau im Jahre 1121 von Gaston dem Kreuzfahrer gegründeten Hospizes von Gabas weist zwei nüchterne, wuchtige Spitzbogenjoche auf, die in dieser abgelegenen Gegend, in der die Wildwasser von den Felsen herabstürzen, besonders eindrucksvoll wirken.

Noch vordringlicher und wesentlicher waren die Bedürfnisse der sich sozial und wirtschaftlich rasch entfaltenden ländlichen Gebiete. Wieder erstaunt die fundamentale Zwiespältigkeit der romanischen Seele: einerseits der aus der Zeit vor dem Seßhaftwerden, aus der Völkerwanderung stammende Wandertrieb, die Sehnsucht nach dem Unbekannten und Fernen – anderseits ein neues Streben, sich dem Stückchen Erde zu verbinden, das man mit seiner Hände Arbeit fruchtbar gemacht hat, dort das Feuer des häuslichen Herdes zu entzünden, dessen Flamme die Söhne nähren soll. Überall wich die statische, erstarrte Domänenwirtschaft einem anpassungsfähigeren wirtschaftlichen System, das alle, die von der Erde lebten, enger miteinander verknüpfte. Die Ausbildung des Lehnswesens fiel mit der landwirtschaftlichen Entfaltung zusammen, die durch sie erst wirklich ermöglicht und gesichert wurde. Zum neuen Mittelpunkt des ländlichen Lebens wurde die Burg, die nun nicht mehr eine feste Bastion einzelner war, sondern für alle Sicherheit, Gerechtigkeit und Ordnung bedeutete. Überall reckten sich Burgtürme empor, deren Wuchtigkeit in Erstaunen setzt. Die umliegenden Dörfer teilten sich in die Feldmarken, gaben ihnen besondere Namen. Und bald erhielt jedes Dorf seine eigene Kirche.

Die Baumaterialien für diese gewaltigen Vorhaben konnten nun nicht mehr auf dem Flußweg unter großen Kosten herangeschafft werden. Man mußte rasch bauen und sich dessen bedienen, was in der Nähe aufzufinden war. Man grub in die Erde und holte aus ihr, was man brauchte. Noch heute sieht man gelegentlich solche längst verlassene, von Gestrüpp überwucherte alte Steinbrüche, aus denen die Dorfbewohner einst mühselig Steine zur Errichtung ihrer Häuser herausbrachen. Wenn es möglich wäre, sie kartographisch zu erfassen und ihr Alter genau zu bestimmen, würde man vielleicht eine bedeutsame Übereinstimmung zwischen ihrer Dichte und Zahl und den Zentren der damaligen Baukultur feststellen können, denn mit dem ungeheuren Anschwellen der Bautätigkeit verbreiteten sich allmählich allenthalben die technischen Kenntnisse, die bis dahin einem engen Kreis von Fachleuten in Klöstern und Palästen vorbehalten gewesen waren. Nochmals sei an das von dem Mönch Radulfus verwendete Bild erinnert, das diesen Wandel deutlich macht. Bei dem «weißen Mantel», der sich, wie der Chronist so anschaulich schreibt, über das ganze Abendland ausbreitete, handelte es sich nicht nur um «die von den Gläubigen wieder aufgebauten Bischofskirchen und Klöster, sondern auch um kleine Dorfkirchen».

Ohne die erstaunliche Entfaltung handwerklichen Könnens, die ein solches Unterfangen zur Voraussetzung hat, läßt sich die Fülle, die fast grenzenlose Vielfalt und die rasche

Verbreitung der romanischen Themen nicht erklären. Keine andere Kultur war reicher an Kunstfertigkeiten und technischen Kniffen, Erfindungen von Handwerkern, die mit der Umwelt, in der sie arbeiteten, eng verbunden waren und alle ihre Möglichkeiten, ihre Geheimnisse und ihre Grenzen genau kannten.

Alle Probleme, die sich diesen Menschen stellten, lösten sie auf Grund der an Ort und Stelle gemachten Erfahrungen, die bald Allgemeingut wurden, mit dem sicheren Instinkt von Autodidakten, denen es nicht um die Verwirklichung wissenschaftlicher Lehrsätze oder ausgeklügelter Pläne ging, sondern um die Meisterung der tatsächlichen Gegebenheiten.

Je nach den überkommenen oder neu belebten Praktiken und den zur Verfügung stehenden Materialien waren die Lösungen von Ort zu Ort verschieden. In den Gebirgsgegenden mit geologisch altem Gestein verwandte man Granit, Sandstein und Basalt zu schweren, wuchtigen Bauten mit ebensolchem Dekor; in den westfranzösischen Küstenregionen erlaubte der dort vorhandene Tuffstein leichte, anmutige Konstruktionen; vielfältige Verbindungen ermöglichten die dünnen Kalksteinschichten im Périgord und in Burgund. In den ärmeren Gebirgsregionen baute man mit Tuffstein und Kieseln, in Gebieten mit viel Lehm oder Ton, aber wenig Steinbrüchen mit Backsteinen. Man kann also sagen, daß die Geographie der romanischen Architektur mit ihren so überraschenden Gegensätzen und der Charakter der damals errichteten Bauwerke fast direkt von den geologischen Gegebenheiten abhängen, von der Beschaffenheit der am leichtesten zugänglichen geologischen Schichten, sowie von der Bindung der Bauleute an den Ort ihrer Tätigkeit oder an seine unmittelbare Nachbarschaft.

Noch etwas ist dieser handwerklichen Blütezeit zu eigen: in der romanischen Architektur gibt es hinsichtlich des Wissens und der Fähigkeiten, des Niveaus und des Könnens keine grundlegenden Unterschiede. Die einfachste romanische Kapelle in der unzugänglichen Tiefe eines Pyrenäentales oder am Ufer eines der italienischen Seen wurde als Selbstzweck verstanden und geschaffen und ist ein vollendetes Meisterwerk: alles ist im richtigen Verhältnis und am richtigen Platz, ist ausgewogen und ausgeglichen. Die Gotik hingegen führte wiederum zu einem Wettstreit zwischen den Baumeistern, zur Ausbildung von Schwerpunkten, von denen die besten Handwerker angezogen wurden, und damit zu einem Gefälle zwischen den großen Kathedralen und den bescheideneren Bauwerken. Die Bau-

kunst der Romanik ist viel einheitlicher und geschlossener, weil in allen ihren Schöpfungen, von der kleinsten Pfarrkirche bis zur größten Bischofs- oder Abteikirche, das gleiche Leben pulsierte, weil zwischen ihnen mannigfache Wechselwirkungen bestanden; so scheuten sich die Erbauer der großen Kirchen nicht, Lösungen zu verwenden, die bei der Errichtung kleinerer Bauwerke gefunden worden waren.

Baumeister oder einfache Maurer?

Kann man also sagen, daß im Gegensatz zur gotischen Architektur, die die gebieterische Gestalt des Baumeisters hervorgebracht hat, der die Pläne ausarbeitete und unumschränkter Herr der Bauhütte war, das romanische Bauwerk nur eine Schöpfung von zwar handwerklich geschickten, aber nur als Kollektiv tätigen Werkleuten war, die in der Masse untergingen? Ist die Romanik nur eine «Maurerkunst»? Dies wurde noch in nicht allzu ferner Vergangenheit behauptet. Heute urteilt man anders.

Es ist nicht zu bezweifeln, daß die Baumeister der Romanik nur über sehr begrenzte mathematische Kenntnisse verfügten, aber diese ergänzten sie durch ein empirisches Können, dessen sichere Kühnheit manchen modernen Architekten in Staunen versetzt. Sie waren keine in komplizierten Konstruktionszeichnungen bewanderte Techniker, sondern Praktiker, die der Natur manche ihrer Geheimnisse abzulauschen verstanden. Wie oft schon aufgezeigt wurde, arbeiteten sie mit einfachen geometrischen Figuren: Viereck, Rechteck, Kreis oder Halbkreis, den sie sogar den elegant weiterentwickelten Formen der islamischen oder mozarabischen Kunst vorzogen, und Kreuz. Mit der Präzision von Handwerkern vergrößerten sie diese Figuren, paßten sie ihren Erfordernissen an, wobei sie als geeignete Anhaltspunkte bestimmte seit der Antike bekannte symbolische Zahlenverbindungen benutzten, bei deren Nachprüfung an Ort und Stelle man allerdings sich größte Zurückhaltung auferlegen sollte. Mit größerer Bestimmtheit läßt sich sagen, daß der romanische Baumeister wie jeder wahrhaft inspirierte Mensch schon von Anbeginn an das fertige Bauwerk vor seinem inneren Auge sah, die Formen, die sich aus der Erde erheben und die Landschaft ergänzen sollten, schon beim ersten Spatenstich auf die Baustelle zu projizieren vermochte. Allerdings war diese machtvolle Gesamtschau niemals starr und unveränderlich. Um die von ihm erträumte göttliche Harmonie zu vervollkommnen, schreckte er vor manchmal radikalen Abänderungen im

Verlauf der Bauarbeiten nicht zurück, wenn er der Überzeugung war, seine Schöpfung dadurch verbessern zu können.

Da er der Diener, nicht aber der Herr seines Werkes war, vermochte er sich bis zuletzt anzupassen. So wurde zu Beginn des 12. Jahrhunderts der Chor der kluniazensischen Abteikirche von La Charité-sur-Loire, der wohl für die berühmte Kirche, zu der ununterbrochen Pilgerscharen strömten, zu klein geraten war, kurz nach seiner Fertigstellung wieder abgerissen und durch einen neuen, weit größeren Chor ersetzt. In Saint-Savin ist die improvisierte Abänderung des ursprünglichen Planes noch augenfälliger. Offenbar wollte der Baumeister seine großartige, von hoch aufragenden Säulen getragene Hallenkirche mit einem von Gurtbögen gegliederten Tonnengewölbe abschließen: dementsprechend ließ er über den westlichen Pfeilern die ersten Gurtbögen errichten. Als er aber sah, wie großartig der Maler das Gewölbe ausgestaltete, verzichtete er auf die Durchführung des ursprünglichen Planes und stellte dem Maler die gewaltige Fläche der Mittelschifftonne ohne jede Unterbrechung durch Bögen zur Verfügung.

Um aufzuzeigen, daß sich auch zahlreiche romanische Bauwerke deutlich als Schöpfungen eines einzigen großen Baumeisters zu erkennen geben, brauchen wir nicht die berühmtesten unter ihnen anzuführen, die gewaltigen rheinischen Bischofskirchen etwa oder die herrlichen Wallfahrtskirchen – auch sogenannte zweitrangige Gebäude beweisen es. Von den Hunderten dieser unbekannten oder verkannten Kleinodien sei nur eines angeführt: die Kirche von Chateaumeillant in Berry. Legen nicht der herrliche Chor mit seinen sieben dem Querhaus anliegenden, geschickt gestaffelten Apsiden, die luftigen Verbindungen von Zwillingsbögen, die von ganz dünnen Säulchen gestützt werden und harmonisch ineinander übergehen, die originelle Nebeneinanderstellung von Rund- und Spitzbogen ein großartiges Zeugnis für den anonymen Baumeister ab? Erst recht verweist – um ein bekanntes Beispiel zu wählen – eine so großartige Schöpfung wie der Kreuzgang von Moissac mit seinem bewundernswerten, meisterhaften plastischen Aufbau, der harmonischen Verteilung der zahlreichen Einzel- und Doppelsäulchen, den 76 reich skulptierten, ungewöhnlich stark ausgebauchten Kapitellen und dem leichten arabischen Einfluß, der sich zu erkennen gibt, vom prächtigen Reliefschmuck abgesehen, in erster Linie auf das hohe künstlerische Empfinden und das bewährte Können eines ebenso genialen wie bescheidenen Baumeisters, der darauf verzichtet hat, auf der Widmungsinschrift der Nachwelt

▲ Moissac, Kreuzgang: Aufriß

seinen Namen zu hinterlassen. Aber ist diese Inschrift dadurch, daß in ihr mit leiser Zurückhaltung gesagt wird, der Kreuzgang sei im Jahr 1100 «unter Abt Anquetil» (und nicht «von Abt Anquetil») errichtet worden, nicht gewissermaßen eine stillschweigende Huldigung für den unbekannten Schöpfer dieses architektonischen Meisterwerkes, der demütig hinter den mehr im Licht seiner Zeit stehenden großen Abt zurücktrat?

Ebensowenig weiß man, wer die erstaunliche Abteikirche von Charroux im Poitou geschaffen hat, die vor ihrer sinnlosen Zerstörung eines der vollkommensten und originellsten Beispiele romanischer Baukunst gewesen sein muß. Das Benediktinerkloster Charroux war in der 2. Hälfte des 8. Jahrhunderts gegründet worden; in ihm fand 989 eine Synode statt, auf der man versuchte, die Treuga Dei zu organisieren. Im Laufe der Zeit erwarb das Kloster eine Vielzahl hochverehrter Reliquien, von denen manche angeblich von Christus selber berührt worden waren. Um diese Schätze würdig unterzubringen und sie den Pilgern zugänglich zu machen, erstellte man ein außergewöhnlich umfangreiches Bauprogramm. In einer kühnen Synthese vereinigte man die beiden scheinbar miteinander unvereinbaren Grundrißformen, die die romanische Welt übernommen hatte: die kreuzförmige, dreischiffige Basilika mit vorragendem Querhaus und den Zentralbau. Bis dahin hatte man die beiden traditionellen Gebäudeformen entweder voneinander isoliert erstellt oder einfach aneinandergeschoben. Dem im ersten Drittel des 11. Jahrhunderts tätigen unbekannten Meister von Charroux kommt das Verdienst zu, sie erstmals organisch miteinander verbunden zu haben: er gestaltete die Vierung seiner Kirche als riesige Rotunde. Einen von acht vierpaßförmigen Pfeilern gesäumten Mittelraum, von dem aus die Gläubigen die Krypta mit den Reliquien sahen, umgaben drei ringförmige, in der Höhe gestaffelte Umgänge. Große, durch Apsiden im Osten abgeschlossene Querschiffe fügten sich im Norden und Süden an. Ein halbkreisförmiger, vermutlich durch einen Apsidenkranz erweiterter Chor schloß sich im Osten an die Rotunde an. Schon wenn man das 50 Meter lange Kirchenschiff durch das Hauptportal betrat, stand man im Bann dieser herrlichen gestaffelten Vierung, die durch zahlreiche Fensteröffnungen erhellt wurde. Zwei präzis hintereinandergestellte Bogenreihen umgaben diesen Mittelpunkt mit dem erhöhten Altar, wobei die niedrigeren Arkaden gewissermaßen als Stützen dienten. Der Grundriß der Vierung ist rund, wird aber in der Höhe des Tonnengewölbes des ersten Umgangs achteckig. Leider ist von diesem hervorragenden, eindrucksvollen, in der romanischen Architektur einzigartigen Bauwerk nur noch der Vierungsturm erhalten, der über die Dächer der kleinen, einst bedeutsamen, heute ziemlich verschlafenen Stadt emporragt.

Einige Namen auf Stein

Die Tatsache, daß die Erbauer der romanischen Kirchen oft, wenn auch keineswegs immer, unbekannt sind, hat zu so vielen Spekulationen Anlaß gegeben, daß es angebracht erscheint, hier näher darauf einzugehen, wenn auch die Angaben in Urkunden oder Inschriften so selten, lückenhaft oder ungenau sind, daß es wohl niemals möglich sein wird, aus ihnen allgemeingültige Schlußfolgerungen abzuleiten.

Zunächst einmal muß (was in den wenigen zeitgenössischen Texten nicht immer geschieht) unterschieden werden zwischen dem Auftraggeber, dem Geldgeber, dem Leiter des Gesamtvorhabens, dem mit der Durchführung der Bauarbeiten betrauten Baumeister, dem Leiter der Bautrupps, dem Werkmeister und dem Leiter der Dekorationsarbeiten. Besonders aufschlußreich in dieser Hinsicht ist ein Text in der Chronik von Saint-Bénigne in Dijon, der sich auf den kurz nach dem Jahr 1000 erfolgten Neubau der Benediktinerkirche bezieht. Die dort verwendeten lateinischen Ausdrücke machen ganz deutlich, daß sich zwei Männer in die Leitung dieses Unternehmens teilten. Der Bischof von Langres, der den Anstoß zur Restaurierung des alten Klosters gegeben hatte, sorgte für die Finanzierung, «verteilte die Gelder» und kümmerte sich um die Herbeischaffung des Baumaterials an den Bauplatz. Abt Wilhelm hatte die doppelte Aufgabe, «die Arbeit selbst zu bestimmen» und «die Arbeiter anzuleiten». Die zweite Formulierung ist ziemlich eindeutig: um die Bauarbeiten wirklich überwachen und leiten zu können, mußte der Abt über die erforderlichen technischen Kenntnisse verfügen – oder genauer gesagt, er wurde zwar vielleicht von Baufachleuten und Vorarbeitern unterstützt, mußte aber doch so viel wissen, daß er imstande war, «die Arbeit zu bestimmen». Wie hätte er dies tun können, wenn er nicht fähig gewesen wäre, das Bauprogramm zu verstehen, es zu deuten, die Verwirklichung zu kontrollieren, die sofortigen Entscheidungen zu treffen, die im Verlaufe der Arbeiten unweigerlich auf ihn zukamen? Interessant ist noch folgende genauere Angabe in der Chronik: «Unter den in Saint-Bénigne lebenden Mönchen war dem ehrwürdigen Wilhelm ein junger Mönch namens Hunaud aufgefallen... Ihn beauftragte er, sich um das Heiligtum zu kümmern. Hunaud tat dies mit solchem Eifer, daß alle Ornamente, die man in dieser Kirche sieht, auf seine Veranlassung dort geschaffen wurden.» Zwar ist der lateinische Ausdruck ornamentum reichlich unbestimmt, aber es kann kein Zweifel bestehen, daß der junge Mönch mit der Leitung der Ausschmückung und der Abstimmung der Einzelelemente auf das Ganze beauftragt war: ihm fiel es zu, das tote Steingehäuse durch die Pracht einer sorgfältig ausgewählten Ausstattung zu beleben und zu beseelen. Der Ruf der von Wilhelm zusammengebrachten Werkleute drang über die Grenzen von Burgund: wenig später wandte sich der Abt von Fécamp an den Abt von Saint-Bénigne mit der Bitte um gute Handwerker (artifices), die die von ihm begonnenen Klosterbauten fertigstellen könnten.

Natürlich sind längst nicht alle Inschriften und Texte so ausführlich und aufschlußreich. Meist handelt es sich lediglich um einen mehr oder weniger linkisch in einen Stein gemeißelten Namen; manchmal finden sich solche Steine an überraschenden Orten. Nicht nur in Frankreich, sondern auch in Spanien und Italien sind manche romanischen

Kapitelle mit einem Namen versehen, aber die dadurch aufgeworfenen Probleme sind mangels näherer Auskünfte oder zusammenhängender Texte unlösbar. Um nur ein Beispiel unter vielen anzuführen: Ein Kapitell im Erdgeschoß des gewaltigen Vorhallenturms in Saint-Benoît-sur-Loire trägt auf der Deckplatte die schon oft kommentierte Inschrift: «Umbertus me fecit.» Rechtfertigt das Kapitell an sich, das sich zwischen kaum minder schönen Kapitellen findet, eine solche Hervorhebung? Oder ist es die Signatur jenes Mannes, der die gesamte Bauplastik der Kirche geschaffen hat? Ist es überhaupt der Name des Steinmetzen? Auf diese Fragen gibt es keine Antwort. Unter dem Titel eines Gedichtes von Mistral «Sont morts les bâtisseurs» hat Gilbert Tournier vor kurzem dem geheimnisvollen «Ugo» einen Film gewidmet, dessen Signatur in herrlichen Großbuchstaben auf den Mauern mehrerer «in einem Umkreis von weniger als fünfundzwanzig Meilen» verteilten Kirchen und Kapellen erscheint. Die gleiche Signatur findet sich an zwei Stellen in der romanischen Blasius-Kapelle in La Martre im Var. Zweifellos handelt es sich um mehr als um ein einfaches Steinmetzzeichen, aber bislang war es noch nicht möglich, dieses Geheimnis zu entschleiern und zu bestimmen, wer sich hinter den drei Buchstaben verbirgt. War Ugo ein besonders begabter, auf sein Können stolzer Steinmetz? War er der Baumeister, der seinen Namen gleichzeitig als «Markenzeichen» und als Hinweis auf sein Wanderleben einmeißeln ließ? Wir wissen es nicht.

Erst recht sollte man sich davor hüten, leichtfertig Entsprechungen und Übereinstimmungen zu konstruieren. Am Portal der San-Giorgio-Kathedrale in Ferrara findet man die Signatur von einem der ersten namentlich bekannten Bildhauer der italienischen Romanik. Dieser byzantinisch beeinflußte « Meister Nikolaus », der den von ihm geschaffenen Figuren eine dramatische Echtheit und eine packende Unmittelbarkeit zu verleihen vermochte, soll auch die schönen Reliefs an der Fassade von San Zeno in Verona geschaffen haben. Es wäre jedoch höchst gewagt, wollte man ihn mit jenem Nicola gleichsetzen, der 1135 ein Kapitell in der Klosterkirche von San Michele in Piemont signiert hat.

Noch rätselhafter ist eine Inschrift in der Abteikirche Saint-Philibert in Tournus. In den Sockel des Vierungspfeilers, der das Seitenschiff vom südlichen Querhaus trennt, sind in hohen, schönen Großbuchstaben drei Worte eingemeißelt: «Renco me fecit.» Wenn der Hinweis nur den Zweck hätte, den Namen des Steinmetzen zu verewigen, der diese zwar elegante, aber keineswegs sonderlich originelle Basis geschaffen hat, ist nicht einzusehen, warum man ausgerechnet eine so augenfällige Stelle gewählt hat. In seiner 1955 erschienenen Monographie über Saint-Philibert in Tournus, die zahlreiche neue Erkenntnisse enthält, tritt Jean Vallery-Radot dafür ein, diesen Renco mit dem Abt Franco von Rouzay gleichzusetzen. Unter ihm wurde im Jahre 1120 vermutlich der ganze Ostteil der Kirche eingeweiht. Allerdings ist kaum denkbar, daß der Steinmetz, der die Inschrift eingemeißelt hat, Renco mit Franco verwechselt hat: beide Namen waren im 11. Jahrhundert gebräuchlich und sind trotz einer gewissen Klangähnlichkeit kaum zu verwechseln. Und gewiß hätte der Abt das Versehen bald bemerkt und es korrigieren lassen. Es ist also anzunehmen, daß dieser Renco mit Abt Franco nicht identisch ist: vielleicht war er der Baumeister, dem die schwierige Aufgabe übertragen wurde, im ausgehenden 11. oder zu Beginn des 12. Jahrhunderts die Abteikirche umzubauen.

Gislebertus hoc fecit

Hingegen wissen wir auf Grund der von Pierre Quarré angestellten Untersuchungen, daß die Inschriften auf beiden Seiten der Tympana von Saint-Bénigne in Dijon (die sich heute im archäologischen Museum dieser Stadt befinden) dem Abt gelten, der nach einem Brand des Klosters im Jahre 1137 die Kirche wieder aufbauen ließ. Solche Beispiele, deren es sehr viele gibt, führen uns zu der zweifellos berühmtesten Signatur der romanischen Kunst hin: «Gislebertus hoc fecit.» Diese Inschrift finden wir im Tympanon des Westportals (Portal des Jüngsten Gerichts) der Bischofskirche Saint-Lazare in Autun zu Füßen der Majestas Domini, des thronenden Christus, der am Jüngsten Tag Gericht hält. Allgemein sieht man in diesem Gislebertus – der Name war damals sehr verbreitet; auch im südlichen Burgund wird er in zeitgenössischen Texten mehr als einmal erwähnt – den hervorragenden Bildhauer, der das gesamte Portal und die Mehrzahl der sehr individuellen Kapitelle geschaffen hat, die mit ihrer verschwenderischen Fülle das Innere der Kirche zur Geltung bringen. Man kann sich gut vorstellen, daß dieser Künstler, seines Könnens bewußt, sich den Pilgern und Bewunderern des durch die Reliquien des Freundes und Gefährten Christi berühmten Heiligtums schon am Eingang zur Kirche gleichsam vorstellen wollte. Man hat ihn sogar als den «Cézanne der Romanik» bezeichnet – eine schöne, aber gefährlich ungenaue und trügerische Bezeichnung: Cézanne, einer der großen nachimpressionistischen Neuerer, war ein Bahnbrecher der zeitgenössischen Malerei; Gislebertus hingegen war einer der letzten großen Vertreter der Hochromanik; auf ihm lastete das ganze Gewicht der kluniazensischen Tradition, von der er sich nicht völlig freimachen wollte oder konnte.

Wer sich auch nur ein wenig mit mittelalterlicher Psychologie befaßt hat, kann sich der üblichen Deutung der Inschrift zu Autun nicht ohne Vorbehalte anschließen. Es steht keineswegs zweifelsfrei fest, daß mit dem «hoc» in der Inschrift nur das Portal und die Bauplastik im Kircheninneren gemeint ist, die deutlich von ein und derselben Hand stammen. Vielleicht ist der Schluß erlaubt, daß sich die Inschrift auf das ganze Bauwerk bezieht, in welches das Portal hineinführt, daß Gislebertus also der Baumeister oder der Leiter der Bauarbeiten war, möglicherweise ein Geistlicher aus der Umgebung des Bischofs, dem der Auftrag zuteil geworden war, die Errichtung der Kirche zu überwachen. Während der Bauzeit fungierte ein «Gillebertus capellanus», ein Kaplan Gilbert, als Zeuge bei einer Schenkung, die eine Kanonisse der Bischofskirche Saint-Lazare in Autun vermachte, wobei übrigens auch der Bischof, Stefan von Bâgé, zugegen war. Natürlich ist auch diese Hypothese nicht bewiesen.

Ein ähnliches Problem stellt uns bekanntlich das größte der altfranzösischen Heldenepen, das Rolandslied. In der letzten Zeile der Oxforder Handschrift findet sich der Name Turoldus. Wer war dieser Turoldus? War er der begnadete Sänger, der dieses Epos geschaffen hat? War er lediglich ein Minstrel, der an den Fürstenhöfen die Dichtungen anderer vortrug? Oder war er schließlich nur der Schreiber, der nach anderen Quellen die Oxforder Handschrift kopiert hat? Bis heute konnte diese Frage noch nicht endgültig beantwortet werden, und es wird wohl noch lange dauern, bis man mit Sicherheit darüber etwas aussagen kann – falls man es je vermag.

Cluny

Von Tournus führen die Straßen längs den langgestreckten Kalksteinhügeln des Mâconnais nach Cluny. Eng verbunden mit Cluny war auch Saint-Bénigne, denn das Kloster in Dijon unterhielt gute Beziehungen zu der Neugründung im Tal der Grosne. Auf Veranlassung des baufreudigen Abtes Stefan von Autun ließen sich die Werkleute, die die Kirche Saint-Lazare errichteten, von kluniazensischen Vorbildern leiten – ein Einfluß, der auch bei dem mit der Ausschmückung von Tympanon und Kapitellen beauftragten genialen Bildhauer spürbar ist.

Das liturgische Leben des großen Klosters hatte sich während des ganzen 11. Jahrhunderts innerhalb der Kirche abgespielt, mit deren Bau vermutlich im Jahre 948 unter Abt Aimard begonnen und die unter Abt Majolus im Jahre 981 geweiht wurde. Dieses Bauwerk aus den allerletzten Jahren der vorromanischen Zeit war an sich nicht unbedeutend, doch wäre es anachronistisch, ihm den Rang eines stilbildenden Prototyps zuzuerkennen. An das dreischiffige nicht überwölbte, sieben Joch lange Langhaus schloß sich ein schmales, aber stark vorspringendes Querhaus an, das an beiden Enden durch je eine halbkreisförmige Apsis abgeschlossen war. Der langgezogene Chor bestand aus einem rechteckigen, von Säulen getragenen Teil und einer halbkreisförmigen Apsis, die von zwei kleineren, in die Mauer eingelassenen Apsiden flankiert war. Zwischen die Seitenschiffe des Chores, die zu diesen Kapellen führten, und den Apsiden an den Schmalseiten des Querhauses waren zwei langgestreckte rechteckige Räume eingeschoben, die nochmals unterteilt waren und

▼ Cluny, Abteikirche Saint-Pierre-et-Saint-Paul: Chor (Rekonstruktionsvorschlag von K.J.Conant)

mit den Querhausapsiden einerseits und dem Kirchen-inneren andererseits nur durch schmale Öffnungen in Verbindung standen. Das Ganze war ein frei gestalteter Staffelchor, den man oft als «benediktinischen Chor» bezeichnet, weil die Benediktiner für ihre Kirchen diese Chorform bevorzugten. Die romanischen Architekten erzielten mit ihrer Hilfe schöne plastische Wirkungen. Eine dem Langhaus vorgelagerte Vorhalle (Narthex) kündete bereits die geschlossenen, von Türmen flankierten Vorhallen der darauffolgenden Generation an.

Abt Odilo führte den Bau fort. Dieser kühne Schöpfergeist begnügte sich nicht damit, allenthalben neue Kirchen zu gründen – Payerne, Charlieu, Ambierle im Forez, Ris und Sauxillanges in der Auvergne, Souvigny, Saint-Saturnin-du-Port in der Provence, Lavoûte-sur-Allier, das er in einem seiner Erbländer errichtete und das zum Ausgangspunkt einer Pilgerstraße nach Santiago de Compostela wurde –, sondern ließ in Cluny selbst, ehe er in den letzten Jahren seines Lebens die Ausgestaltung des Klosters durch einen schönen Kreuzgang krönte, «alle Baulichkeiten innen restaurieren, von den Mauern der Kirche abgesehen». Man nimmt allgemein an, daß er das Langhaus, das bis dahin eine hölzerne Decke trug, durch ein Gewölbe aus Stein abschließen ließ; die Angaben seines Biographen Jotsaud sind nicht eindeutig.

Die nicht ganz 50 Meter lange Kirche Saint-Pierre-le-Vieux war für eine Gemeinde mittlerer Größe ausreichend. Durch deren stetes Anwachsen im Verlauf des 11. Jahrhunderts wurde sie jedoch bald zu klein, und so mußte sich Abt Hugo von Semur um eine neue Lösung bemühen. Er entschloß sich, die bestehende Kirche weder zu erweitern noch neu errichten zu lassen, sondern ordnete die Erbauung einer Abteikirche auf der bis dahin freigebliebenen Nordseite von Saint-Pierre an, die alle Kirchen des Abendlandes übertreffen sollte. Bedeutende jährliche Geldzuwendungen der spanischen Könige sicherten die Finanzierung des Vorhabens, das, wie man gern behauptet, der Macht des Ordensoberen sichtbaren Ausdruck verleihen sollte. In einer Welt, die materielle Zeichen verlangte und in der um die Wette große, prächtige Kirchen errichtet wurden, erscheint eine solche Haltung weniger überheblich als heute, da die Umstände und der Geschmack bescheidenere kirchliche Bauprogramme erfordern. Indessen scheint auch Abt Hugo sich dem Vorwurf ausgesetzt gesehen zu haben, sein Vorhaben sei überheblich und größenwahnsinnig, und sich bemüht zu haben, die ungewöhnliche Größe seines Bauwerks zu rechtfertigen.

Eine nette Erzählung im Mirakelbuch des heiligen Hugo läßt den Schluß zu, daß der heilige Petrus höchstpersönlich eingreifen mußte, um die Befürchtungen des Abtes zu zerstreuen und die Widerstände zu beseitigen. Es wird berichtet, daß der Schutzpatron des Klosters dem alten Prior Gauzon erschien, der zuvor Abt von Baume gewesen war. Vom Apostel Paulus und dem Märtyrer Stephanus begleitet, hielt er ihm vor, daß «die vielen Mönche kaum mehr in der engen Kirche Platz fanden. Wie wir erfahren haben, will der Abt eine größere Kirche bauen. Wegen der erforderlichen Mittel braucht er sich keine Sorgen zu machen: es wird unsere Aufgabe sein, zu beschaffen, was er für sein Vorhaben braucht.» Und wie ein Baumeister spannte der Apostel Meßleinen aus, um dadurch die ideale Form der zu errichtenden Kirche zu zeigen. In einer etwa ein Jahrhundert später entstandenen lateinischen Handschrift in der Pariser Nationalbibliothek (17716) ist diese Vision dargestellt, die auf Gauzon sicherlich einen recht tiefen Eindruck machte. Es fiel ihm daraufhin nicht schwer, Abt Hugo zu überzeugen. Dieser gab ihm als technischen Helfer Hézelon bei, einen früheren Geistlichen der Kirche von Lüttich, der Kluniazensermönch geworden war. Durch das Zeugnis von Petrus Venerabilis wissen wir, daß Hézelon über ein «einzigartiges Wissen» verfügte und ein außergewöhnlich begabter Redner war, aber wie andere enzyklopädische Geister jener Zeit, deren größter Gerbert von Aurillac war, kannte er sich auch auf vielen anderen Gebieten gut aus. Petrus Venerabilis schreibt ihm das Verdienst zu, «den eigentlichen Bau der Kirche» geschaffen zu haben; zweifellos kam ihm die Aufgabe zu, das vom heiligen Petrus dem Prior gezeigte Modell auszuarbeiten und seine Verwirklichung zu leiten. Das Programm mit dem elf Joch langen, von je zwei Seitenschiffen flankierten Hauptschiff, den beiden Querhäusern und dem von zahlreichen Apsiden gesäumten Umgang war so großartig, daß man das Bauwerk als «Wandelhalle der Engel» bezeichnete. Sieben Jahrhunderte lang blieb die Abteikirche der Stolz des Kluniazenserordens.

Saint-Benoît-sur-Loire

Damals wie heute war der Wettstreit zwischen den Künstlern und Baumeistern ein wesentlicher Ansporn des Schöpfertums. Auch die größten Männer der Kirche vermochten sich diesem Wettstreit nicht ganz zu entziehen, und nicht selten entstanden aus dem Zusammenwirken ehrgeiziger Künstler und Geistlicher jene Meisterwerke, die die Zeiten zu überdauern vermochten. Als in Saint-Benoît-sur-Loire der Baumeister den Abt Gauzlin fragte, welcher

▼ Saint-Benoît-sur-Loire, Abteikirche: Aufriß des Vorhallenturms

Art das zu schaffende Bauwerk sein sollte, entgegnete Gauzlin stolz: « Es möge so werden, daß es ganz Gallien ein Beispiel ist. » Der Verfasser der « Vita Gauzlini », der diese Anekdote berichtet, bezeichnet den Leiter der Bauarbeiten mit dem sehr hochtrabenden, schwer zu übersetzenden Ausdruck « princeps artificum » – Fürst oder Meister der Werkleute, der Künstler, der Bauleute. Er war sicherlich ein bedeutender, hochbegabter Mann, der genial die Absichten des Abtes und Mäzens zu verwirklichen verstand. Es ist zu bedauern, daß die Chronik nichts Näheres über ihn berichtet und ihn nicht so würdigt, wie er es eigentlich verdient. Nichts erlaubt uns, ihn mit dem « Umbertus » gleichzusetzen, dessen Name sich auf einem der Kapitelle findet – allerdings spricht auch bislang nichts dagegen. Jedenfalls können wir das, was er geschaffen hat, noch heute bewundern – vor allem den gewaltigen Vorhallenturm, der offenbar von ihm konzipiert worden ist. Hier ist übrigens die Bemerkung angebracht (die nicht nur für Saint-Benoît-sur-Loire gilt), daß das kunsthistorische Prinzip, die Chronologie der romanischen Bauschöpfungen auf die Abfolge der Bischöfe oder Äbte zu beziehen, oberflächlich und trügerisch ist. Welche Rolle Gauzlin bei der Errichtung dieser meisterlichen Abteikirche gespielt hat, weiß man nicht genau. Aber ist es tatsächlich von so großer Bedeutung, ob der Abt die Fertigstellung des von ihm in Auftrag gegebenen Bauwerks erlebt hat, solange der Baumeister noch am Leben war, um die Kirche, deren Plan er entworfen, mit Billigung des Abtes verwirklicht und deren Errichtung unter der Kontrolle seines anspruchsvollen Auftraggebers er geleitet hatte, zu vollenden?

Die Kathedrale von Compostela: ein Bischof, ein Schatzmeister, ein Baumeister, ein Gehilfe und fünfzig Steinmetzen

Ebenso entstand etwas früher im 11. Jahrhundert die Kathedrale von Santiago de Compostela durch das Zusammenwirken von drei bedeutenden Männern. Diego Pelaez, der von 1070 bis 1088 Bischof von Santiago war, faßte den Entschluß, die von König Alfons dem Großen im ausgehenden 9. Jahrhundert errichtete, durch die Scharen Almansors verwüstete und von Alfons V. restaurierte Kirche abreißen und an ihrer Stelle eine neue, größere Kirche erbauen zu lassen. Sachkundige Vertreter des Kapitels übernahmen die Gesamtleitung der Bauarbeiten. Die Planung wurde von Bernhard dem Älteren besorgt. Wie der Pilgerführer von Santiago, der eine einzigartige Beschreibung der großen Bischofskirche enthält, zu berichten wußte, hatte er einen Gehilfen namens Robert und etwa fünfzig Steinmetzen zu seiner Ver-

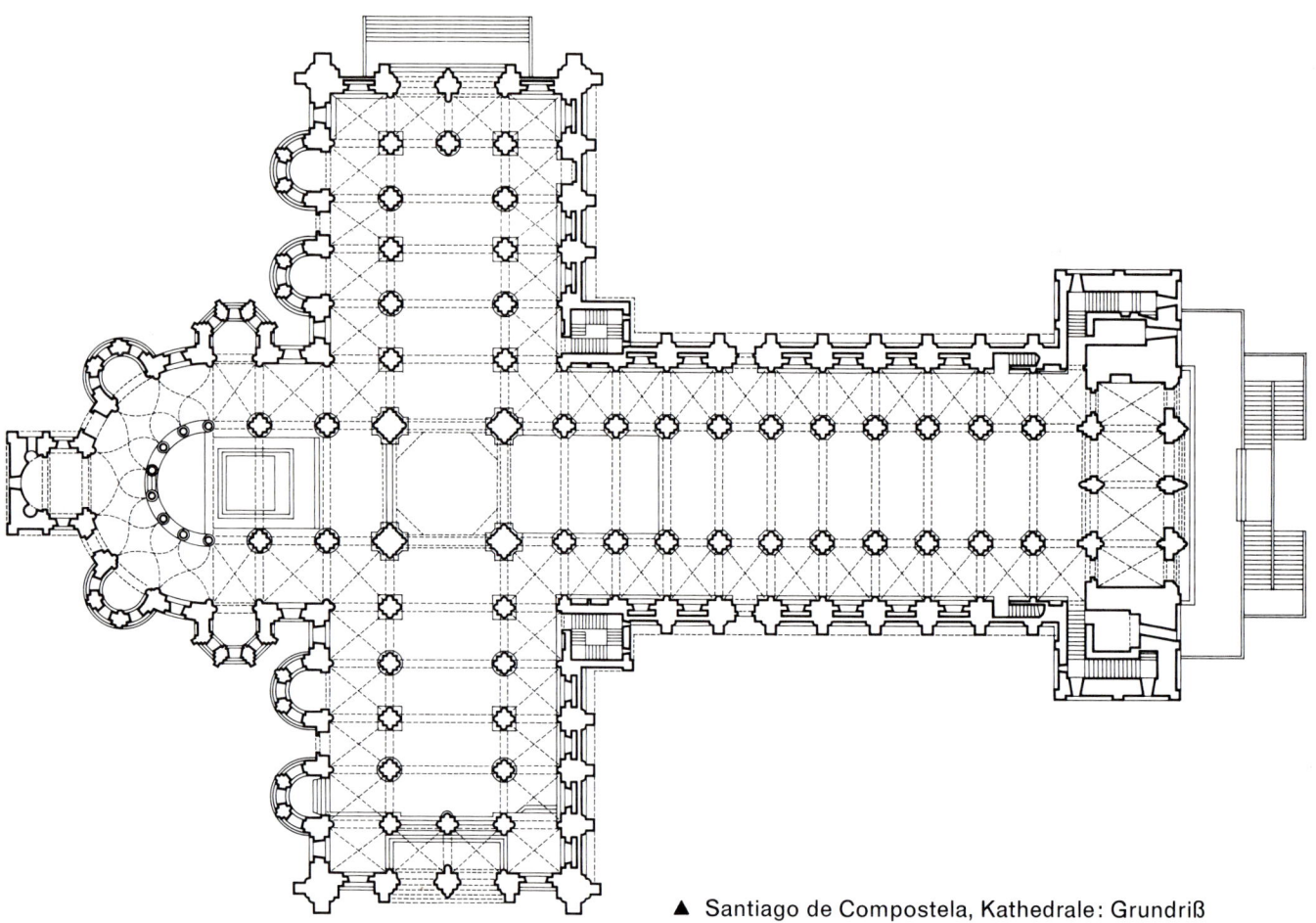

▲ Santiago de Compostela, Kathedrale: Grundriß

fügung. Auch ihn selber bezeichnet der Pilgerführer als Steinmetz – ein weiterer Beweis für die Verschachtelung der technischen Aufgaben an einer Großbaustelle; ferner wird er «mirabilis magister» – wunderbarer Meister – genannt. Aus der Tatsache, daß ihm im Pilgerführer der Titel «domnus» gegeben wird, ist zu schließen, daß er vielleicht ein Geistlicher war. Viele Kunsthistoriker sind der Meinung, daß er aus Frankreich stammte, denn der Name Bernhard kommt im Spanischen recht selten vor. Verschiedentlich wurde die Ansicht vorgebracht, daß es sich bei ihm um jenen Bernhard gehandelt habe, der Schatzmeister des Kapitels war und für sein Seelenheil auf dem nördlichen Vorplatz der Kathedrale einen riesigen Brunnen

errichten ließ. Jedenfalls war er ein geistvoller Eklektiker, der sich der Vorbilder Saint-Martial in Limoges, Sainte-Foy in Conques und Saint-Sernin in Toulouse mit Geschick und Geschmack zu bedienen wußte. Auf dem Bauplatz in Santiago war ein anderer Werkmeister tätig, ein Mann namens Stefan, der sich eines so hohen Ansehens erfreute, daß er 1101 den Auftrag zur Ausarbeitung der Pläne für die Kathedrale von Pamplona erhielt. Über das noch unvollendete herrliche Bauwerk äußerte sich um 1130 der Pilgerführer voller Begeisterung: «Man findet in dieser Kirche keinerlei Riß oder Verderbnis: sie ist wundervoll gearbeitet, groß, geräumig, hell, in den Ausmaßen würdig, von sehr ansprechender Breite, Länge und Höhe; die bewunderns-

werte Qualität der Schöpfung läßt sich nicht beschreiben ...
Schön strahlt sie in ihrer Herrlichkeit. Sie ist ganz aus
massivem, sehr starkem Gestein erbaut; die Steinblöcke
sind braun und hart wie Marmor. Innen ist sie mit allerlei
Bildern ausgemalt, außen sorgfältig mit Ziegeln und Blei
verkleidet.»

Ähnlich waren die Bauarbeiten bei der Errichtung der
schönen kluniazensischen Abteikirche von Montierneuf
organisiert. Auftraggeber war der Abt Guido, ein Neffe des
heiligen Hugo, der als Mäzen und Bauherr in seinem Onkel
ein ausgezeichnetes Beispiel hatte. Die Leitung der Bauarbeiten hatte der Mönch Pontius, dem der Werkmeister
oder Steinmetz Mainard zur Seite stand. Der Bau wurde im
Jahre 1077 begonnen; keine zwanzig Jahre später, 1096,
wurde die fertiggestellte Kirche geweiht – ein kraftvolles Bauwerk, dem man anmerkte, daß es in einem Zug errichtet wurde.

Steine künden von der Herrlichkeit Gottes

Derart ausführliche Mitteilungen über die Erbauer der
großen romanischen Kirchen sind allerdings Ausnahmen.
Nur selten machten sich die in dieser Hinsicht allzu ver-
wöhnten Zeitgenossen die Mühe, der Nachwelt die Namen
jener zu überliefern, von denen die Meisterwerke zu Ehren
Gottes geschaffen wurden. «Wir hätten viel darüber (über
die große Abteikirche von Cluny) auszusagen», schreibt
der Verfasser des Mirakelbuches des heiligen Hugo, «wenn
das dem Gottesdienst geweihte Bauwerk nicht mehr Ehre
durch die Tugenden der in ihm Weilenden verdiente als
durch das Können seiner Erbauer. Zweifellos zeichnet sich
dieses Bauwerk durch die Genialität seines Architekten aus,
aber mehr noch durch jenen, der es bewohnt.» Übrigens
waren die Auftraggeber oft so überragende Leute, daß die
von ihnen in Dienst genommenen Werkmeister völlig in den
Hintergrund traten. In den Augen der Zeitgenossen war die
fromme Absicht des Auftraggebers weit wichtiger als die
Qualität der Ausführung. «Dieser Mensch, der nicht für
sich, sondern nur für Gott gebaut hat», sagt Petrus Venerabilis über Suger, «dieser Mensch beschämt uns.» Jede
Spur von persönlicher Freude mußte bei einem Sakralbau
vermieden werden: wenn man sich mit größter Sorgfalt um
seine Errichtung und Ausschmückung kümmerte, einen
möglichst kühnen und durchdachten Plan ausarbeitete, die
besten Werkmeister, Steinmetzen und Baumaterialien her-
beiholte, dann verherrlichte man dadurch Gott, für den
nichts zu groß oder zu kostspielig war. Voller Eifer infor-
mierten sich die Bauleute über die neuesten Errungenschaften auf ihrem Gebiet, nicht um sie zu kopieren, sondern um auf ihnen aufzubauen und die Entwicklung voran-
zutreiben. Für die romanische Baukunst, die weit mehr
durch Einzelpersönlichkeiten bestimmt war, als man früher
angenommen hat, sind diese sprunghaften Entwicklungen
bezeichnend. Und wenn sie nicht stets Neues erfand,
gestaltete sie um.

Eine symbolische Architektur: der Rundbau

So hat beispielsweise Abt Wilhelm von Volpiano eine vor-
romanische Formel übernommen, die im burgundischen
Gebiet eine gewisse Verbreitung gefunden hatte: die mit
der Chorhaube der Basilika verklammerte Rotunde. Er verwandte sie für Saint-Bénigne in Dijon, wo sie sozusagen
Heimatrecht hatte. Aber die gewaltigen Ausmaße, die er
dieser Anlage gab, die durchdachte, großartige Aufstockung
auf drei Stockwerke, die er vornahm, und die Aufstockung
der Säulen sind seine eigene Erfindung, die ihm nicht
streitig gemacht werden kann. Haben nicht noch im 13. Jahrhundert die Norweger über dem Grab des heiligen Olaf in
Trondhjem eine entsprechende Rotunde im gotischen Stil
errichtet? Es ist vielleicht kein bloßer Zufall, daß ein anderer
bedeutender Mäzen, Abt Oliba von Sankt Michael in Cuxa,
seinerseits den Gedanken aufgegriffen hat. Wie Wilhelm von
Volpiano hatte der große katalonische Abt eine schon verhältnismäßig große, in vorromanischer Zeit im westgoti-
schen Stil errichtete Kirche geerbt. Das Kloster mit seinen
sehr vielen Reliquien, die es zum großen Teil von dem
seligen Pietro Orseolo, dem einstigen Dogen von Venedig,
erhalten hatte, war in den ersten Jahren des 11. Jahrhunderts ein religiöser Mittelpunkt mit starker Ausstrahlungskraft; ein Mönch und Baumeister des Klosters, Sclua,
wurde nach Saint-Martin auf dem Canigou geschickt und
errichtete die dortige Kirche, die 1009 geweiht wurde. Abt
Oliba selber, ein Sohn des Grafen von Barcelona, war der
einflußreichste Ratgeber des Königs Sancho III. von
Navarra, der sich auf seine Anregung hin mit der kluniazensischen Reformbewegung befaßte und sie in Spanien
einführte. Seine Beziehungen reichten bis nach Saint-
Benoît-sur-Loire. In Cuxa erweiterte er die bestehende
Kirche durch einen geräumigen Umgangschor im Osten
und eine «bewundernswert errichtete» Baugruppe im
Westen, über die man auf Grund neuerer Ausgrabungen
Genaueres weiß. In einer Studie von Jean Hubert wird aufgezeigt, daß eine gestufte Rotunde, die trotz der geogra-
phischen Entfernung unmittelbar an die burgundischen
Rotunden erinnert, im Mittelpunkt stand.

Indessen waren die Baumeister der Romanik bei aller Genialität so sehr in einer Symbolwelt mit zahllosen uns heute unverständlichen Anspielungen gefangen, daß man vielleicht für die Übernahme einer in der Mittelmeerwelt derart ungewöhnlichen architektonischen Form nach einer tiefer gründenden Erklärung suchen muß. Wir wissen, daß die romanische Architektur den von römischen Bauten abgeleiteten Zentralbau, besonders die Rotunde, niemals völlig aufgegeben hat. Schon in vorromanischer Zeit war der Zentralbau abgewandelt und bereichert worden; Rundkapellen dienten entweder als Beinhäuser oder erinnerten an die Grabeskirche in Jerusalem, wo die Pilger die gewaltige, auf Befehl Konstantins über dem Grab Christi errichtete Kuppel mit dem durch übereinanderliegende Bogenreihen abgeschlossenen Galerie-Umgang bestaunen konnten. Der vielleicht vollkommenste und großartigste Ausdruck dieser Reminiszenz ist wohl die 1042 errichtete massive Rotunde von Neuvy-Saint-Sépulcre, die, wie die Chronik von Limoges betont, «nach dem Vorbild der Grabeskirche» geschaffen wurde. Der runde Altarraum war von einem Säulenring und einem Umgang umschlossen.

▼ Kirche von Saint-Michel d'Entraygues (Charente): Grundriß. Beispiel eines Zentralbaus, symbolische Architektur

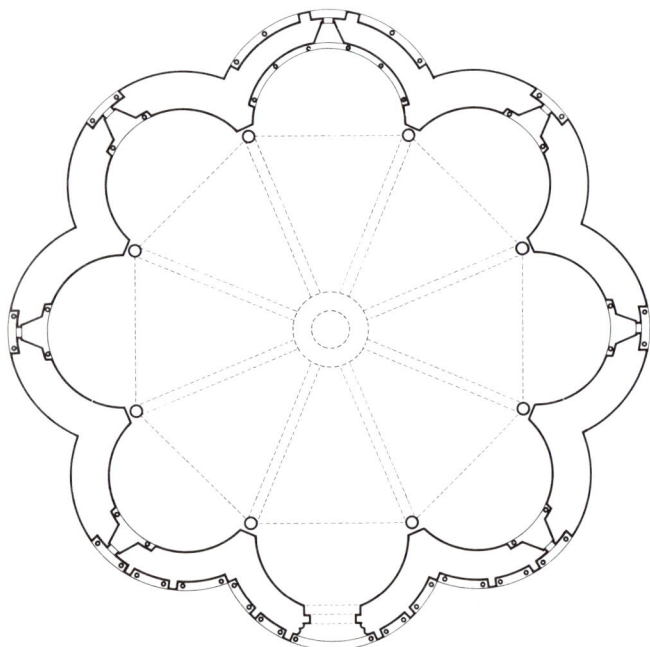

Über dem Umgang befand sich eine Empore, die sich durch breite, von Säulen getragene Rundbögen nach dem Innenraum hin öffnete. Das auf diese Weise ins Abendland verpflanzte Vorbild der Grabeskirche war noch im fernen Dänemark wirksam, dessen Rundkirchen «eine sehr interessante Episode in der mittelalterlichen Architektur» dieses Landes darstellen (K.J. Conant). Allein auf Bornholm gibt es nicht weniger als vier «bedeutende und charakteristische» Rundkirchen. Man bringt diese Tatsache mit der großen Wallfahrt ins Heilige Land in Verbindung, die König Sigurd der Große von 1107 bis 1111 unternommen hat.

Die der Jungfrau Maria geweihte, als «Krippen-Krypta» bezeichnete kreisrunde Krypta in der Klosterkirche von Cuxa geht zweifellos auf die Geburtskirche in Bethlehem zurück, die ein rechteckiges Langhaus mit zwei Seitenschiffen auf jeder Seite und eine achteckige Chorhaube aufweist. Allerdings scheint noch ein anderer Einfluß eine Rolle gespielt zu haben. Im 11. und 12. Jahrhundert waren manche dem heiligen Michael geweihte Heiligtümer einfache Zentralbauten ohne Stützen im Inneren. Dies war beispielsweise in Saint-Michel-d'Entraygues in der Charante der Fall, dessen schöne, eigenartige Kirche, die 1137 zur Aufnahme und Stärkung armer Santiago-Pilger errichtet wurde, ein regelmäßiges, von einem Apsidenkranz umgebenes Achteck darstellt. In Saint-Michel-d'Aiguilhe im Velay wurde der aus dem Jahre 962 stammende Zentralbau im 11. Jahrhundert durch einen ovoiden Umgang ergänzt, dessen unregelmäßiger Grundriß allerdings auf die Form der schmalen Plattform zurückzuführen ist, auf der das Heiligtum steht – auf der Spitze eines Vulkankegels. Die mit diesem «Sockel» gleichsam verschmolzene Kirche ist eines der merkwürdigsten Beispiele der architektonischen Kühnheit der romanischen Baumeister; zweifellos forderte die Eigenart des Felskegels zu dieser Lösung heraus. Hingegen gibt es für die geheimnisvolle kleine Rundkrypta in der Kirche der Komturei Saint-Michel de Mifaget keine solche Erklärung. Das auf der Nordseite der Pyrenäen in einiger Entfernung von Cuxa gelegene Saint-Michel wurde von den Hospitalitern von Sainte-Christine auf dem Somport gegründet, und zwar an der Straße, die von Piemont, von Bagnères, über Lourdes und Saint-Pé de Bigorre nach Oloron führte. Die Anlage dieser halb in den weichen Boden eingelassenen Krypta ist auf ein klares lineares Schema reduziert: sie ist kreisrund; auf der Nordseite führt im letzten Joch des Langhauses eine Treppe zu ihr hinab. Bedeckt ist sie von einer leicht abgeflachten halbkugelförmigen Kuppel aus schönen regelmäßigen Steinblöcken; nach Osten hin öffnen sich drei kleine Rundbogenfenster;

ringsum verläuft eine durchgehende Bank. Von außen ist die Krypta kaum zu erkennen. Ihre östliche Hälfte liegt genau unter dem Halbkreis der über ihr erbauten Apsis.

Warum man in Saint-Michel de Mifaget von den vorromanischen Rundkirchen diese Gestaltungsweise übernommen hat, ist angesichts der Bedeutungslosigkeit der Komturei, der geringen Ausmaße der Kirche und der Tatsache, daß sie weder einem besonderen Kult geweiht noch eine ausgesprochene Wallfahrtskirche war, schwer zu erklären. Aber vielleicht läßt sich eine Erklärung daraus ableiten, daß es sich um eine Michaelskirche handelte.

Der klare runde Grundriß und die Kuppel erinnern an manche Grabbauten in Rom, und so kann man sich fragen, ob der Anstoß zu dieser Krypta nicht auf das berühmte Hadriansmausoleum zurückgeht, das sich auf dem linken Tiber-Ufer erhebt und heute als « Engelsburg » bekannter ist. Mit ihr ist eine bekannte Episode des Michaels-Kultes verknüpft, die die Gemüter während des Mittelalters stark bewegte. Das legendäre Geschehen wird in die Zeit von Papst Gregor dem Großen verlegt. Damals wütete in der Heiligen Stadt die Pest, der auch der Vorgänger Gregors, Papst Pelagius II., zum Opfer gefallen war. Anläßlich einer der feierlichen Prozessionen, die Gregor 590 anordnete, um die Gnade des Himmels zu erflehen, soll der Papst den von blendendem Licht umstrahlten Erzengel auf der Spitze des gewaltigen Gebäudes gesehen haben, wie er sein Schwert in die Scheide steckte. Daraus schloß man, daß die durch die Sünden der Menschen herbeigeführte Plage bald ein Ende haben werde.

Als Dank für die wunderbare Erscheinung ließ einer von Gregors Nachfolgern, Papst Bonifaz IV., auf dem Mausoleum eine weithin sichtbare Kapelle mit einer Statue des Erzengels errichten. Die Marmorstatue stand dort bis zum 18. Jahrhundert und wurde dann durch die noch heute vorhandene Bronzestatue ersetzt.

Zwar wissen wir nicht, auf welchen Wegen die Kenntnis von diesem eindrucksvollen Geschehen in die bescheidene Komturei in den Pyrenäen gelangte, aber der Zusammenhang springt ins Auge und entspricht auch ganz und gar der Geisteshaltung des Mittelalters. Die Kanoniker von Mifaget und die Gläubigen waren sicherlich davon überzeugt, daß ein Bauwerk, das sie entsprechend ihren bescheideneren Möglichkeiten nach dem Vorbild der Engelsburg errichtet hatten, sich der unsichtbaren Gegenwart und des Schutzes des heiligen Michael erfreute.

Die Kuppelkirchen

Bei anderen, übrigens weit bedeutsameren Übernahmen ist eine solche symbolische Begründung nicht möglich. Vielmehr spielten hier geistige Beziehungen, zwischenmenschliche Affinitäten und geheimnisvolle Ähnlichkeiten in Veranlagung und künstlerischem Empfinden, die im Innersten der Menschen wurzeln, eine gewichtige Rolle. Vor allem scheint dies bei den Kuppelkirchen der Fall gewesen zu sein, denen wir besonders in Aquitanien häufig begegnen. Früher versuchte man ihre Entstehung und Verbreitung durch geologische Argumente oder durch das Vorhandensein der Pilgerstraßen zu erklären. Erst in jüngster Zeit hat man mehr oder weniger deutlich erkannt, daß möglicherweise die Psyche des mittelalterlichen Menschen den Schlüssel zu dieser Erscheinung bildet.

Eine der berühmtesten Kirchen dieser Gruppe ist die Kathedrale Saint-Front in Périgueux, die im 19. Jahrhundert von dem Architekten Abadie in reichlich enttäuschender Weise restauriert wurde. Oft schon wurde auf die Ähnlichkeiten der Struktur ihrer Kuppeln mit der ältesten der die benachbarte Saint-Etienne-Kathedrale überwölbenden Kuppeln hingewiesen, vor allem auf die « merkwürdige Besonderheit », daß sie im Mörtelgußverfahren errichtet und einfach mit Steinplatten verkleidet wurden. Anderseits weist Saint-Etienne in Périgueux mit der ebenfalls von Kuppeln überwölbten Kathedrale von Angoulême « Übereinstimmungen auf, die außergewöhnlich erscheinen könnten, wenn man nicht wüßte, daß der Bischof Girard von Blaye, der diese Kathedrale zu Beginn des 12. Jahrhunderts neu erbauen ließ, lange Zeit Leiter der bischöflichen Schule in Périgueux gewesen ist und zum Kapitel von Saint-Etienne in dieser Stadt stets enge Beziehungen unterhielt » (R. de Lasteyrie). Girard war ein etwas älterer Zeitgenosse des Bischofs von Cahors, Gerald III. von Cardaillac (1109–1112), der nach der Rückkehr von einer Wallfahrt ins Heilige Land mit dem Neubau seiner Kathedrale begann. Auf dieser Wallfahrt lernte Gerald die byzantinischen Kuppelkirchen kennen, die im Abendland sicherlich auch die Baumeister der berühmten Markuskirche in Venedig inspiriert haben. Das Vorbild war vermutlich die heute zerstörte justinianische Apostelkirche in Konstantinopel. Noch im ausgehenden 12. Jahrhundert übernahm man für San Cataldo in Palermo das elegante, luftige System dreier runder, hoher Kuppeln über dem Langhaus mit Trompen im iranischen Stil.

Eine entsprechende Anordnung wählte Bischof Gerald in Cahors für seine Kathedrale. Was die Baugeschichte angeht, so wird manchmal der 27. Juli 1119 als Datum der Kirchenweihe genannt, aber in Wirklichkeit wurden damals lediglich der Hochaltar und der Schweißtuch-Altar geweiht, und zwar von Papst Kalixtus II., als er von der Toulouser Synode nach Rom zurückkehrte. Zwei gewaltige Kalotten wölben sich über dem Innenraum, der harmonisch durch das große Halbrund der aus dem 11. Jahrhundert stammenden Chorhaube abgeschlossen wird. Diese Spannung, diese Ausweitung ohne Aufblähung, diese Rundungen sind keineswegs durch die funktionellen Notwendigkeiten einer rhythmisch gegliederten Struktur bedingt, auch nicht durch liturgische Erfordernisse. Diese eigenwillige Gestaltungsweise scheint in erster Linie auf das Verlangen des Bauherrn zurückzugehen, etwas Originelles zu schaffen, wodurch die Erbauer gezwungen wurden, ausgefahrene Geleise zu verlassen.

In diesem Zusammenhang sind die Beziehungen interessant, die, wie René Crozet aufgezeigt hat, manche der damaligen Bauherren verbanden und bei der Verbreitung und Wiederholung einer so festumrissenen Formel offenbar die bedeutsamste Rolle spielten. Am bezeichnendsten ist die tiefe Freundschaft zwischen dem bereits genannten Girard von Blaye und dem Gründer der Abteikirche von Fontevrault, Robert von Arbrissel. Als streng asketischer Mönch, der leidenschaftlich für die Notwendigkeit radikaler Buße eintrat, hätte sich Robert für seine Kirche sicherlich nicht den kostspieligen Luxus einer großartigen architektonischen Ausführung erlaubt, wenn er nicht durch seinen Freund dazu veranlaßt worden wäre. Die 1119 von Kalixtus II. geweihte Abteikirche von Fontevrault wird von einer Kuppelreihe überwölbt, was ohne die Freundschaft zwischen dem Bauherrn und Girard um so weniger erklärlich wäre, als Fontevrault weit nördlich vom eigentlichen Verbreitungsgebiet der Kuppelkirchen liegt, im Herzen einer Region, in der ganz andere Kirchentypen üblich waren.

Vielleicht erklärt eine ähnliche Beeinflussung, warum das breite Mittelschiff der Wallfahrtskirche Saint-Hilaire-le-Grand in Poitiers ebenfalls durch Kuppeln überwölbt wurde, obgleich sonst Kuppelkirchen im Poitou höchst selten sind. Dennoch lagen die Dinge hier anders, ging es doch darum, das System auf ein bereits vorhandenes Bauwerk anzuwenden, das durch Zuwendungen der Königin Emma von England errichtet und durch die Gräfin Agnes von Poitou vollendet worden war. Am 1. November 1049 war die Kirche geweiht worden. Die ursprünglichen Pläne stammten von einem normannischen oder englischen Baumeister namens Walter Corland und sahen lediglich einen offenen

Dachstuhl oder eine Holzdecke über dem Mittelschiff vor, das sehr breit gehalten war, um die zahlreichen zum Grab des heiligen Hilarius kommenden Pilger aufnehmen zu können. Einer Stelle im Mirakelbuch des heiligen Hilarius ist zu entnehmen, daß man sich schon wenige Jahre später mit dem Gedanken trug, ein Steingewölbe zu errichten, «um einerseits die Gefahr einer Feuersbrunst zu beseitigen und anderseits eine größere Einheitlichkeit zu erzielen». Die Kunsthistoriker datieren diesen Umbau in die ersten Jahre des 12. Jahrhunderts und glauben, daß man die Joche des Mittelschiffes zum damaligen Zeitpunkt verkleinerte und durch die Einfügung schlanker, als Träger der Kuppeln gedachter Vierpaßsäulen quadratisch gestaltete. Dadurch entstanden zwischen den Säulen und den ursprünglichen Mauern des Mittelschiffs sehr schmale innere Seitenschiffe. Letzte Gewißheit hat man allerdings nicht, da das später fast völlig zerstörte Langhaus erst nach 1869 nach dem Vorbild des letzten Joches, das als einziges erhalten war, wiederaufgebaut wurde.

Im Unterschied zu den Kuppelkirchen im Angoumois und in der Saintonge handelte es sich nicht um eine schöpferische Gesamtkomposition aus einem Guß, sondern um die nachträgliche Einfügung eines erprobten Elementes in ein bereits bestehendes Bauwerk, wobei dieses möglichst wenig gefährdet werden sollte. Dadurch, daß die Druckkräfte in die vier Ecken der Joche abgeleitet wurden, vermied man die Gefahr eines Einsturzes durch übermäßige Belastung der nicht allzu starken Außenmauern. Allerdings stellte man im Laufe der Bauarbeiten fest, daß eine Verstärkung erforderlich war; man löste das Problem in sehr wirksamer Weise, indem man nachträglich mächtige Rundbogen einfügte. Die Kuppeln selbst setzte man auf Trompen, ein in der Gegend von Poitiers durchaus übliches Verfahren, das den Baumeistern, die seit langem schon über den Vierungen solche Kuppeln errichteten, keine besonderen Probleme stellte.

Es ist also keineswegs unbedingt notwendig, auf den Einfluß hinzuweisen, den möglicherweise aus der Ferne die Kathedrale von Le Puy ausgeübt hat, deren Langhaus von sechs Kuppeln überwölbt ist. Gewiß bestanden seit langer Zeit schon gute Beziehungen zwischen den beiden Städten, zumindest seit während der Normanneneinfälle des 10. Jahrhunderts die Reliquien des heiligen Hilarius nach Le Puy in Sicherheit gebracht worden waren; übrigens gerieten die einst hochverehrten sterblichen Überreste des Heiligen allmählich in Vergessenheit und wurden erst 1655 wiederentdeckt. Indessen ist die eindrucksvolle Anlage der

Kuppelkirche in Le Puy lediglich das Resultat von Erweiterungen, die in mindestens zwei Etappen im Verlauf des 12. Jahrhunderts vorgenommen wurden. Der älteste Teil der Kirche, bestehend aus Chorhaube, Querhaus und den beiden östlichen Jochen des Langhauses, wurde im 19. Jahrhundert stark verändert. Die Struktur der Kuppeln des dritten und vierten Joches, die als einzige nicht umgestaltet wurden, unterscheidet sich ganz und gar von der in Poitiers; die Kuppeln sitzen je einem von Bogenreihen durchbrochenen Tambour auf und werden dadurch hoch nach oben in ein geheimnisvolles Dunkel gehoben. Übrigens würde man, auch wenn man eine stilistische Beziehung zwischen Le Puy und Saint-Hilaire herstellte, dadurch die Frage nach der Herkunft nicht lösen, sondern lediglich hinausschieben – denn woher stammen die Kuppeln von Le Puy? Die oft vorgebrachte Hypothese einer arabischen Beeinflussung erklärt keineswegs alles.

Die Datierung der Gewölbe von Saint-Hilaire stützt sich auf einen zeitlich reichlich unbestimmten Bericht in den Mirakeln des Schutzheiligen und schwankt zwischen 1110 und 1130. Damals wurden überall im Angoumois und in der Saintonge Kuppelkirchen errichtet, und es wäre höchst ungewöhnlich, wenn sich dies nicht auch irgendwie auf Poitiers ausgewirkt hätte. Wie Angoulême, Saintes und Périgueux gehörte die Bischofsstadt Poitiers zur Aquitania secunda, zum nordwestlichen Teil Aquitaniens mit der Hauptstadt Bordeaux, und diese Gemeinsamkeit führte sicherlich zu Kontakten und Begegnungen innerhalb einer Provinz, die zudem auf der großen Straße im Westen, die von Paris nach Tours und weiter nach Santiago de Compostela führte, von einem steten Pilgerstrom durchflossen wurde. Die Baumeister in Poitiers behielten das naheliegende System bei und paßten es ihren Bedürfnissen an; zudem hielten sie es für praktischer, in den schmalen Ecken der die Kuppeln tragenden Bogen die ihnen wohlvertrauten Trompen anstelle der langen Gewölbezwickel (Pendentifs) zu verwenden.

Die vollkommene Zweckfreiheit der Form ist lediglich eine Erfindung einiger Moderner, nach deren Auffassung der künstlerische Schöpfungsprozeß ganz im Unbewußten ablaufen sollte. Für den romanischen Baumeister hingegen, der weder durch theoretisch erarbeitete Baupläne noch durch Lehrsätze oder traditionelle Vorurteile belastet war, waren es die wohlüberlegten Erfordernisse des lebendigen, in ständiger Umwandlung begriffenen Bauwerks, die manchmal zu den originellsten Lösungen führten. Dies war der Fall in Tournus, wo man, wie inzwischen erkannt wurde, im

großen und ganzen vor einem ähnlichen Problem stand wie bei der Umgestaltung von Saint-Hilaire in Poitiers. Als Abt Peter I. (1066–1105) den Entschluß faßte, die hölzerne Flachdecke durch ein Steingewölbe zu ersetzen, mußte er feststellen, daß die schlanken hohen Rundpfeiler, die das Kircheninnere gliederten, die Last eines durchgehenden Tonnengewölbes nicht zu tragen vermochten. Nach dem Beispiel der Vorkirche mit ihren hochinteressanten Gewölbekombinationen – Kreuzgewölbe zwischen Quertonnen und Längstonnen zwischen Vierteltonnen – lösten die Baumeister das Problem sehr einfallsreich dadurch, daß sie über mächtigen, auf Halbsäulen aufstehenden Gurtbögen quergestellte Tonnen errichteten, was zudem den Vorteil hatte, daß die großen Fenster in den Obergaden beibehalten werden konnten. Diese wahrscheinlich schon im ursprünglichen Plan vorgesehenen Fenster tauchen das Innere in helles Licht, das auf den ockerfarbenen, aus kleinen Steinen gemauerten Rundpfeilern spielt.

Vom Protest gegen die Verweltlichung zur totalen Architektur: Fontenay

In dieser Zeit des Erwachens und der mündlichen Überlieferungen erfolgte die Ausbreitung der Formen oft auf seltsamen Wegen. Dem vielleicht größten Geist des 12. Jahrhunderts sollte es vorbehalten bleiben, gegen Ende der romanischen Epoche all deren Errungenschaften in einer großartigen Synthese zu vereinen, in einem Bauwerk, das deshalb so packend ist, weil es das wohl bezeichnendste Beispiel für die Vergeistigung der Architektur darstellt, für deren Durchdringung durch ein Ideal, und anderseits diesen Geist, dieses Ideal in reinster Form zum Ausdruck bringt. Gemeint ist die wundervolle, in einem verborgenen, bewaldeten Tal im Châtillonnais in Oberburgund liegende Abteikirche Fontenay. Wer sie erbaut hat, wissen wir nicht, und das ist schade; dagegen kennen wir den Namen des Abtes, der aus Protest gegen die Verweltlichung dieses Wunder an vollendeter Klarheit und Straffheit errichten ließ – Bernhard von Clairvaux. Er war ein Zeitgenosse Sugers, und doch hatte er mit dem Abt von Saint-Denis nichts gemeinsam. Suger war allen Schönheiten der Natur gegenüber aufgeschlossen, ja, berauschte sich an ihnen; als Vorläufer der bautechnischen Neuerung, deren kühne Möglichkeiten er vorausahnte, verknüpfte er die Architektur seiner Zeit mit einer neuen Metaphysik: er suchte geistige Erleuchtung durch das mittels farbiger Fenster gebrochene, sich traumhaft verwandelnde Licht, verstärkte die Wirkung dieser Lichtflut durch Spitzbogengewölbe, durch das Funkeln von Gold und Edelsteinen. All das lehnte der Abt von Clairvaux entschieden ab, wie er schon zuvor die seinem Lehrer Stephan Harding, dem Abt von Cîteaux, so teuren farbigen Illuminationen verworfen hatte. Unter dem Titel «Apologie für Wilhelm von Saint-Thierry» richtete er einen heftigen Angriff gegen den Luxus in den Klöstern, ein Angriff, der ebensogut den phantastischen Verschnörkelungen, der zügellosen Phantasie der ersten Zisterzienserminiaturen gelten könnte.

Er verwarf ausnahmslos alle Freuden der «venustas», der sinnenfälligen Schönheit, die beispielsweise von den lebensfrohen Menschen in Aquitanien und Poitou so hochgehalten wurde. Die rauhe, öde burgundische Hochebene und später die sumpfigen Niederungen von Cîteaux haben Bernhards Seele unauslöschlich geprägt. Er war allerdings weit weniger kunstfeindlich, als oft behauptet wird (was M.A. Dimier in «L'art cistercien» gut herausgestellt hat); mit seiner wunderbaren, stets wachen Intuition sucht und findet er das höchste Ziel der Baukunst. Dieses besteht nicht nur in der Übereinstimmung und Verschmelzung des Bauwerks mit der natürlichen Landschaft, die es umgibt, umfaßt und mitgestaltet, sondern in der Übereinstimmung mit der Seele, die sich in ihm ausruht und in ihm erhebt... «Er sprach von der Nüchternheit unserer Häuser; ich sah einfache Volumen. Es war die Rede von Sachlichkeit, Nützlichkeit, Buße – ich übersetzte: Adel, Wirksamkeit, Harmonie.» Mit diesen Worten umschrieb der Architekt Fernand Pouillon das Geheimnis der provenzalischen Abteikirche von Thoronet.

Aber besteht nicht die Gefahr einer dergestalt auf die Spitze getriebenen architektonischen Askese letztlich (damals wie heute) darin, daß der Abstand, der notwendigerweise zwischen einem zur Ehre Gottes errichteten Bauwerk und einem reinen Zweckbau vorhanden sein muß, stark verringert und daß die sakrale Transzendenz des ersteren derart entwertet wird, daß nichts mehr das Gotteshaus von einem schönen Lagerhaus unterscheidet, da nunmehr die baulichen Wirkungen sehr verwandt erscheinen? Die von Bernhard von Clairvaux erträumte Kirche wird davor nur durch das zweifache Prinzip bewahrt, auf dem er sie gründete. Daß das Postulat auf der allzu ausschließlichen Ansicht oder Behauptung beruht, die Verlockungen der sinnenfälligen Schönheit lenkten die Seele des Mönchs vom Gebet ab, anstatt ihm unauffällig bei seiner Suche nach Gott zu helfen, ist nicht mehr ausschlaggebend. Entsprechend der zisterziensischen Geistigkeit war die Architektur dieses Ordens von nüchterner Direktheit und ganz

und gar verinnerlicht. Nahtlos erhoben sich die streng ausgewogenen Bauwerke auf ihrem Untergrund; keines von ihnen hatte die anmutige Schönheit, die die Fassaden mancher Kirchen im Poitou aufweisen – an denen allerdings, wie der heilige Abt meinte, die Augen sich weit mehr ergötzten als die betende Seele.

Im Jahre 1139 begann Abt Wilhelm von Fontenay mit finanzieller Unterstützung durch den Bischof Ebrard von Norwich mit dem Bau der Klosterkirche an ihrer jetzigen Stelle – nur ein Jahr vor der feierlichen Weihe der Vorkirche von Saint-Denis. Am 21. September 1147 wurde die in einem Zug erbaute Abteikirche von Papst Eugen III. geweiht. Vieles weist darauf hin, daß sich der Baumeister völlig vom Geist Bernhards leiten ließ. Er schöpfte mit vollen Händen aus dem reichen Schatz burgundischer Architektur und schuf mit diesen Elementen ein Bauwerk von erstaunlicher Dichte, in dem alles eng miteinander verknüpft, harmonisch verschmolzen und zweckvoll ist. An Cluny erinnern die mächtige, leicht spitz zulaufende Längstonne des Mittelschiffs, die durch einfache, kraftvoll wirkende Gurtbögen gegliedert ist, sowie die Form der Mauer über dem Chor, die das Mittelschiff im Osten abschließt; aus Tournus stammen die quergestellten Tonnen über den Seitenschiffen, wodurch diese in Kapellen unterteilt werden und die Außenmauern sehr dünn gehalten werden konnten; einer seit dem 11. Jahrhundert fest verankerten Tradition entspricht der Verzicht auf seitliche Fenster. Nur gedämpft fällt das Licht durch die Fenster in den Seitenschiffen und durch Fenstergruppen im Osten und Westen ins Mittelschiff ein. Durch nichts wird versucht, den Betrachter zu bezaubern, gefangenzunehmen – hier herrscht unumschränkt die reine Form. Ein mißratenes Gebäude wirkt kleiner, als es in Wirklichkeit ist; Fontenay hingegen wirkt so groß und mächtig wie der Wald, der die Kirche rings umschließt und sie mit Vogelgezwitscher und dem nächtlichen Krächzen von Raubvögeln erfüllt. Angesichts dessen sind die Maße des Gotteshauses erstaunlich: die Gesamtlänge beträgt knapp 66 Meter, also etwa die Hälfte von Saint-Pierre-et-Saint-Paul in Cluny, die lichte Höhe 16,70 Meter gegenüber 22 Meter in Conques und 30 Meter in Cluny. Aber die Leistung liegt nicht allein in diesen Zahlen. Die um die gleiche Zeit entstandenen Kirchen in Saint-Denis und in Fontenay, die äußerlich so wenig gemeinsam haben, sind zwei Extreme, die den fast unbegrenzten Reichtum der romanischen Baukunst ermessen lassen.

Anmerkungen

Italien

Manche Kunsthistoriker neigen dazu, Italien aus der romanischen Welt auszuklammern, da ihres Erachtens auf der Apenninenhalbinsel die Nachwirkungen der antiken Tradition, der frühchristlichen Säulenbasilika und später die Einflüsse Ostroms und – in Süditalien – der arabischen Welt so stark waren, daß sich diese Gebiete einer Architektur, die ihrem Geist so sehr widersprach, nur in ganz geringem Ausmaß öffneten. Eine solche Einstellung ist jedoch nicht gerechtfertigt. Zwar stimmt es, daß in Italien mehr als sonstwo die Romanik aus dem reichen Erbe der römischen Klassik schöpfte und sich niemals vollständig vom überkommenen Formenschatz löste; daß die Comaciner niemals verleugneten, was sie beispielsweise Ravenna verdankten; daß die Rivalitäten der Städte und – auf einer anderen Ebene – die Nähe des Orients, mit dem die Häfen rege Beziehungen unterhielten, die Entstehung und Entfaltung künstlerischer Zentren verhinderten, die mächtig genug gewesen wären, ihren Einfluß auf ganz Italien auszudehnen – aber anderseits bewirkten diese Zersplitterung und die Fülle von Einflüssen, die aus allen Himmelsrichtungen und nicht zuletzt aus Frankreich kamen, daß auf der Apenninenhalbinsel die erstaunlichsten Synthesen zustande kamen, widersprüchlichste Elemente zu einer Einheit verschmolzen wurden. Die außergewöhnlichsten – aber keineswegs einzigen – Beispiele hierfür sind die sizilianischen Dome. Allerdings sind keineswegs alle romanischen Bauschöpfungen in Italien solche staunenswerten «Mischlinge». Die hier gezeigten Beispiele lassen deutlich werden, daß auch die Baumeister und Künstler dieser Gegenden zu eigenen Erfindungen gelangten.

San Tomaso in **Almenno San Bartolomeo** (Bergamo) läßt an Aquitanien denken: das regelmäßige Mauerwerk aus Hausteinen wird durch eingebundene Halbsäulen gestützt. Mit seiner kreisrunden Anlage steht das Bauwerk in der Tradition der römischen Mausoleen, während die Bogenfriese der Dachgesimse auf lombardischen Einfluß hinweisen.

San Pietro in **Tuscania,** einer alten Etruskerstadt in Latium, führt dagegen die Tradition der frühchristlichen Säulenbasilika in ihrer ganzen Reinheit weiter. Hinter einer ungemein dekorativen Fassade erstreckt sich das Langhaus mit seinem offenen Dachstuhl; die geräumige Krypta unter dem Chor wird von einem regelrechten Säulenwald gestützt.

Die Abteikirche Santa Maria in **Portonovo** ist ein rein romanischer Bau. Die strenge Klarheit der Formen wird durch den Verzicht auf jeden plastischen Schmuck betont. Die massiven Wände tragen eine einfache Tonne. Der Chor ist um ein Joch verlängert; eine von drei kleinen Fenstern durchbrochene Apsis bildet den Abschluß.

Trutzig ragt die schon von Dante erwähnte Mauer von **Monteriggioni** mit ihren vierzehn Türmen aus der Landschaft empor. Im Gegensatz zu vielen anderen Befestigungen (etwa zu den bekannten zinnenbewehrten Wehrtürmen von Avila) sind die Türme von Monteriggioni rechteckig.

Deutschland

Die deutsche Romanik leitet sich unmittelbar von der ottonischen Architektur her. Bei aller landschaftlichen Differenziertheit weist sie doch Gemeinsamkeiten auf, die auf den ersten Blick auffallen: eine gewisse Massivität und eine durchdachte Raumanlage, deren Großartigkeit die Nüchternheit des Dekors vergessen läßt.

Bezeichnend sind auch die reich ausgebildeten Turmgruppen (zwei Gruppen von je drei Türmen beispielsweise in Mainz, Speyer und Worms). Die Übereinstimmung im Prinzip bedeutet keineswegs starre Einheitlichkeit; vielmehr wird das Prinzip mannigfach abgewandelt. Wesentliche Impulse erhielt die romanische Architektur in Deutschland durch Frankreich, besonders durch Cluny.

Die 1960 restaurierte Kirche der Benediktinerabtei **Alpirsbach** ist eine traditionelle Basilika mit Vorhalle. Deutlich erkennt man den Einfluß des Reformklosters Hirsau, das die asketischen Regeln von Cluny übernahm. Formen und Linien sind von packender Einfachheit und Klarheit; nur sehr sparsam ist bauplastischer Schmuck eingefügt. Eine mächtige hölzerne Flachdecke überspannt das Schiff.

Auch **Maria Laach** ist eine Benediktinerkirche, doch atmet sie einen ganz anderen Geist. Hier handelt es sich um eine vieltürmige «Kirchenburg» mit überwölbtem Mittelschiff, deren Bauzeit von 1093 bis ins 13. Jahrhundert hinein reicht. Deutlich unterscheidet sich die frühe Turmgruppe im Osten von der späteren, kraftvoller durchgestalteten Turmgruppe im Westen.

**Almenno San Bartolomeo,
San Tomaso**
Grundriß und Aufriß 1:300

Tuscania, San Pietro
Grundriß, Grundriß der Krypta und Aufriß 1:400

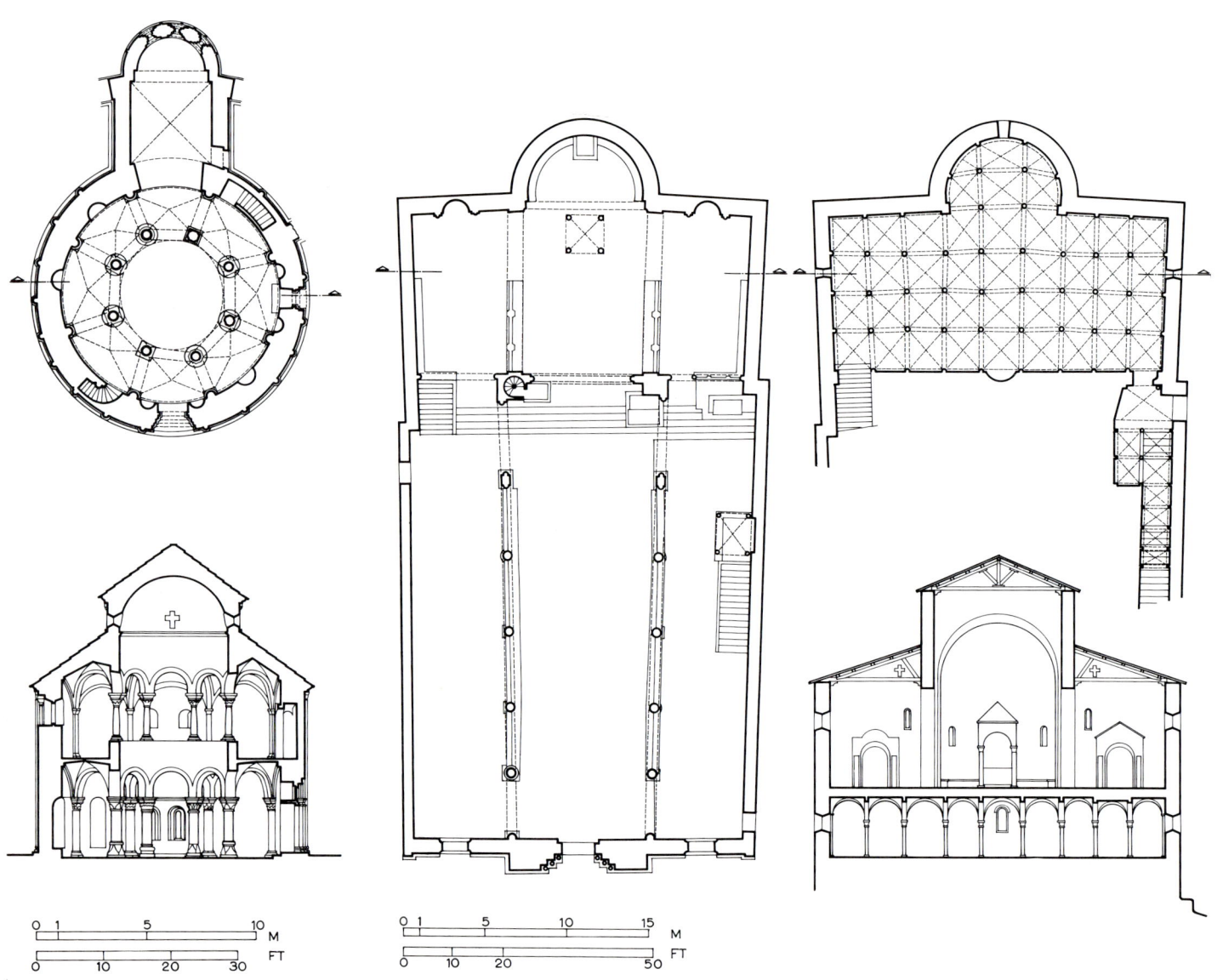

Portonovo, Santa Maria
Grundriß, Längsschnitt und Querschnitt 1:300, Lageplan 1:1500

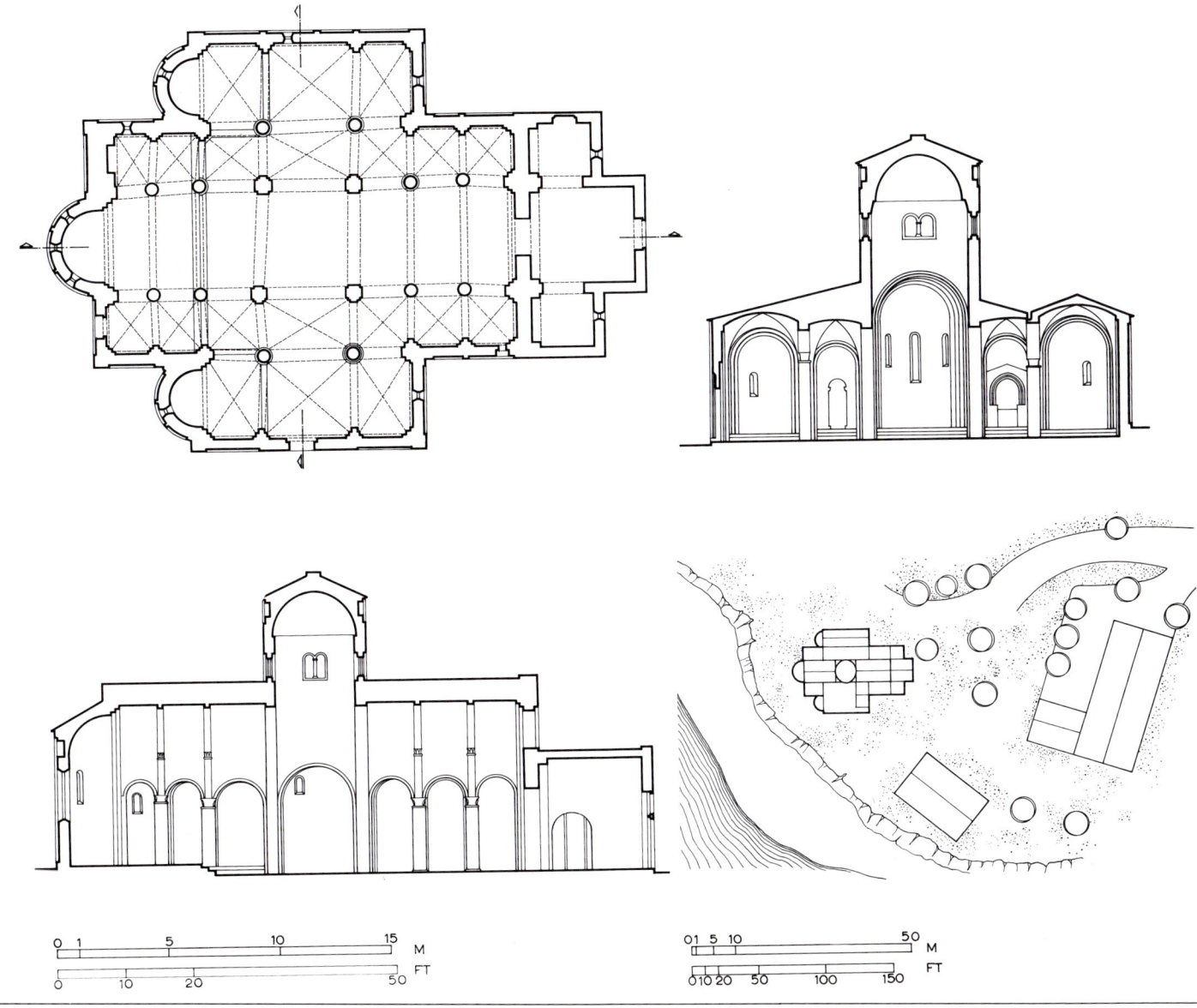

0 1   5   10   15   M
0   10   20   50   FT

0 1   5   10   50   M
0 10 20   50   100   150   FT

103

Legenden

Almenno San Bartolomeo (Italien)

105 **San Tomaso in Lemine.** Diese im 11. Jahrhundert erbaute Wallfahrtskirche zeigt, daß die romanischen Baumeister den Rundbau nicht nur für ausgesprochene Grabkirchen verwandten. Vollkommene Regelmäßigkeit zeichnet das Bauwerk aus, dessen Außenfront nur durch Bogenfriese und Lisenen belebt wird. Zwei kleinere Zylinder sind oben aufgesetzt; die abschließende Laterne erinnert an norditalienische Rundtürme.

106 Blick in die durchbrochene Kuppel. Seitlich erkennt man den Emporenumgang, der zur Mitte hin offen ist: große Rundbögen ruhen auf Säulen mit verzierten Kapitellen.

107 Eines der Kreuzgratgewölbe über dem Emporenumgang. Man sieht noch Spuren der ursprünglichen Verschalung.

Tuscania (Italien)

108 **San Pietro.** Diese Kathedrale ist ein Beweis dafür, daß die frühchristliche Basilika mit ihrem offenen Dachstuhl auch noch in frühromanischer Zeit nachgebaut wurde. Die Wände sind ungegliedert, der Chor ist niedriger als das Mittelschiff.

109 Die großen Arkaden des Langhauses weisen vorspringende Wölbsteine auf. Der Rumpf des ionischen Kapitells ist gestreckt; offene Dachstühle bedecken die Seitenschiffe. Die Fenster sind schmal.

110 Die Krypta von Osten nach Westen.

111 Der Säulenwald der Krypta und ihre Apsis.

Portonovo (Italien)

112 **Santa Maria.** Blick in das rechte Chorjoch vom Seitenschiff aus. Die mächtigen gemauerten Stützen sind schmucklos.

113 Blick aus dem Mittelschiff zum Chor. Über der Vierung wölbt sich eine Trompenkuppel. Eine Tonne überwölbt das Mittelschiff, das seitlich keine Fenster aufweist.

114 Die ovale Vierungskuppel über einem Kranzgesims mit schmucklosen Sparrenköpfen; im Tambour vier Zwillingsfenster, in den Ecken Trompen auf dreieckiger Schlußplatte.

115 Detailansicht des Langhauses.

Monteriggioni (Italien)

116 **Mauer mit Türmen.** Auf einer kegelstumpfförmigen Erhebung in einer Landschaft, die ebenso trostlos wirkt wie manche Gegenden von Kastilien, hebt sich diese Befestigungsanlage wie eine Krone vom Himmel ab.

Die rechteckigen Türme (eine Ausnahme für solche Anlagen) sind doppelt so hoch wie die Mauer.

117 Detailansicht der Anlage.

Alpirsbach (Deutschland)

118 **Klosterkirche.** Blick in die Vierung (oben) und figurengeschmückte Basis eines Pfeilers (unten).

119 Blick in das von einer hölzernen Flachdecke überspannte Langhaus; im Vordergrund die durch mächtige Rundbögen «ausgeschiedene» Vierung, deren Grundrißquadrat das Maß für die Raumgliederung abgibt.

120 Die mächtige Vorhalle im Westen.

Maria Laach (Deutschland)

121 **Abteikirche.** Gesamtansicht der Kirche von Osten. Rings um die Apsis verlaufen Blendarkaturen; Bogenfriese zieren die Türme und die Dachgesimse. Die Vierung wird durch einen achteckigen Turm gekrönt.

122 Der etwas später (um 1200) vollendete Westbau.

123 Blick in das Mittelschiff (vgl. Alpirsbach, Abb. 119). Dienste und Schwibbögen gliedern den Raum.

124 Reichgeschmückte Kapitelle des Portals.

107

115

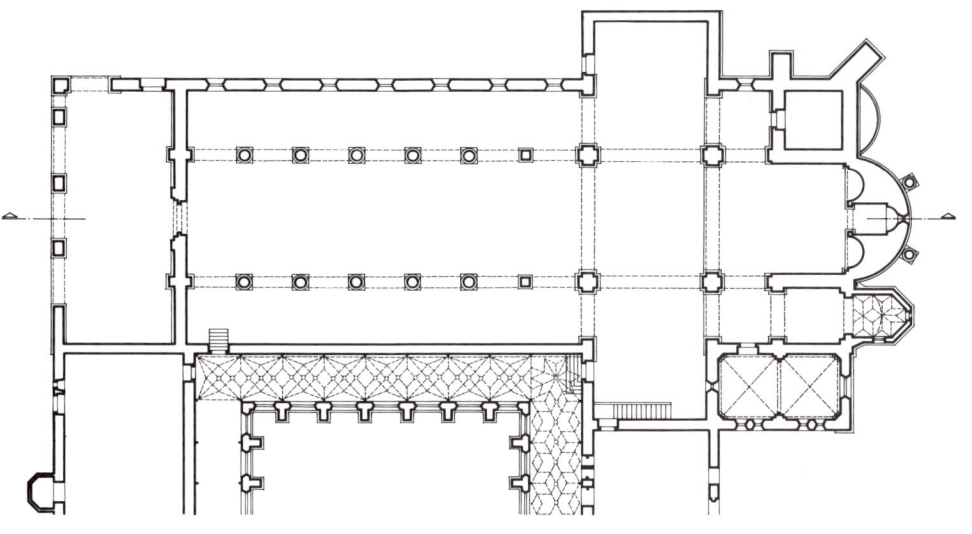

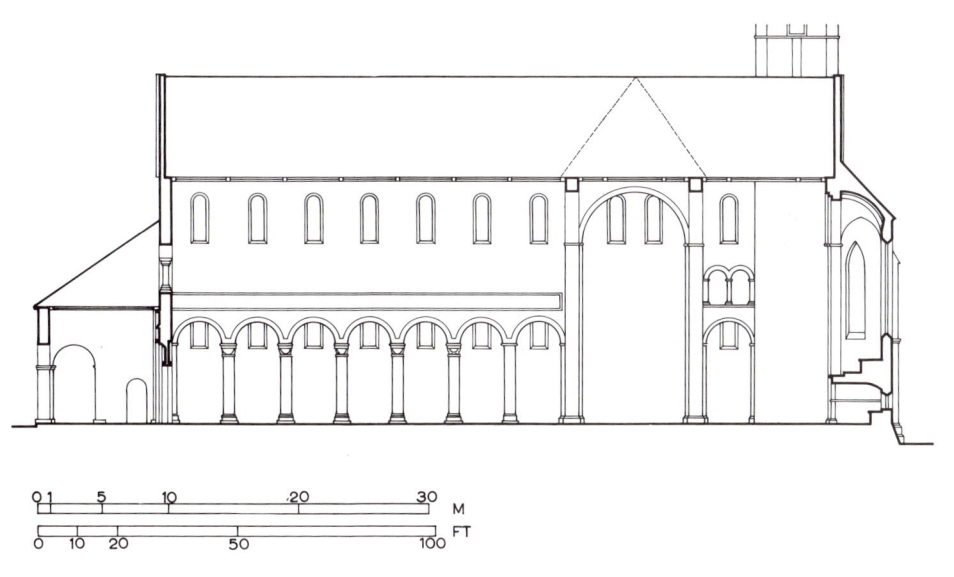

Maria Laach, Abteikirche
Grundriß, Aufriß, Längs- und Querschnitt durch den Chor 1:600

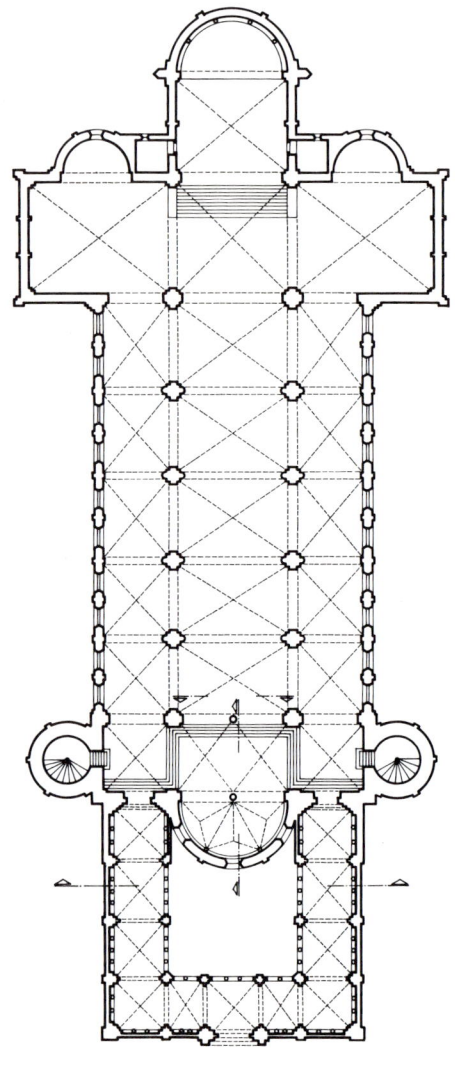

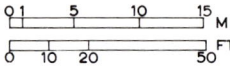

3. Strömungen und Themen

Der Ausstrahlungsprozeß

Wenn man je eine vollständige Karte der romanischen Baudenkmäler erstellen könnte, würde sie die oben ange- führten Kraftlinien bestätigen und vielleicht auch eine Brücke zwischen zwei entgegengesetzten Ansichten schlagen. Die Anhänger des historischen Determinismus würden zu ihrer Genugtuung feststellen können, daß durch die demo- graphischen, wirtschaftlichen, verkehrstechnischen, siedlungsmäßigen, menschlichen und religiösen Zustände, die sich infolge der Stabilisierung und der darauffolgenden Entwicklung des Abendlandes herausbildeten, sowie durch die daraus erwachsenden neuen Bedürfnisse von der Mitte des 10. bis zum 12. Jahrhundert eine Reihe von Schwer- punkten entstanden, die durch die Kräfte einer im Werden begriffenen Kultur gespeist wurden, sowie dazwischen- liegende Zonen geringerer Bedeutung, die sich langsamer entwickelten und nur allmählich die Last der unruhigen, angst- erfüllten Vergangenheit abzuschütteln vermochten. Ferner würden sie feststellen können, daß sich in diesen Schwer- punkten nach und nach bestimmte architektonische Formen und Techniken herausbildeten, wobei wir allerdings über deren Urheber und Träger nichts auszusagen vermögen. Durch das Wirken aufgeschlossener, geduldiger Werkleute, die imstande waren, überkommene Praktiken weiterzu- führen und zu erneuern, wurden diese im Laufe der Zeit zu jenem sicheren Können, zu jenem bescheiden schöpfe- rischen Handwerk, aus dem sich machtvoll ein Stil ent- wickelte.

Die Humanisten wiederum, nach deren Auffassung der Gang der Geschichte durch große Persönlichkeiten beein- flußt und gelenkt wird und die geschichtliche Entwicklung nicht nur langsam und gleitend, sondern gelegentlich auch sprunghaft abläuft, würden zu ihrer Befriedigung sehen, daß sich in dieser im Laufe der Zeit geformten Welt durch die Macht oder das Wollen von Mäzenen Prototypen herausbildeten, in denen sich die besten geistigen Kräfte des Volkes sammelten. Und diese beispielgebenden Meisterwerke strahlten dann wiederum in ihre Umgebung aus, machten Schule und wirkten oft noch in weite Ferne. Die Ausstrahlung von den Zentren aus erfolgte gleich- sam in konzentrischen Kreisen, wie sie entstehen, wenn man einen Stein ins Wasser wirft. Das jeweilige Aus- breitungsgebiet scheint in erster Linie durch die Arbeits- bedingungen, die Organisation der Arbeitskräfte, das Vorhandensein von Bauschulen, die Arbeitsmöglichkeiten, aber auch durch die Gemeinsamkeit der Lebensweise, der Veranlagungen und Anschauungen innerhalb der einzelnen

Landschaften bedingt gewesen zu sein. (Die landschaftliche Gliederung wirkt so stark nach, daß sie noch heute vielerorts deutlich ist, auch wenn die alten Grenzen durch administrative Neuordnungen längst vergessen sind.) Wo sich die Ausstrahlungsgebiete zweier oder mehrerer Zentren berührten oder überdeckten, entstanden «Mischzonen», in denen sich unterschiedliche Einflüsse bemerkbar machten und zu einer Uneinheitlichkeit führten, die den Kunsthistorikern lange Zeit Rätsel aufgegeben hat.

Solche «Mischzonen» sind beispielsweise das zwischen Poitou, Aquitanien und der Auvergne liegende Limousin und das zwischen der Auvergne und Burgund gelegene Nivernais. Gleichzeitig führten die zunehmende Spezialisierung der Bauhütten und die Abenteuerlust der Werkleute dazu, daß sie sich oft auf lange Wanderschaften begaben, die sie weit über die Grenzen ihrer Heimat hinausführten. Und schließlich spielte bei der Verbreitung von Formen und Techniken als dritter Faktor der Nachahmungstrieb eine Rolle: Neuerungen, auf die man oft zufällig gestoßen war, wurden – manchmal in fernen Gegenden – getreulich kopiert oder auch modifiziert. So läßt sich die Verwandtschaft, die man beispielsweise zwischen dem Chor von La-Charité-sur-Loire und dem Chor von Saint-Omer in Lillers in der Picardie, zwischen Notre-Dame-la-Grande in Poitiers und der Kirche des Schottenklosters St. Jakob in Regensburg, zwischen der Baukunst im Velay und der Abteikirche Saint-Michel-de-la-Cluse im Piemont festgestellt hat, nur durch solche Beziehungen erklären, die mit historischem Determinismus nichts zu tun haben.

Dies also waren die üblichen Wege, auf denen sich Ideen und architektonische Formen verbreiteten. Natürlich gibt es kein starres Schema. Wir wollen deshalb im folgenden sehen, wie diese Ausbreitung und Beeinflussung in den einzelnen Gebieten während der beiden romanischen Jahrhunderte von der Zeit um 950 bis zum Baubeginn des Chors von Saint-Denis im Jahre 1140 vor sich ging.

Das ottonische Kerngebiet

Es ist nicht zu bezweifeln, daß in dem Augenblick, da das Abendland aus seiner Erstarrung zu erwachen begann und die langsame Entwicklung einsetzte, die zur Ausbildung des feudalistischen Europa führen sollte, der einzige Kulturmittelpunkt, der Bedeutung und Ausstrahlungskraft besaß, das Ottonische Reich war. Nach dem Tod des letzten Karolingers, Ludwigs des Kindes, wählten die

deutschen Fürsten Herzog Konrad von Franken zum König, auf den 936 sein wackerer Vetter, der Sachse Heinrich der Vogeler, folgte. Als Besieger der Ungarn und Eroberer Lothringens konnte er seine Stellung so festigen, daß es ihm möglich war, vor seinem Tod seinem Sohn Otto I. die Nachfolge im Reich zu sichern. Schon gleich nach der Machtübernahme zeigten sich der Ehrgeiz und die politischen Pläne des jungen Herrschers darin, daß er sich in Aachen, am Grab Karls des Großen, krönen ließ. Auch er führte einen erfolgreichen Feldzug gegen die Ungarn, erwarb großen Ruhm, wurde zum Schiedsrichter ganz Europas und erhielt schließlich 962 in Rom aus der Hand des Papstes die Kaiserkrone. Er sorgte dafür, daß sein Sohn Otto sein Nachfolger wurde; Otto II. verstand es, bis zu seinem frühen Tod im Jahre 983 Macht und Glanz des Kaisertums zu festigen. Otto III., das «Weltwunder» genannt, faßte den grandiosen Plan einer «Erneuerung des Reiches der Römer», ein Plan, der sich allerdings in der von ihm erträumten Form nicht verwirklichen ließ.

Nach dem Beispiel Karls des Großen, auf den sie sich stets beriefen, beschränkten die Ottonen ihre Erneuerungsbestrebungen nicht auf die Politik. Der hochgebildete Otto II., dessen Gattin die feinsinnige byzantinische Fürstin Theophanu war, erwies sich als großzügiger Förderer der Künste. Bei dieser von Otto III. weitergeführten «Wiedergeburt» spielte die Architektur eine große Rolle. Die großartigen Schöpfungen karolingischer Baumeister – Basiliken mit offenem Dachstuhl oder mit flacher Holzdecke und vielfältig gegliedertem Westabschluß, dem berühmten «Westwerk» – wurden durch originale Neuerungen, mit denen sich Louis Grodecki befaßt hat, ergänzt und weiterentwickelt.

Das Querhaus

Besonderes Interesse galt dem Querhaus. Vorwiegend im deutschen Raum griffen die Baumeister der Romanik nicht selten auf das «durchgehende» Querschiff zurück, das zwischen Langhaus und Chor eingeschoben wurde; es fand sich schon bei manchen frühchristlichen Kirchen in Italien, so bei Sankt Peter in Rom. Eines der eindrucksvollsten Beispiele ist die Kirche der Benediktinerabtei Hersfeld.

Eine völlig andere Raumwirkung erzielt das von der vorromanischen Architektur übernommene Zellenquerschiff, das «niedrige Querhaus». Bei diesen Kirchen wird der

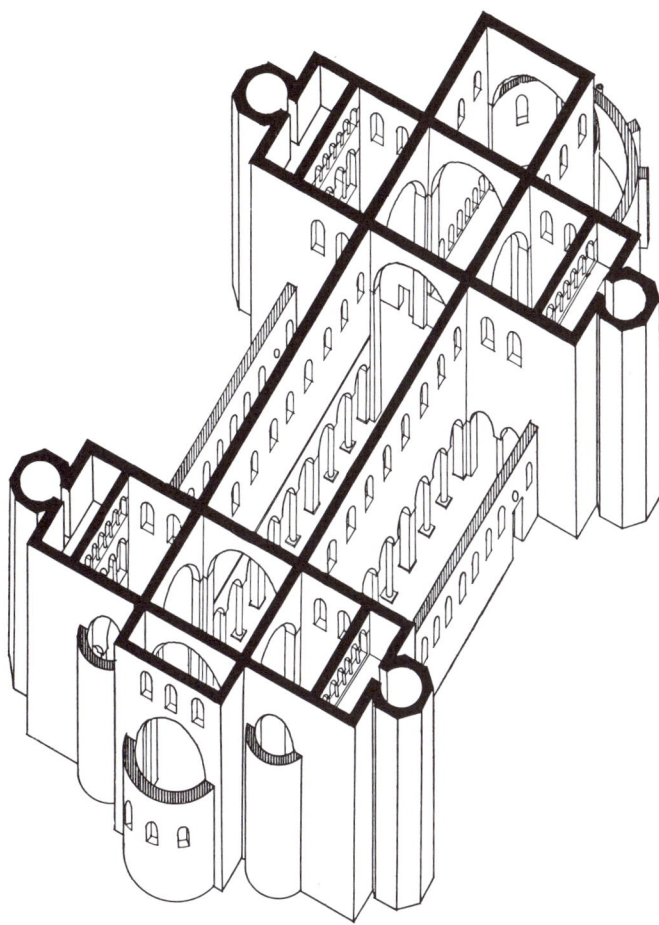

▲ Hildesheim, Sankt Michael: axonometrische Ansicht

1015 und 1033 durch den sehr aufgeschlossenen Bischof Bernward errichtet, der Lehrer Ottos III. war. Der kreuzförmige Grundriß wird dadurch betont, daß Mittelschiff, Chor und Querarme gleich hoch sind. Verstärkt wird die Einbindung in den Gesamtraum dadurch, daß sie sich in vier gleich großen Bögen zueinander öffnen. Dadurch entsteht die quadratische «ausgeschiedene» Vierung, die dann in konsequenter Weiterentwicklung durch einen – oft nach unten geöffneten – Vierungsturm betont wird. Östliches Querhaus und Vierungsturm bilden ein Gegengewicht zur Masse des parallel verlaufenden Westwerks mit seinen Türmen, Apsiden und seiner Vierung.

Die Gliederung der Massen

Die ottonischen Baumeister verzichteten auf eine systematische Überwölbung ihrer Kirchen; im allgemeinen deckten sie die Mittelschiffe mit hölzernen Flachdecken ab. Auch sonst bevorzugten sie einfache, übersichtliche Formen und Elemente. Rundbögen auf Pfeilern oder Säulen trennen das Mittelschiff von den Seitenschiffen; Stützenwechsel ist nicht selten: abwechselnd Pfeiler und Säule oder Pfeiler und zwei Säulen. Im Obergaden finden sich beidseits Fensterreihen. Die Wandflächen sind nicht durch Dienste oder Lisenen gegliedert, und häufig entspricht die Verteilung der Fenster im Obergaden nicht der in den Seitenschiffen. Diese Einfachheit der Mittel erlaubte vielfältige Kombinationen von würfel- oder quaderförmigen Baumassen, die wie bei einem Holzklötzchenspiel zusammengestellt wurden. So hat beispielsweise der Dom zu Speyer, eines der bedeutsamsten Baudenkmäler aus dieser großen Zeit der Architektur, über der Vierung einen achteckigen Turm, zu dem zwei weitere Türme von quadratischem Querschnitt treten, die sich im Osten an das weit ausladende Querhaus anschließen. Eine entsprechende Gruppe mit einem achteckigen und zwei viereckigen Türmen bildete ursprünglich den Westbau der Kirche, der wie ein zweites, kraftvoll gegliedertes Querhaus wirkte. Zwar nicht ganz so blockhaft massiv, aber ebenso eindrucksvoll ist der Trierer Dom, «eine der typischsten Massengliederungen der ottonischen Architektur» (L. Grodecki), der übrigens noch mehr von seiner ursprünglichen Gestalt bewahrt hat. Weit ausschwingend tritt eine Apsis vor die massive Westfassade mit ihren übereinandergelagerten Rundbogengalerien; gekrönt wird der Westbau von zwei mächtigen quadratischen Türmen, an die sich seitlich runde, schlanke Treppentürme anschließen, die gleichsam aus dem eigentlichen Kirchenmassiv herauszutreten scheinen.

Innenraum in seiner ganzen Länge, von der Westfassade bis zum Chor, ganz und gar vom Langhaus beherrscht; die Querschiffe öffnen sich zum Längsschiff hin durch Bögen, die kaum größer sind als die Arkaden zwischen Mittel- und Seitenschiff. Sie schließen sich beidseits symmetrisch an das Mittelschiff an (meist anstelle der Seitenschiff-Ostjoche) und sind niedriger als dieses. Außen treten diese Querschiffe nicht sehr stark in Erscheinung.

Zwischen diesen beiden Extremen liegt die typisch romanische Form des Querhauses, die wir erstmals in Sankt Michael in Hildesheim finden. Sankt Michael wurde etwa zwischen

Übergang zur Romanik

Die ottonische Architektur reicht noch weit ins 11. Jahrhundert hinein; ohne an Schwung und Kraft zu verlieren, öffnete sie sich der romanischen Kunst und führte dem neuen Stil ihren ausgereiften Erfahrungsschatz zu. Politisch war die Lage in Deutschland damals alles andere als stabil; innere Unruhen und Schwierigkeiten in Italien kennzeichneten das Ende des von Otto III. erträumten Kaisertums theokratisch-hohenpriesterlicher Prägung.

Der Übergang von der ottonischen zur eigentlich romanischen Architektur erfolgte so stufenlos, daß sich die Kunsthistoriker über den genauen Zeitpunkt nicht einig sind; manche setzen dafür die Zeit um 1020, andere das ausgehende 11. Jahrhundert an. Aber bedeutsamer als solche umstrittenen Datierungen ist, wie L. Grodecki aufgezeigt hat, die Tatsache, daß die ottonische Architektur der Hochromanik, deren Blüte in Westeuropa um 1050 einsetzte, «zweifellos das Beispiel für großartige Bauschöpfungen mit weiten, luftigen Innenräumen, vielschichtiger Gliederung und zahlreichen symmetrisch verteilten Türmen gegeben hat; außerdem wurden durch sie bestimmte wesentliche Elemente verbreitet – die ausgeschiedene Vierung, die Emporen, der Stützenwechsel».

Um 1025 wurden mannigfache Möglichkeiten zur Gliederung und Belebung der glatten Wandflächen entwickelt: Lisenen, Dienste, Blendarkaden, Gesimse. Diese Elemente wurden auf der Innen- wie auf der Außenseite der Mauern vielfach kombiniert und abgewandelt und führten in ihrer Weiterentwicklung zu durchbrochenen Nischenkonstruktionen, Galerien und Laufgangfassaden. Ein anderes Ergebnis des Erfindungsreichtums dieses 11. Jahrhunderts war die Festigung der strukturellen Ausgewogenheit der ottonischen Basilika. Der in die Länge gezogene, durch Fortführung der Seitenschiffe verbreiterte östliche Kirchenraum wurde noch stärker betont durch große Krypten, dieses «Erbe der romanischen Kunst in Deutschland» (H. Busch), die eine Höherlegung des Chores bedingten und dessen majestätische Wirkung steigerten. Hinsichtlich des Westwerks haben H. Reinhardt und E. Fels in einem aufsehenerregenden Aufsatz aufgezeigt, wie es sich allmählich zu jenen mächtigen quergestellten, von quadratischen Türmen flankierten Mauermassiven umgestaltete, die den romanischen Kirchen in der Normandie, von Jumièges bis zu den großen Abteikirchen von Caen, eine so kraftvolle Wirkung verleihen; die weitere Entwicklung führte dann zu den prächtigen Fassaden der gotischen Kathedralen.

Ebenfalls im 11. Jahrhundert ging man dazu über, die bis dahin durchgehenden Wand- und Deckenflächen des Langhauses durch Gurtbögen, Dienste und Lisenen in

▼ Speyer, Dom: Beispiel eines Kreuzgratgewölbes

Raumzellen – Joche – zu gliedern, ohne dadurch den majestätischen, nüchternen Gesamteindruck des Kircheninneren zu verwischen. Dieses Verfahren diente gleichzeitig dazu, die Mauern zu verstärken, denn in der romanischen Architektur ist, wie bereits gesagt wurde, nichts völlig zweckfrei: auch diese als schmückend empfundenen Elemente sind einer technischen Notwendigkeit entsprungen.

Gegen Ende des 11. Jahrhunderts setzte sich in der romanischen Welt bis hin ins ferne Palästina trotz aller technischen Schwierigkeiten das Kreuzgratgewölbe als stabilste und dauerhafteste Wölbeform durch. Vielleicht eignete es sich dadurch, daß die Druck- und Schubkräfte in die vier Ecken abgeleitet wurden, am besten zur Überwölbung von Bauten, die ursprünglich für offene Dachstühle oder hölzerne Flachdecken geplant gewesen waren. Bezeichnend für diesen Übergang ist eine wenig bekannte Stelle im Mirakelbuch des heiligen Benedikt. Als 1095 das vermutlich durch eine Tonne überwölbte nördliche Querhaus der Abteikirche von Perrecy-les-Forges im Charollais einstürzte, beschlossen die Mönche, als stabileren Abschluß ein Kreuzgratgewölbe zu errichten. Sie brauchten nur «die Fundamente zu verstärken», also kräftigere Eckpfeiler zu bauen, um «ein festeres Gewölbe aufsetzen» zu können. Obwohl die Kirche von Perrecy nicht sonderlich gut erhalten ist, erkennt man noch heute diesen Umbau.

Das Kreuzgratgewölbe ist zwar außerhalb von Deutschland entstanden, wurde aber dort bald zur Überwölbung der Mittelschiffe übernommen. Dadurch entstand beispielsweise im Dom zu Speyer «ein aus den einzelnen kubischen Räumen des Langhauses zusammengesetztes faszinierendes Ganzes», als ob, wie H. Busch es formuliert hat, «das Bauwerk selber sich seine Grenzen setzte». Indessen ebnete im ausgehenden 11. Jahrhundert die von Hirsau ausgehende, eng mit Cluny verbundene Klosterreform der zisterziensischen Askese den Weg, die in Deutschland große Bedeutung erlangte.

An Hirsau waren während seiner Blütezeit 130 Klöster angeschlossen, in denen unter der straffen Herrschaft des Abtes strenge Kasteiung und ständiger Dienst am Altar die Regel waren. Sankt Peter und Paul in Hirsau unterschied sich architektonisch von Cluny ebensosehr wie von den anderen großen deutschen Klosterkirchen jener Zeit – es war eine Rückkehr zu der von einer hölzernen Flachdecke abgeschlossenen, räumlich sehr einfach und übersichtlich gegliederten frühchristlichen Basilika.

So bezeugt die aus der karolingischen Kunst hervorgegangene ottonische und romanische Kunst in Deutschland eine Vitalität, die erst in neuerer Zeit durch kunsthistorische Untersuchungen deutlicher an den Tag getreten ist. Innerhalb des Reiches bildeten sich mehrere Schwerpunkte, was eine gewisse Nuancierung zur Folge hatte. In Sachsen, der Heimat der Ottonen, ist der Dom zu Merseburg ein vollendetes Beispiel für eine Basilika mit ausgeschiedener Vierung und einer sehr originellen Fassade. Der «strenge und einfache» Dekor ist für die ganze deutsche Romanik bezeichnend; er ist weit entfernt von jenem «Beben des verzauberten Steines» (H. Busch), das in Burgund, in Aquitanien, in der Auvergne oder in der Provence den romanischen Skulpturen und Bauplastiken zu eigen ist. Charakteristisch für die Kirchen im Maasgebiet sind die niedrigen Querhäuser, die massiven Westbauten mit einem einzigen Turm sowie die rhythmische Gliederung der Flächen durch Blendarkaden. Das Mittelrheingebiet, das unter dem fränkischen Kaiserhaus nach 1024 besondere Bedeutung erlangte, weist eine ganze Reihe von hervorragenden Baudenkmälern auf; hier seien nur die Dome zu Trier, Speyer, Mainz und Worms genannt. In den großen Handelsstädten des Niederrheingebiets schließlich, in Köln, Aachen, Essen und Utrecht, wurden vom zweiten Viertel des 11. Jahrhunderts an Neuerungen entwickelt, die auch zu einer Verfeinerung des Dekors führten.

Die Entwicklung außerhalb der Reichsgrenzen

Die von der Romanik weitergeführte und vervollkommnete ottonische Kunst wirkte weit über die Grenzen des Reiches hinaus. Ihr Einflußbereich erstreckte sich jenseits der Westgrenze von Skandinavien bis zur Normandie. «Man kann sich fragen», schreibt L. Grodecki (und fragen heißt hier die Frage bejahen), «ob es nicht statthaft, ja sogar notwendig ist, unter Verzicht auf den von der politischen Geschichte des Jahres 1000 gelieferten Rahmen und lediglich auf Grund von stilanalytischen Kriterien alle „regionalen Stile" vom Atlantik bis zur Elbe und von der Ostsee bis zu den Alpen und zur Loire als formales Ganzes zusammenzufassen.» Ähnlich äußerte sich auch Lavedan, wenngleich er daraus etwas allzu verabsolutierende Schlußfolgerungen zog.

Wie L. Grodecki durchaus richtig feststellt, hatten im östlichen und nordöstlichen Frankreich, der letzten Zuflucht der Karolinger, die romanischen Baumeister des 11. Jahrhunderts in einigen keineswegs unbedeutenden Benediktinerkirchen ausgezeichnete Beispiele vor Augen: Saint-Riquier, eine karolingische Basilika mit zwei symmetrischen Querbauten und zwei gestuften Rundtürmen, Saint-Denis, deren eindrucksvolle Überreste von Crosby entdeckt wurden, und viele andere. Diese in ihrer Massigkeit vollkommenen Bauwerke waren logisch konstruiert und leicht nachzuahmen. Während des ganzen 11. Jahrhunderts stellte man, von diesen Gegebenheiten ausgehend, interessante Versuche an, um die schweren, flächigen Mauern, die das Mittelschiff von den Seitenschiffen trennten, aufzulockern. Den Endpunkt dieser Entwicklung stellt die Kathedrale von Tournai dar, die zu einer Zeit entstand, da sich andernorts bereits die Gotik durchsetzte. Der Neubau der Kathedrale wurde 1110 begonnen; geweiht wurde sie im Jahre 1171. Im 13. Jahrhundert erhielt sie einen prächtigen gotischen Chor, der allerdings zum romanischen Langhaus nicht recht paßt. Diese «berühmte Basilika» (P. Héliot) weist, was verhältnismäßig selten ist, abgerundete Querschiffe, Emporen und einen Umgang auf, was weniger auf liturgische Notwendigkeiten als auf ästhetische Erwägungen zurückging: die Baumeister wollten «die Mauern dadurch auflockern, daß sie ihre Dicke in mehrere Schichten zerlegten» (H. Busch).

Durch die Majestät einer antiken Ordnung erinnert das zehn Joche lange, in vier prächtig ausgebildete Geschosse aufgeteilte Mittelschiff an ein römisches Aquädukt. Kräftig ausgebildete Fluchtlinien betonen diese Schichtung: ausladende niedrige Rundbögen, über denen exakt die Öffnungen der Emporen angeordnet sind, halb so große Bogenstellungen, die kleine Rundbogenfenster umrahmen, hohe Fenster mit einem äußeren Laufgang dahinter. Diese Gliederung des Mauerwerks strahlt Ruhe und Harmonie aus. Die gähnenden dunklen Öffnungen der beiden unteren Geschosse werden geheimnisvoll durch das von den Seitenschiffen und Emporen einsickernde Licht aufgehellt und steigern durch ihren Gegensatz die Wirkung des direkt aus den Obergadenfenstern einfallenden Lichtes und die Strenge der horizontalen Flächengliederung. Keine Vertikale grenzt die einzelnen Joche ab; diese werden nur durch die rhythmische Ordnung der übereinandergestellten Bögen angedeutet.

Normandie, England

Mit besonderem Glück wurde diese harmonische Verbindung zweier horizontaler und vertikaler Prinzipien, die vielleicht das Wesentliche der romanischen Architektur darstellt, in der Normandie verwirklicht. Die starke Zunahme und die Vitalität der dort ansässigen Bevölkerung führte unter anderem dazu, daß normannische Krieger ihre Heimat verließen, in den Dienst der Fürsten von Capua, Neapel, Benevent und Salerno traten, sich in Süditalien eigene Fürstentümer eroberten und sich schließlich zu – allerdings nicht sonderlich zuverlässigen – Beschützern des Papsttums aufschwangen – kurz, eine Macht wurden, mit der von da an die Mittelmeerländer rechnen mußten. Im heimatlichen Herzogtum hinterließ Robert der Teufel bei seinem Tod im Jahr 1035 nur einen unehelichen Sohn, Wilhelm mit Namen, wodurch eine gefährliche Krise ausgelöst wurde. Aber der junge Erbe verstand es mit unzähmbarer Kraft, alle seine habgierigen Rivalen auszuschalten; 1054 schlug er bei Mortemer die Armee des Königs, der sich mit Waffengewalt einen Teil der Beute hatte sichern wollen. Nachdem Wilhelm seine Stellung gefestigt hatte, landete er zwölf Jahre später in England und besiegte an einem einzigen Tag die Armee des angelsächsischen Königs Harald.

Ohne auf starken Widerstand zu stoßen, konnte er seine Macht in England ausbreiten. Wertvolle Hilfe leistete ihm dabei die Kirche – vor allem die normannischen Mönche. Die zu Beginn des 10. Jahrhunderts christianisierten Normannen hatten in ihrem französischen Gebiet zahlreiche Klöster gegründet, darunter Saint-Wandrille und Jumièges, Trinité in Fécamps, Saint-Georges in Boscherville, das international bedeutsame Kulturzentrum Le Bec-Helloiun sowie die von Herzog Wilhelm geschaffenen Klöster Saint-Etienne und Trinité in Caen. Aus Le Bec-Heloiun kam der in Pavia geborene Scholastiker Lanfranc, den Wilhelm 1062 zum ersten Abt von Saint-Etienne gemacht hatte; 1070 wurde er Erzbischof von Canterbury und Primas von England. Durch den Einfluß solcher Männer erhielt die in der ersten Hälfte des Jahrhunderts mit den Kirchen von Bernay, dessen Abt Wilhelm von Volpiano war, mit Mont-Saint-Michel und schließlich mit Jumièges begonnene Bautätigkeit eine ganz neue Dimension. Auf dem Felsen, an den die Meereswogen brandeten, bauten die Benediktiner von Mont-Saint-Michel ihre Kirche ab 1022/23 um; das Mittelschiff erhielt nun einen sehr charakteristischen dreigeschossigen Aufbau: große Rundbögen auf quadratischen Pfeilern mit Halbsäulen als Dienstvorlagen; Emporen mit Doppelbögen, die durch Blendbögen zusammengefaßt sind; und schließlich hohe Fenster. Die Jochgliederung des Mittelschiffes erfolgte mittels kräftiger wandgebundener Halbsäulen (Dienste), die vom Boden bis zur Decke reichten und das Gebälk des Dachstuhls trugen. In der Abteikirche von Jumièges hingegen, deren Langhaus von 1052 bis 1067 neu errichtet wurde, finden wir Stützenwechsel: abwechselnd Rundpfeiler und massive, gegliederte Pfeiler, die zur Verstärkung der Wand bis hinauf zur oberen Fensterreihe Dienste (Halbsäulen) hinaufsandten. Die beiden Hauptkirchen von Caen führen die architektonische Entwicklung weiter. Nunmehr haben sämtliche Pfeiler Dienste, doch bilden die weitschwingenden Bögen des Untergeschosses und der Emporen ein kraftvolles Gegengewicht zu den hoch aufragenden Vertikalen. Sicherlich wirkte diese Gestaltungsweise noch stärker, als die Kirche noch nicht durch Spitzbogengewölbe abgeschlossen war, sondern ein offener Dachstuhl die dreigeschossigen Wände krönte.

Völlig erhalten sind Wände dieser Art in mehreren romanischen Kirchen, die in England nach 1066 unter normannischem Einfluß entstanden sind: in der Benediktinerkirche von Binham in Norfolk ohne Stützenwechsel, in den Klosterkirchen von Romsey, Waltham, Selby mit Stützenwechsel im kraftvoll gegliederten Langhaus, dessen drei Geschosse – Emporen und Laufgang unter Arkaden – durch die Horizontale der Holzdecke abgeschlossen werden. Vielleicht wurde etwas allzu oft behauptet, daß eine solche Raumgestaltung mit ihrer durch die mächtigen Stützen gegebenen, die Senkrechte betonenden Gliederung geradezu nach einem Abschluß durch Kreuzrippengewölbe verlangte. Allerdings verzichteten die normannischen Baumeister noch während des ganzen 11. Jahrhunderts auf eine Überwölbung der Haupträume ihrer Kirchen; erst um 1100 versahen sie das Chormittelschiff der Kathedrale von Durham mit Rippengewölben, um von da an immer mehr zur Überwölbung überzugehen. Es ist jedoch festzustellen, daß durch die Verwendung von Kreuzrippengewölben die nüchterne, kraftvolle Strenge der alten Langhäuser weitgehend aufgehoben wird; sie widerspricht dem eigentlichen Zweck der hohen Mittelschiffwände, die ursprünglich dazu bestimmt waren, das Gebälk des Dachstuhls zu tragen, und verdeckt teilweise deren klaren Aufbau.

Die Comaciner

Im Gegensatz zu den Normannen befaßten sich die in den südlichen Alpenausläufern wohnenden Werkleute von Como, die berühmten «Maestri comacini», schon früh mit den Problemen der Überwölbung. Ihr Wirken ist seit langem durch die Untersuchungen italienischer Kunsthistoriker bekannt, wenn auch noch manches Geheimnis verborgen, manches Rätsel ungelöst blieb. Das Land, in dem sich diese Bauschule entwickelte, war seit Jahrhunderten nicht mehr zur Ruhe gekommen. Während die Barbarenvölker, die auf der Apenninenhalbinsel eingefallen waren und das weströmische Reich erobert hatten, Ostrom die Besitztümer in Italien streitig machten, ließen sich nach 568 die germanischen Langobarden in Norditalien nieder, gründeten die Fürstentümer Benevent, Capua und Salerno und bedrohten das päpstliche Territorium. Später faßten die Araber in Süditalien Fuß, und die ungarischen Reiterhorden steigerten das Durcheinander. In den Händen unbedeutender oder verbrecherischer Päpste fiel das Patrimonium Petri auseinander. Die allgemeine Anarchie begünstigte die ehrgeizigen Pläne Ottos I., dessen Kaiserkrönung im Jahre 962 den Höhepunkt dieses trostlosen Zustandes kennzeichnete.

Dennoch gab es mancherorts winzige, von allen Seiten stets bedrohte Zufluchtsstätten, in denen das künstlerische Erbe des Römerreiches lebendig blieb: einige abgelegene Klöster in den Bergen sowie zwei winzige Inseln, die Isola comacina im Comer See und die Isola San Giulio im Orta-See. Im Herzen des von Kriegen verwüsteten Landes entstand in der Verborgenheit eine neue Baukultur, ein praktisches, verhältnismäßig rasches Bauverfahren. Bezeichnend für diese Bauten war das Material: rohe Bruchsteine, die an Ort und Stelle gewonnen und mit dem Hammer bearbeitet wurden (in Gebirgsgegenden, in denen es kaum Steinbrüche gab, kamen Tuff oder Flußkiesel dazu); da es an sich schon schwierig war, dieses Material zu stabilen Mauern aufzuschichten, verzichtete man meist auf kunstvolle Gliederungen der Wände. Schwere, roh behauene Pfeiler stützten die Kirchen im Inneren ab. Ebenso schwer, nüchtern und streng war die Bauplastik innen und außen. Dafür erlaubte der Gipsbewurf im Inneren die Anbringung von Wandgemälden, die manchen versteckten Kirchen in Katalonien und im Roussillon eine so spannungsvolle Eigenart verleihen. Schwibbögen, die das Mittelschiff überspannten, leiteten jene Jochbildung ein, die für die romanische Architektur kennzeichnend wurde und die Monotonie der früheren basilikalen Innenräume ablöste.

Außergewöhnliche Türme (Campaniles) überragten die verhältnismäßig flachen Silhouetten und vermittelten ihnen etwas Stolzes, Sieghaftes. Meist hatten die Türme quadratischen Querschnitt, manchmal waren sie auch rund oder – als Vierungstürme – achteckig; übereinandergestellte

▲ Kirche von Uzès (Gard): runder Glockenturm (sog. Tour fenestrelle)
Kirche von Puisalicon: quadratischer Glockenturm

große Zwillingsfenster lockerten die Turmfassaden auf. Dies war eher solides Handwerk als Kunst oder Stil, eher das Werk geduldiger, erfahrener Maurer, die auf Grund ihrer langen handwerklichen Tradition und ihres fachlichen Könnens für jeden Einzelfall empirisch die beste Lösung zu finden vermochten, als geniale architektonische Schöpfung.

Bauplastischer Schmuck ist kaum vorhanden. Die Stützen enden in einfachen Kämpfern, hervorstehenden Wülsten, die die Anläufe der Bögen aufnehmen, oder auch in glatten Würfelkapitellen. Die Außenwände zieren gelegentlich nüchterne Sägezahnstreifen (opus spicatum); manchmal wird die kleinteilige Wandstruktur durch eine Schicht aus größeren Bruchsteinen versteift. Das wichtigste Kennzeichen dieser Bauten ist die Gliederung der Langhauswände durch Stützenwechsel, vorstehende Dienste und von der Oberfläche her rechteckig eingetiefte Blenden, die oben durch Bogenfriese abgeschlossen werden. Diese Friese überziehen die Apsiden, Schiffe und Fassaden; besonders stark kommen sie im warmen Sonnenlicht des Mittelmeergebiets an den Türmen zur Geltung. Manchmal wurden die Bogenfriese an den Apsiden zu regelrechten Nischenkränzen vertieft, woraus sich dann die schönen Loggia-Galerien entwickelten, die die romanischen Chorhauben in den Mittelmeerländern krönen und bald auch von den deutschen Baumeistern übernommen wurden.

Die fortschreitende Stabilisierung der Lage im 10. Jahrhundert erweiterte rasch den Wirkungsbereich dieser Steinmetzen, die bis dahin in den abgeschiedenen Tälern der Lombardei tätig gewesen waren: man holte sie zu den neuen Baustellen, die überall in Europa entstanden. Manche Kunsthistoriker haben die Bedeutung dieser Wanderungen der Comaciner verkleinert, aber heute ist sie unbestritten; es ist eines der interessantesten Kapitel aus der Entstehungszeit der Romanik, wenn man auch über den ganzen Umfang dieser Wanderungen und über viele Einzelheiten immer noch keine letzte Klarheit hat. Jahrhundertelang kam Welle auf Welle in die umliegenden Länder; noch im 17. und 18. Jahrhundert rief das im Aufbruch begriffene Savoyen Maurer, Steinmetzen und Stukkateure aus den Tälern von Como, besonders aus der Valsesia, zum Wiederaufbau der Kirchen. Diese späten, dokumentarisch belegten Wanderungen werfen ein neues Licht auf die Wanderungen der Comaciner im 10. und 11. Jahrhundert. Wie die «Maestri comacini» folgten die Valsesianer dem Ruf fremder Bauherren, machten sich auf die

Wanderschaft und verbreiteten erneut allenthalben die uralte Technik der kleinteiligen, durch Lisenen verstärkten Wandstruktur und die freistehenden, quadratischen, hohen und schlanken Türme, die Campanile, mit ihren durch Fensteröffnungen gekennzeichneten zahlreichen Geschossen.

Katalonien

Eine solche Sparsamkeit der Mittel, eine solche Fähigkeit, sich den mannigfachsten Gegebenheiten und Erfordernissen anzupassen, war verführerisch. Aber wiederum entspricht die historische Wirklichkeit nicht der logischen Annahme. Eigentlich möchte man vermuten, daß sich der lombardische Stil der Comaciner von seinem Ursprungsgebiet aus längs der nächstliegenden Alpenübergänge ausgebreitet hätte. Merkwürdigerweise jedoch war die erste fremde Landschaft, die ihn ab der Mitte des 10. Jahrhunderts übernahm, das durch das Mittelmeer und durch die von den Sarazenen verheerten südfranzösischen Gebiete vom italienischen Seengebiet getrennte Katalonien. Karl der Große hatte einen Teil von Katalonien in die Spanische Mark einbezogen, die dem Ansturm der Araber zu trotzen vermochte. Im Laufe der Zeit schüttelte das Gebiet unter tapferen Grafen die fränkische Herrschaft ab. 1162 wurde Alfons II., der Sohn und Erbe des Grafen von Barcelona und der Provence, König von Katalonien und Aragonien; fünfzig Jahre später wurde auf der Synode von Tarragona beschlossen, daß in den katalanischen Urkunden jede Bezugnahme auf die französischen Könige zu unterbleiben habe.

Erst verhältnismäßig spät werden in einer Urkunde Comaciner erwähnt: in einem 1175 abgeschlossenen Vertrag, der die Kathedrale von Seo de Urgel betrifft, ist von vier «Lombarden» und ihren Gehilfen die Rede. Es steht jedoch zweifelsfrei fest, daß lombardische Einflüsse schon viel früher in Katalonien wirksam waren. Im ausgehenden 10. Jahrhundert begannen sie sich auf die einheimische – mozarabische – Baukultur auszuwirken und diese zu verwandeln; allerdings sind uns urkundliche Beweise, Namen und genaue Daten nicht überliefert.

Keine der von den Kunsthistorikern vorgebrachten Erklärungen ist wirklich beweiskräftig: sie sprechen vom Bewußtsein einer gewissen «europäischen Gemeinsamkeit», von der «innigen Verbindung mit den europäischen Ländern des Mittelmeers» – aber dem standen zur damaligen Zeit zu viele Hindernisse entgegen. Einleuchtender wäre es, die Einführung des lombardischen Stils den unversehens vordringlich gewordenen Bedürfnissen und einer guten Gelegenheit zuzuschreiben: der beginnenden wirtschaftlichen Blüte und der Wiederbesiedlung Zentralkataloniens, die durch den Niedergang und den schließlichen Untergang des Kalifats von Cordoba begünstigt wurden; der Verfügbarkeit fremder Werkleute, die sich abenteuerdurstig auf die Wanderschaft gemacht hatten und sich freuten, hier nicht nur die Sonne und die Berge ihrer Heimat wiederzufinden, sondern auch das gleiche Baumaterial – Kalkstein –, das sie von zu Hause her kannten. Jedenfalls breitete sich diese Neuerung rasch aus.

Die Kirchen mit ihren großen, von Apsiden abgeschlossenen Räumen waren der römischen Liturgie angemessen, die – nicht ohne Schwierigkeiten – an die Stelle des mozarabischen Ritus trat. Es entstanden vielfältige Rundbauten und Kleeblattanlagen; beliebt war die basilikale Anordnung mit Querhaus und Trompenkuppel über der Vierung. In dem an Steinbrüchen reichen Katalonien ging man früh dazu über, die Kirchenschiffe zu überwölben. Die erste Kirche, von der man weiß, daß sie schon zu einem bemerkenswert frühen Zeitpunkt ein steinernes Gewölbe hatte, ist die Kirche von Banyuls, die 888 geweiht, später von den Arabern niedergebrannt und 957 ganz aus Stein neu errichtet wurde.

Bald hatte sich der Baustil der Comaciner durchgesetzt und fast alle anderen Stile verdrängt; seine weitere Ausbreitung begann in den ersten Jahren des 11. Jahrhunderts. Die von der arabischen Kunst inspirierte Bauplastik wurde zurückgedrängt, erlosch aber ebensowenig wie die Tradition der pyrenäischen Marmorschneider, die weiterhin ihre Erzeugnisse – vor allem figurenreiche Altartafeln – ins ganze Abendland exportierten. Während aus den Anfängen bedauerlicherweise keine Namen bekannt sind, hören wir nun endlich zumindest von einigen Männern, die an der Entwicklung beteiligt waren: der berühmte Abt Oliba übernahm den Stil der Comaciner für seine Klöster Ripoll und San Miguel in Cuxa sowie für seine Kathedrale in Vich.

Durch ihre komplexe, kunstvolle Anlage erhalten diese Kirchen eine großartige Feierlichkeit: Die Kirche von Vich weist fünf, die von Ripoll sieben Apsiden auf, die Ostpartie der Kirche von Cuxa ist als Rotunde ausgebildet, und alle Kirchen haben großartige Türme, die «der Stolz des premier art roman im Mittelmeerraum» sind (Marcel Durliat).

Die Ausbreitung des «premier art roman»

Der soziale und wirtschaftliche Aufschwung, der auf die im 10. Jahrhundert herrschende Lähmung folgte, kam in vollem Ausmaß der Architektur zugute. Von Katalonien aus verbreitete sich der neue Baustil in zwei Richtungen: im Norden durch die Täler der Ostpyrenäen nach Andorra und im Westen nach Aragonien (im Süden blockierten die Araber den Weg). Im Norden setzte er sich in der Cerdaña und im Roussillon durch, die damals politisch eine Einheit bildeten. Langsam drang er bis zu den südlichen Cevennenausläufern vor, wo ihm das menschenleere Hochgebirge Einhalt gebot. Dagegen verbreitete er sich rasch in dem in vollem Wiederaufbau begriffenen Küstengebiet des Languedoc und in der Provence, wie die von Puig i Catafalch aufgestellte Übersichtskarte des «premier art roman» zeigt. Möglicherweise verdankt die Silhouette einer der bemerkenswertesten Kirchen des mittleren Rhonetals, die an der Nordgrenze des Verbreitungsgebiets des «premier art roman» gelegene Kirche von Cruas im Bas-Vivarais, einiges der ottonischen Baukunst, doch zeigt die allgemeine innere und äußere Anlage, die Trompenkuppel über der Vierung, der runde, sich in zwei Geschossen nach oben verjüngende Vierungsturm, die großzügig angebrachten Rundbogenfriese, daß hier aus dem Süden vorgedrungene Einflüsse vorwiegen, für deren reiche Ausdrucksmöglichkeiten und Anpassungsfähigkeit diese Kirche ein ausgezeichnetes Beispiel ist.

Der weiteren Ausbreitung dieser Stilformen durch das Rhonetal nach Norden stellte der Konservatismus der in der Vienne und im Lyonnais beheimateten, von der römischen und der ottonischen Tradition beherrschten Baukultur eine unüberwindbare Schranke entgegen, die von Champagne-sur-Rhône bis nach Saint-Chef im Dauphiné reichte. Diese beiden, fast gleichzeitig im ausgehenden 11. Jahrhundert entstandenen Kirchen halten an der alten Formel zweier symmetrisch an das Querhaus angeschobener Türme und einer flachen Apsis fest; in Saint-Chef wird die Apsis von kleineren, in gerade Mauern eingelassene Apsiden flankiert, in der Champagne weist sie einen Umgang ohne Kapellenkranz auf. Übrigens ist das Hauptschiff in der Champagne durch nebeneinandergestellte Trompenkuppeln überwölbt, was auf die Nachbarschaft des Velay, genauer gesagt auf den Einfluß der Kathedrale von Le Puy, zurückgeht.

Im provenzalischen Voralpengebiet trafen die katalonischen Stilformen auf die von den «maestri» von Como aus nach Westen getragenen Stilformen. Diese auf der Karte von Puig i Catafalch sehr deutliche Streuung bildet einen Gegensatz zu der erstaunlichen Dichte entsprechender Baudenkmäler im Roussillon und läßt die überraschende Expansionskraft des lombardischen Stils noch deutlicher werden. Durch die Poebene kamen die Comaciner nach Ligurien und bis in die Toskana, wo die kurz nach 1200 entstandenen edlen Giebelfassaden mit übereinandergestellten Bogenlaufgängen auf ihren Einfluß zurückgehen. Sogar bis nach Dalmatien gelangten sie. Da allerdings in diesen Gegenden viele byzantinische Baumeister und Werkleute tätig waren (ein griechischer Baumeister, Busketos, schuf den Plan zum großartigen Dom zu Pisa, mit dessen Bau 1063 begonnen wurde), zogen die «maestri» es vor, über die Alpen nach Norden zu gehen. Über das Engadin gelangten sie nach Tirol und Graubünden, über den Sankt Gotthard und den Simplon durch Helvetien zu den Klöstern und Handelsstädten am Rhein. Im Westen drangen sie in das Aosta-Tal und in die Täler der piemontesischen Alpen ein; über den Großen Sankt Bernhard kamen sie ins Wallis, wo sie das Kloster Agaunum restaurierten. Die Kluniazenserkirchen in Payerne (Peterlingen) und Romainmôtier wurden unter dem architektonischen Einfluß der Comaciner vom heiligen Odilo neu erbaut. Auch im Juragebiet war dieser Einfluß so wirksam, daß mehr als einmal die ersten Spitzbogengewölbe unmittelbar auf einen lombardischen Unterbau mit unregelmäßig wechselnden Stützen und Blendarkaden an den Außenflächen aufgesetzt wurden.

Vom Burgund zur Provence

Verdankt das Burgund seine besondere, ungewöhnliche Bedeutung in der Geographie des «premier art roman» um das Jahr 1000 solchen Vermittlungen, bei denen die Wanderungen unbekannter Werkleute längs der großen Handelsstraßen der wesentlichste Faktor war? Dies wird manchmal behauptet: diese Landschaft, in der sich die der Rhone folgenden und die aus dem Jura kommenden Straßen kreuzten und die im Laufe ihrer Geschichte immer wieder große Wanderungen erlebte, hat nach Meinung mancher Historiker auf Grund ihrer geographischen Lage die im Mittelmeergebiet entstandenen Formen übernommen, sie den Gegebenheiten angepaßt und phantasievoll weiterentwickelt. Eine solche Hypothese läßt jedoch außer acht, daß das Lyonnais damals eine regelrechte Barriere bildete und daß die großen Handels- und Verkehrswege viel weiter nördlich verliefen, über Besançon und das Elsaß.

Als glückliche Ausnahme liefert uns die Geschichte in diesem Fall genügend Hinweise, um das plötzliche Auftauchen dieser Stilelemente erklären zu können. Der unermüdliche Wilhelm von Volpiano brachte den Stil der Comaciner, den er aus seiner Heimat kannte, nach Saint-Bénigne in Dijon. Es ist anzunehmen, daß der Stil um die gleiche Zeit von seinem Freund, dem Abt Vuago oder Wago, der häufig im Kloster zu Dijon weilte, in Tournus eingeführt wurde. Im Westen kam dieser Einfluß kaum über die Wald- und Heidezone hinaus, die zwischen dem Loire- und dem Saône-Gebiet eine regelrechte natürliche Grenze darstellt. Im Mâconnais und im Chalonnais hingegen, wo er im 11. Jahrhundert von ortsansässigen Werkleuten aufgegriffen und weiterentwickelt wurde und durch das Cluny des heiligen Hugo eine unerhörte Steigerung erfuhr, wirkte er so nachhaltig, daß noch im 12. Jahrhundert die Baukunst trotz der stilistischen Weiterentwicklung deutlich von ihm geprägt war. In der Provence wurde der « premier art roman der Mittelmeerküste » durch Anklänge an die römische Architektur bereichert, deren zahllose großartige Ruinen allenthalben als Vorbild und Beispiel dienten. Damit füllte diese Kunst an beiden Enden des langgestreckten Gebietes eine Art von architektonischer Leere aus, die zwischen der ottonischen Architektur und der sich im Westen, in Aquitanien zwischen der Loire und dem Atlantik, herausbildenden Architektur entstanden war.

Die aquitanischen Zentren

Mit dieser Landschaft betreten wir eine andere Welt, einen anderen Kulturkreis beinahe, dessen harmonisches Gleichgewicht weder durch das Kaiserreich noch durch Einflüsse aus dem Mittelmeergebiet gestört wurde. Es scheint, als ob es dort seit der Zeit des Römerreiches, durch alle späteren geschichtlichen Fluktuationen hindurch, eine Art von aquitanischem « Nationalbewußtsein » gegeben hat, das bei allen territorialen Veränderungen mehr oder weniger berücksichtigt und durch die Normanneneinfälle noch verstärkt wurde.

Zu dem im Jahre 806 von der Touraine getrennten karolingischen Herzogtum Aquitanien gehörten die Landschaften Poitou, Saintonge, Berry, Auvergne und Toulousaln. Herzog Wilhelm der Fromme, der das Kloster Cluny gründete, wurde 909 Graf von Velay und Mâcon. Er war über die Grenzen der großen Provinz hinaus bekannt und geachtet. Als Freund des Grafen von Anjou verbrachte Odo von Touraine, der spätere Abt von Cluny, einen

Großteil seiner Jugend am Hof von Aquitanien. Geographisch bestand Aquitanien aus zwei sehr unterschiedlichen Teilen: aus einem Großteil des Zentralmassivs von den östlichen Hängen bis zu den Vorbergen im Limousin und aus den im Halbkreis vorgelagerten fruchtbaren Landschaften Poitou, Saintonge und Angoumois. In allen diesen Gebieten entstanden vom 11. Jahrhundert an zahlreiche romanische Kirchen. Bei aller regionalen Originalität und Vielfalt weisen sie bei genauerem Hinsehen gewisse Gemeinsamkeiten auf, die eine mehr oder weniger einheitliche Grundhaltung erkennen lassen. Aber nicht nur untereinander, sondern auch mit den umliegenden Zonen standen die aquitanischen Landschaften in Verbindung: so nahmen sie zahlreiche arabische Einflüsse auf, die über das christliche Spanien und die Pyrenäenpässe nach dem Norden gelangten, etwa die in der Auvergne sehr verbreiteten Zackenbögen unter dem Dachgesims, die viellappigen Umrisse und die zweifarbigen Bögen.

Wie man heute weiß, setzte nach dem Ende der Normanneneinfälle in der Touraine und im Tal der Loire eine rege Bautätigkeit ein. Die erhaltenen Baudenkmäler und die von G. Plat gründlich erforschten Überreste zeigen, daß sich um diese Zeit bereits der romanische Stil ankündigte. Versuche mit neuen Mauerverbänden – große regelmäßige Haussteine für die tragenden Elemente, kleine Quadern oder Bruchsteine für die Oberflächen –, aus der antiken oder der vorromanischen Baukunst übernommene Inkrustation oder vielfarbige Flächengestaltung, die Auflösung der runden oder quadratischen Pfeiler in vierpaßförmige Pfeiler, bei denen jedes Element eine Funktion als Stützkörper zu erfüllen hat, die Gliederung der Volumen und Flächen durch aufeinander bezogene Linien und flache Felder, die Rundung der Bögen, Formen und der Strebepfeiler, die geschickt als Säulen « getarnt » sind, die Weiterentwicklung der Bauplastik, besonders der skulpturierten Sparrenköpfe, die im 11. Jahrhundert in den Randzonen der Grafschaft Nevers und im Brionnais außer Mode kamen, frühe Versuche mit einer anthropomorphen Bildhauerei – in allen diesen Experimenten zeichnete sich der neue Stil ab. Auch in den benachbarten Provinzen gab es solche Strömungen, deren Erfindungsreichtum, wie G. Plat schreibt, nicht « unter dem Herdengeist, der Unterwerfung unter einen strengen Kanon litt, wie es in der lombardischen Kunst der Fall war ».

Als Beispiele für Poitou mögen Civaux und Saint-Pierre-les-Eglises genügen, und auch die auvergnatische Architektur des 10. Jahrhunderts bezeugt es.

Die Auvergne

Das alte Land der Arverner und das Gebiet der Vellavier scheinen im Hochmittelalter als Refugium gedient zu haben. Von ihren schwer zugänglichen Bergen aus beobachteten die Bewohner dieser Landstriche, wie die Ebenen zu ihren Füßen von einfallenden Barbarenhorden verheert und in eine Wüste verwandelt wurden. Die an ein rauheres Klima gewöhnten, mit allen Schlupfwinkeln ihrer Heimat vertrauten Bergbewohner führten ein mühseliges Leben, über das kaum schriftliche Zeugnisse vorliegen, das aber durch manche Hinweise erhellt wird. Schon bald nach der Christianisierung des Gebietes kamen Kranke zum Marienheiligtum in Le Puy, um der Wunderkräfte des «Fiebersteines» teilhaftig zu werden. Der Bischof Godescalc unternahm 951 die mühselige Wallfahrt nach Santiago de Compostela. Auf dem mit Recht Aiguilhe (Nadel) benannten Vulkankegel ließ er zu Ehren des Erzengels Michael eine hoch aufragende Kapelle errichten. Ungeachtet des bevorstehenden gefürchteten Jahres 1000 bestimmte der Papst für Le Puy das Jahr 992 zum Jubeljahr, das in Zukunft immer dann gefeiert wurde, wenn der Karfreitag mit dem Fest Mariä Verkündigung zusammenfiel. Auf den sturmgepeitschten Höhen thronte das altehrwürdige Kloster Saint-Chaffre, das von Auswanderern von den Lerinischen Inseln gegründet und durch seinen zweiten Abt, Theofred, der durch die Sarazenen den Märtyrertod erlitt, berühmt geworden war. Um die Mitte des 10. Jahrhunderts war Godescalc Abt dieses Klosters. Man kann sagen, daß in dieser harten Zeit das Schicksal eines Volkes von der Kraft eines einzigen Mannes abhing. Ein Vellavier, Dalmace, war Abt von Saint-Gilles, dem fernen Endpunkt der Straße, die an den Mauern von Saint-Chaffre-le-Monastier vorbeiführt.

Bischof der Auvergne war um diese Zeit der große Stefan II., der die Kluniazenser in das am Rande des Livradois gelegene Kloster Sauxillanges schickte, dem später Petrus Venerabilis als einfacher Mönch angehören sollte. Er ließ seine Bischofskirche in Clermont so prachtvoll umbauen, daß sie weit und breit Bewunderung erregte. «Nirgendwo», schrieb Robert, der Abt von Mozat, «hat man ein solches, seiner Schönheit wegen derart beachtenswertes Bauwerk gesehen.» Dies beweist, daß die Steinmetze und Werkleute der Auvergne trotz der damals herrschenden Notlage imstande waren, ein eindrucksvolles Meisterwerk zu errichten. Als Reliquiar für Notre-Dame-du-Port ließ derselbe Stefan von Aleaume eine prächtige goldbekleidete Sitzfigur Mariens schaffen, die nach Louis Bréhier das Vorbild aller auvergnatischen Madonnen wurde. Von ihm stammt noch eine weitere berühmte Plastik, die eindrucksvolle heilige Fides, die, mit Geschmeide behangen, in der Schatzkammer von Conques thront und mit ihren elfenbeinfarbenen Augen in die Ewigkeit schaut.

In den wilden, weiten Bergen der Auvergne pflegte man von allen Formen volkstümlicher Frömmigkeit besonders den Reliquienkult, der diesen einfachen, armen Menschen am besten entsprach. Die auvergnatischen Gold- und Silberschmiede schufen im Wettstreit jene eigenartigen Kopfreliquiare, die einen gelehrten, allzu verfeinerten Geistlichen von Chartres so verblüfften, bis er schließlich ihre starke Wirkung erkannte. Zahlreiche Wallfahrtskirchen entstanden, Mozat, Notre-Dame-du-Port, Orcival, Saint-Nectaire, Brioude. Aber schließlich war die ganze Auvergne, vom Velay zum Rouergue, ein Wallfahrtszentrum, was noch heute unzählige Spuren auf den Hochplateaus bezeugen.

Wenn auch der Abt von Mozat ein wenig übertrieben haben mag, verdiente doch die Kathedrale Stefans II., das Vorbild einer ganzen Reihe von auvergnatischen Kirchen, die ihr entgegengebrachte Bewunderung. Wie man aus einer allegorischen, wenn auch reichlich unklaren Beschreibung schließen kann, verband sie mit bestimmten frühchristlichen Elementen, beispielsweise dem Atrium, ganz neue Bauteile: eine Westvorhalle mit Emporen und vor allem den Chor mit einem Kranz von nicht weniger als zwölf Kapellen. Eine im 19. Jahrhundert wiederentdeckte Krypta wies einen Umgang auf, an den mindestens zwei, wahrscheinlich aber drei rechteckige Kapellen angeschlossen waren. Dies ist das erste, wenn auch noch unvollkommene und unentwickelte Bespiel eines Programmes, das sich während der Romanik großer Beliebtheit erfeuen sollte. Es ist anzunehmen, daß es alsbald für Sankt-Moritz von Agaunum im Wallis übernommen wurde; die dortige von den Sarazenen zerstörte Basilika lag noch in Trümmern, als der heilige Odo sie 941 auf der Rückreise von Rom besuchte. Wie der Abt von Cluny berichtet, «wissen die Bauleute nicht, wie sie sie wiederherstellen sollen». Es ist keineswegs unmöglich, daß der gleiche Plan im 10. Jahrhundert für die Krypta der Abteikirche von Tournus Verwendung fand, wo wie in Agaunum der Andrang der Pilger zu den Grabstätten von Märtyrern das schwierige Problem aufwarf, wie man die Menschenmenge am besten an den Reliquiaren vorbeiführen könnte. Die von Vallery-Radot geäußerten Einschränkungen, nach denen diese Anordnung erst im ausgehenden 11. Jahrhundert Verwendung fand, vermögen nicht ganz zu überzeugen. Die augenfällige Geschlossen-

heit der Krypta und der rechteckigen Apsiden, die
Verschiedenheit des Mauerwerkes (ein grob gefügtes
«opus spicatum», das in Burgund um das Jahr 1000 außer
Mode gekommen zu sein scheint, kennzeichnet die älteren
Grundmauern, während die Oberkirche einen anderen
Mauerverband aufweist) – all das deutet auf eine einheitliche
Konzeption hin.

Ob die Chorhaube der Bischofskirche Stefans II. in Clermont
den Grundriß der Krypta wiederholte, ist nicht bekannt.
Trotz der frühen Beispiele von Agaunum und – möglicherweise – von Tournus blieb der Umgangschor mit Kapellenkranz im Rhonegebiet eine Ausnahme; dort hielt man an
der vorromanischen Tradition gestaffelter Apsiden fest, die
oft in dickes, gerades Mauerwerk eingelassen wurden. In
der Romanik wurde diese Formel lediglich in der Kathedrale
von Valence und in Saint-Gilles-du-Gard verwandt.
Dagegen fand sie wegen des harmonischen inneren und
äußeren Aufbaus, ihrer vorzüglichen Entsprechung für
die Erfordernisse des Reliquienkults und der immer kunst-
volleren Raumstufung große Verbreitung im westlichen
Europa von Saint-Etienne von Nevers und Saint-Benoît-sur-
Loire bis zur Kathedrale von Santiago de Compostela.
In Cluny wurde sie für die große Abteikirche aufgegriffen
und später von den Baumeistern von Paray-le-Monial,
La Charité-sur-Loire und Notre-Dame von Beaune. Nach
dieser Formel wurde bald nach dem Jahr 1000 die neue
Basilika über dem Grab des heiligen Martin von Tours und –
wenn man dem Chronisten Helgaud Glauben schenken
darf – auch Saint-Aignan in Orléans errichtet. Da sich der
Plan für Pilgerkirchen so vorzüglich eignete, wurde er in
der Clermonter Auvergne für jene prächtige Gruppe von

▲ Orcival, Notre-Dame-du-Port: Umgangschor mit
Kapellenkranz

Kirchen übernommen, die auf engem Raum eine der vollkommensten Synthesen romanischen Geistes darstellen.

Um die schweren, gurtlosen Tonnengewölbe über den Mit-
telschiffen abzustützen, wurden Mittel- und Seitenschiffe
gegenseitig verstrebt, so daß die Schübe von den Seiten-
schiffmauern aufgenommen wurden. Geräumige Emporen
öffnen sich in schönen Arkaden zum Mittelschiff hin
und sind von Vierteltonnen überwölbt. Als Gegengewicht
zur hohen Trompenkuppel über der Vierung, über der sich
der achteckige Vierungsturm erhebt, dienen zwei Seiten-

▼ Clermont, Notre-Dame-du-Port: Seitenansicht

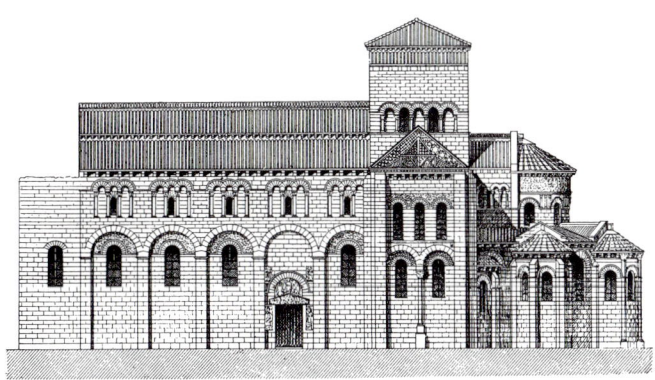

joche, die die Seitenschiffe fortsetzen und wie diese mit Vierteltonnen bedeckt sind; sie leiten zu den niedrigeren Querschiffen über. Von Notre-Dame-du-Port bis Orcival, Saint-Nectaire, Saint-Austremoine d'Issoire und Saint-Saturnin variiert die Raumanlage kaum. Dem Langhaus ist eine Vorhalle vorgeschoben, während der Chor von der von erhöhten Säulen getragenen, mit einem Umgang versehenen Doppelwölbung sich über basilikale Obergaden zum Apsidenkranz hin senkt. Das Mauerwerk aus schweren Quadern mit breiten Fugen, die Verbindung von vielfarbigen Inkrustationen und Blendarkaden sind charakteristisch für diese kraftvollen, stolzen Bauwerke, die sich so harmonisch in die wilde vulkanische Gebirgslandschaft einfügen. Die Kirchen an den Pilgerstraßen, die man allerdings nicht als gesonderte «Schule» zusammenfassen kann, ergänzten die Formel praktisch nur noch dadurch, daß die Seitenschiffe um die Querarme herumgeführt wurden – eine logische Weiterentwicklung ihrer strukturellen Möglichkeiten. Allerdings tat man dies auch in anderen Landschaften: am bekanntesten ist das dreischiffige Querhaus des von Busketos errichteten neuen Doms zu Pisa.

Einige Elemente der Clermonter Architektur finden sich im Norden des Gebietes, an den Grenzen zum Nivernais und zu Burgund, in den Kluniazenserklöstern Châtel-Montagne und Saint-Etienne in Nevers. Zwischen die fruchtbaren Ebenen des Westens und das schwer zugängliche Zentralmassiv schieben sich die kraftvollen Kirchen des Limousin und der Marche, die im Prinzip auf die auvergnatischen Kirchen zurückgehen, aber diesen gegenüber einen gewissen Rückschritt darstellen: so werden aus den prächtigen, geräumigen Emporen der Auvergne düstere, niedere Gänge mit einfachen, schmucklosen Öffnungen auf das Mittelschiff.

Der Westen Frankreichs

Die Landschaften längs der Atlantikküste von der Loire-Mündung bis zu den galicischen Vorgebirgen sahen nicht nur im 11. und 12. Jahrhundert die großen Pilgerzüge nach Santiago de Compostela, sondern waren auch wichtige kulturelle Zentren, die sich gegenseitig beeinflußten und ablösten. Vielleicht war hier das Kerngebiet der romanischen Kunst; jedenfalls entstanden in diesen von regem Leben erfüllten Gebieten die luftigsten, bezeichnendsten Schöpfungen romanischen Geistes. Weder der auf die Dauer lähmende Konformismus der karolingischen und ottonischen Tradition, die erst sehr spät die Wirkung ihrer Architektur durch den Einbezug von Bauplastiken zu steigern begann, noch die einfachen Regeln des «premier art roman» aus dem Mittelmeergebiet hemmten hier die freie Entfaltung eines strukturellen Schmuckes, der mit der Architektur aufs innigste verbunden war.

An erster Stelle ist offensichtlich das Poitou zu nennen. Auch wenn man berücksichtigt, daß der Verfasser des Pilgerführers von Santiago hinsichtlich dieser Landschaft einen gewissen Chauvinismus an den Tag legt, läßt doch seine um 1130 entstandene begeisterte Schilderung erkennen, daß das Poitou ein aktives, reiches Gebiet war, was sowohl auf die natürlichen Gegebenheiten wie auf die Bewohner zurückging. Das Land war «fruchtbar, ausgezeichnet und reich an allem möglichen Erfreulichen». Der Bewohner des Poitou war «tapfer und ein guter Krieger, sehr erfahren im Bogenschießen, mit Pfeilen und Lanzen, mutig in der Schlacht, ein sehr schneller Läufer, elegant gekleidet, schön von Angesicht, geistvoll in der Ausdrucksweise, sehr großzügig, von wunderbarer Gastfreundschaft». Man braucht wohl nicht zu betonen, daß selbstverständlich auch der Verfasser des Pilgerführers diesem erfreulichen Menschenschlag angehörte. Aus dem Pilgerführer ist zu schließen, daß im Poitou schon früh eine reiche Bautätigkeit einsetzte. Zu Beginn des 11. Jahrhunderts ließ die Gräfin von Poitou das Kloster Liguégé umbauen, das seinen Ruf dem heiligen Martin verdankte. Die gleiche Gräfin gründete Maillezais, das alsbald berühmt wurde. 1049 wurde die Wallfahrtskirche Saint-Hilaire in Poitiers geweiht; die notwendigen Mittel wurden von einer anderen Vertreterin des Hauses Aquitanien zur Verfügung gestellt, von Emma, der Kusine von Herzog Wilhelm dem Großen, die Königin von England wurde. Wilhelm selber war ein begeisterter Wallfahrer und besuchte alljährlich Rom oder Santiago. Er öffnete sein Herzogtum kluniazensischem Einfluß. Gegen Ende des 11. Jahrhunderts konnte sich Poitiers zahlreicher prächtiger Bauten rühmen. Eine neue Lebensart kam zur Ausbildung: Herzog Wilhelm IX. von Aquitanien war bekanntlich der erste Troubadour. Sein Wirken war für diese blühende Kultur tonangebend. Bei den architektonischen Schöpfungen dieser Zeit erwachte der Stein plötzlich zu traumhaftem Leben; reiche Bauplastiken überzogen die Wände und teilten ihnen eine lebhafte, rastlose Bewegung mit. Die so vielfältige und reiche romanische Architektur des Poitou ist von einer schwebenden Leichtigkeit, die durch das Baumaterial – farbiger Kalkstein – ermöglicht wurde. An die ganz überwölbten Mittelschiffe schließen sich hohe, schmale Seitenschiffe an, durch die das Licht in das Kircheninnere dringt. Gegliedert wird der Raum durch schlanke Pfeiler, die weitschwingende Rundbögen tragen. Basilikale Rundsäulen wechseln mit vierpaßförmigen eleganten Pfeilern ab. Umgangschöre mit Kapellenkranz sind die Regel. Ein vielfältiges Spiel von Kolonnaden belebt die Silhouetten unter dem milden Himmel; eines der bezeichnendsten Beispiele ist der berühmte Turm von Saint-Porchaire in Poitiers. Die breiten Fassaden, die die innere Dreiteilung der Kirchen erkennen lassen, sind oft sehr reich ausgeschmückt, wirken aber niemals überladen – vielleicht deshalb, weil durch den Verzicht auf ein Tympanon, durch eine große Öffnung unterhalb des Giebels und durch die ausgewogene Verteilung freier Flächen dem Auge genügend Ruhezonen geboten werden. Es ist eine vielfältige Kunst, die auf keine der zahlreichen Möglichkeiten eines erstaunlich reichen Repertoires und eines sehr sicheren Geschmackes verzichtet.

An dieser architektonischen Blüte haben die Landschaften Angoumois, Saintonge, Périgord und Quercy in unterschiedlichem Maße teil. Der kunstliebende Bischof von Angoulême, Girard von Blaye, begnügte sich nicht damit, seine Bischofskirche neu erbauen zu lassen; dieser bedeutende, aus der Normandie stammende Mann, der Legat des Papstes war, «schuf in seinem Bistum ein sehr aktives künstlerisches Zentrum» (Ch. Daras). Ihm verdankt man nicht nur die Einführung der Methode, das Mittelschiff durch aneinandergereihte Kuppeln zu überwölben, sondern auch die Verbreitung eines bestimmten Fassadentyps, bei dem die Wandfläche durch aufgesetzte Blendarkaden in großartiger Weise gegliedert ist. Die Entstehung und die kraftvolle Entwicklung dieses Typs wurde durch die Forschungsarbeit von Charles Daras klar herausgestellt. Wie viele andere romanische Formen entwickelte sich diese Fassade aus einer zufälligen, noch zögernden und unsicheren Erfindung, die von einem genialen Baumeister aufgegriffen und durchgestaltet und damit schließlich für eine ganze Generation beispielgebend wurde. Eine der frühesten Gestaltungen finden wir an der Abteikirche von Cellefrouin: sechs hohe, einer nüchternen Fassade vorgelegte Blendarkaden verleihen der Wand einen edlen Rhythmus; verstärkt wird dieser durch vier Stützsäulen, die wie Orgelpfeifen dastehen. Bei der Fassade der Kathedrale von Angoulême ist die mittlere Arkade so weit hochgezogen, daß sie sowohl das Portal als auch das darüberliegende Fenster umschließt; in die unteren Geschosse der vier seitlichen Arkaden wurde je eine Blendarkade mit reich geschmücktem Tympanon eingefügt –

eine Wiederholung des zentralen Motivs –, während sich zwischen Giebel und Türmen sechs kleinere, kunstvoll gearbeitete Blendarkaden spannen. Leere Flächen über dem mittleren Tympanon und den äußeren Blendarkaden bilden ein Gegengewicht zu dem den romanischen Baumeistern gemeinsamen «horror vacui». Damit war das großartige System ausgebildet, das für die im 12. Jahrhundert entstandenen Fassaden der Charente bezeichnend sein sollte.

Alle diese Fassaden zeichnen sich hinsichtlich des Dekors durch große Nüchternheit aus. Kraftvoll werden die Horizontalen betont, entweder durch eine durchlaufende Galerie, so in La Couronne, Dirac, Moulidars, oder durch zwei übereinandergestellte ungleiche Galerien, so in Gensac-la-Pallue oder in Châtres, was die Giebelwand noch vornehmer und ruhiger wirken läßt. Ungemein üppiger, manchmal etwas überladen wirkender bildhauerischer Schmuck zeichnet dagegen die romanischen Fassaden in der Saintonge aus, jener am Meer gelegenen Provinz, wo die Erinnerung an den reichen Schmuck irischer Steinkreuze nachzuleben schien. Phantasievolle Kompositionen mit Schimären und Ungeheuern bilden einen eigenartigen Kontrast zum feinen Fugennetz des Mauerwerks. Man hat versucht, diese Entwicklung der Pilgerstraße nach Santiago de Compostela zuzuschreiben, und die Ansicht geäußert, daß die Bildhauer ihre Schöpfungen längs dieser Straße zur Erbauung und Unterhaltung der Wallfahrer verbreitet hätten. Mit dieser zwar einleuchtenden, aber doch allzu stark vereinfachenden Hypothese hat sich R. Crozat befaßt. Begnügen wir uns mit der Feststellung, daß die romanische Kunst in der Saintonge infolge ihrer verhältnismäßig späten Blütezeit (vornehmlich im dritten Viertel des 12. Jahrhunderts) die Möglichkeit hatte, vom Beispiel der benachbarten Gebiete zu profitieren und dann ihrerseits die weiterentwickelten Formen auszustrahlen.

Verdankt anderseits der Périgord der Nachbarschaft der wilden Gebirgswelt die Strenge seiner Kuppelkirchen und die Nüchternheit seiner Fassaden? Das ist recht zweifelhaft, wenn man sieht, wie auf der geographisch und historisch dem Zentralmassiv ebenso stark verbundenen Hochebene von Quercy sich weitgehend die bauplastische Renaissance durchgesetzt hat, die im ausgehenden 11. Jahrhundert von Toulouse und Moissac ausging und bald den ganzen Languedoc von Beaulieu, Cahors, Carennac und Souillac bis Morlaas im Béarn und Sainte-Marie d'Oloron, dem Endpunkt der Straße von Somport, erfaßte.

In der Pyrenäenstadt Oloron weist die Heilig-Kreuz-Kirche im Querhaus eine von einem Rippennetz durchzogene Kuppel auf, die unmittelbar auf die Kuppel der Moschee von Cordoba zurückgeht. Ähnliche Streb-Rippen-Gewölbe finden sich in der Kirche von L'Hôpital-Saint-Blaise und jenseits der Pyrenäen in Torres del Rio am «camino» nach Santiago.

Nord- und Westspanien

Während die Kunsthistoriker, was Frankreich angeht, «endlich die unfruchtbare Betrachtung der Karte mit den vier berühmten Straßen (nach Santiago de Compostela) aufgeben» sollten, wie F. Salet so treffend gesagt hat, so ist doch anderseits nicht zu bezweifeln, daß für das christliche Nord- und Westspanien diese Pilgerstraßen bei der Ausbreitung der romanischen Kunst eine äußerst wichtige Rolle gespielt haben. König Alfons IV., dem unermüdlichen Mehrer seines spanischen Reiches, dem großen Krieger und Staatsmann und Freund des heiligen Hugo von Cluny, kommt das Verdienst zu, erstmals klar erkannt zu haben, welche Bedeutung das Grab des Apostels Jakobus d. Ä. nicht nur für die «Reconquista» gegenüber dem Islam, sondern auch für die Organisation seiner durch die Franzosen unterstützten Ländereien haben konnte. Durch die Anlage breiter Straßen, Brücken und Hospize machte er den Weg nach Santiago zur wichtigsten Verkehrsader seines Landes, auf der sich Künstler und Baumeister unter die Pilger mischten. Auf seinen Wunsch hin wurden von Cluny aus alte Klöster reformiert und neue Klöster gegründet, aber auf die Architektur in Kastilien, León und Galicien versuchten die Kluniazenser keinen Einfluß zu nehmen.

In der spanischen Romanik werden vielmehr ganz andere, vielfältige und noch verhältnismäßig wenig erforschte Beziehungen deutlich. Im westlichen Teil reichen diese Beziehungen über die berühmten Pyrenäenpässe von Somport und Roncesvalles hinweg nach Aquitanien und dem Languedoc. Damit bestätigt sich – wie übrigens auch bei den Alpen – erneut jenes historische Gesetz, daß Bergketten nur in Ausnahmefällen unüberwindliche Schranken darstellten; viel öfter waren sie gleichsam ein Bindeglied zwischen den auf beiden Seiten liegenden Landschaften, zwischen denen vielfältige Beziehungen bestanden. Wenn auch strittig ist, wann genau die eigenartige rechteckige «Königskapelle» vor San Isidoro in León mit ihren herrlichen antikisierenden Kapitellen entstanden ist, steht doch zweifelsohne fest, daß dieses Bau-

werk durch den Vorhallenturm von Saint-Benoît-sur-Loire beeinflußt worden ist. Die über die Hütten und Bauernhöfe emporragenden Dorfkirchen gleichen mit ihren warmen Farben, ihrer vollkommenen Stereotomie, den gerundeten Räumen, den Strebepfeilern, den Bogengalerien und ihren kunstvoll gearbeiteten Portalen ihren Schwestern im Poitou und in der Saintonge. Wiederum kann man in keiner Richtung von einem Abhängigkeitsverhältnis sprechen, sondern nur von einer Gemeinsamkeit und einem regen Austausch von Formen und Ideen. Bis zum Aufkommen des Mudejarstils blieb der arabische Einfluß verhältnismäßig gering. Und von der berühmten «Puerta de las Platerias» (Tor der Goldschmiede) am südlichen Querhaus der Kathedrale von Santiago de Compostela bis zum prächtigen «Portico de la Gloria», das ein Meister Mateo für die Westfassade der Kathedrale schuf, beweist die gesamte romanische Bildnerei in Spanien eindeutig, daß diese Kunst weit mehr war als nur ein provinzielles Anhängsel der südfranzösischen Bildnerei. Der zu Recht berühmte Kreuzgang von San Domingo in Silos weist neben seinen wie Elfenbeinarbeiten wirkenden skulptierten Kapitellen reliefgeschmückte Pfeiler auf, die nicht lediglich den Stil von Moissac widerspiegeln, sondern Schöpfungen von kraftvoller Originalität und verträumtem, eigenartigem Zauber sind. Die Komposition, in der in einmaliger ikonographischer Raffung Grablegung und Auferstehung zusammengefaßt sind, ist einer der Höhepunkte romanischer Bildnerei, ja der Bauplastik aller Zeiten. Im idealen Rahmen eines von zwei schlanken, mit Kapitellen versehenen Säulchen getragenen Rundbogens werden durch eine horizontale Linie zwei Felder geschaffen. Im oberen Feld liegt der tote Christus, über den sich symmetrisch die beiden Leichenträger neigen. Links hebt ein Engel die Grabplatte auf, deren Spitze die Deckplatte des Eckkapitells berührt. Der von einem Träger gehaltene rechte Arm Christi läuft dieser kraftvoll aufstrebenden Schräge parallel. Die Senkrechte wird auf der rechten Seite durch die heiligen Frauen betont, deren Umrisse vollkommen identisch sind. Unter dem Bogen sind die Grabwächter mit der Präzision einer Gruppe auf einer Bühne angeordnet. Die beiden äußeren Wächter beugen die Knie und neigen sich nach der Seite, so daß ihre Körper ein V bilden; dazwischen haben in kunstvoller Auffächerung fünf weitere Wächter Platz gefunden. Mit dieser meisterlichen, dicht gedrängten Komposition, einer vollkommenen Schöpfung auf engstem Raum, wollen wir unseren kurzen Streifzug durch die unendliche Fülle romanischer Kunst beschließen – sie ist ein Symbol der zauberhaften Verwandlung des rohen Steines durch den Einfluß zahlloser Kräfte und Träume.

Anmerkungen

England

Die romanische Architektur auf den Britischen Inseln unterscheidet sich wesentlich von der des Kontinents. Sie ist nicht als spontane Emanation des Landes erdgebunden, ist kein irrationeller Ausfluß der «Volksseele», sondern eine fremde Kunst, die nach England verpflanzt wurde, die Folge eines Krieges, einer Eroberung, einer Fremdherrschaft. Baudenkmäler aus der Zeit vor der Normanneninvasion 1066 sind selten. Im ausgehenden 10. Jahrhundert wurden im Zuge der Einigungsbestrebungen der angelsächsischen Könige bedeutsame Bauwerke errichtet, so die Kathedralen von Winchester, Canterbury und Elmham. Diese mehr oder weniger lokal gebundenen Schöpfungen lassen sich mit den großen Bauvorhaben, die nach der Eroberung verwirklicht wurden, nicht vergleichen. Um ihre Herrschaft und ihr Ansehen zu festigen, erbauten die Normannen zahlreiche Benediktinerabteien, die unter der Leitung selbstbewußter Äbte zu einem wichtigen Instrument ihrer Politik wurden. Einige der schönsten normannischen Kirchen stehen auf englischem Boden. Man erkennt sie auf den ersten Blick. Wie in der ottonischen Architektur finden wir hier wuchtige Räume; die dreigeschossigen Langhäuser sind wundervoll durchgestaltet: breite, oft gestufte, durch Profile durchgegliederte Rundbögen, Triforium oder Emporen und ein Laufgang vor den Obergadenfenstern, der die mächtigen Pfeiler durchbricht. Die nach oben zu immer stärker ausgehöhlten Wände tragen eine hölzerne Flachdecke oder einen offenen Dachstuhl. Zu dieser Gruppe gehören die Abteikirche von Battle, Saint Augustin in Canterbury, die Kathedrale von Winchester, Worcester, Gloucester (dessen starke, hohe Rundpfeiler an Payerne erinnern), Norwich (mit schönem Umgang) und Ely. Im Chormittelschiff der Kathedrale von Durham tauchten im ausgehenden 11. Jahrhundert die ersten Kreuzrippengewölbe auf. Diese einzigartige Blüte ist um so bemerkenswerter, als sie sich in einem Land entfaltete, das noch keineswegs zur Ruhe gekommen war. Deshalb errichteten die neuen Herren ein System von Verteidigungsanlagen, dessen Umfang als wahrhaft erstaunlich bezeichnet werden kann: es entstanden nicht weniger als 1200 Burgen. Zwar waren manche der zwischen 1066 und 1189 erbauten Anlagen bloße Erdaufschüttungen mit Palisaden; andere jedoch, so White Tower in London, der noch fast im ursprünglichen Zustand erhalten ist, so-

wie die Turmburgen von Rochester und Hedingham, gehören « zu einer der packendsten Episoden der Geschichte der mittelalterlichen Architektur » (Conant).

Das Heilige Land

Die abendländischen Kreuzfahrer sahen sich in Palästina großen Aufgaben gegenüber. Nachdem sie 1099 Jerusalem erobert und – zumindest vorübergehend – die Küstenstädte eingenommen hatten, von denen ausgehend die verschiedenen Fürstentümer der Kreuzfahrer im Heiligen Land gegründet wurden, mußten sie mit gleicher Tatkraft ein gewaltiges Bauprogramm in Angriff nehmen. Anstelle der konstantinischen und byzantinischen Kirchen errichteten sie neue Gotteshäuser, bauten die lebensnotwendigen Häfen aus und verstärkten durch Befestigungen die Grenzen, die ständig von den in der Wüste umherstreifenden und auf eine günstige Gelegenheit lauernden Ungläubigen bedroht wurden. Der Festungsbau war die vordringlichste unter diesen drei Aufgaben. Die Sakralbauten in Palästina, beispielsweise die Grabeskirche in Jerusalem und Sankt Anna in Nazareth, entsprechen thematisch und formal den spätromanischen Schöpfungen des Abendlandes und weisen nur geringe exotische Einflüsse auf. Einige der faszinierenden Ähnlichkeiten lassen sich nur durch die Annahme erklären, daß die entsprechenden Bauten von denselben umherziehenden Werkleuten und Steinmetzen geschaffen wurden. Für die Festungsanlagen der geistlichen Ritterorden bediente man sich der von den byzantinischen Festungsbaumeistern entwickelten Formen und Techniken, die denen des Abendlandes beträchtlich überlegen waren.

Spanien

Auch in Spanien sind die romanischen Bauwerke von Katalonien bis Galicien Zeugen einer heldenhaften Zeit: Hier trotzten die Christen den anstürmenden Arabern und bereiteten die allmähliche Wiedereroberung der ganzen Iberischen Halbinsel vor. Die westgotische Abstammung und die Heldentaten der freiheitsliebenden Asturier blieben unvergessen. Im 10. Jahrhundert öffnete sich Katalonien weit den Einflüssen des «premier art roman» des Mittelmeergebiets und verbreitete diese bis tief hinein in die Pyrenäentäler. Santiago de Compostela im Westen war eines der bedeutendsten religiösen Zentren des ganzen Abendlandes.

Ely, Kathedrale
Grundriß 1:1000

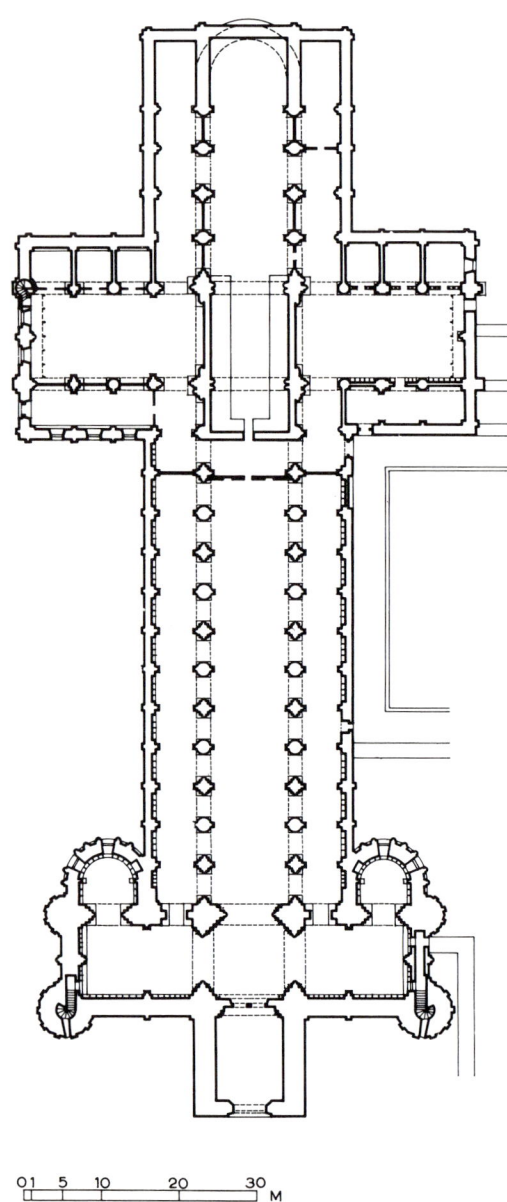

Burg Hedingham
Grundriß und Aufriß 1:400

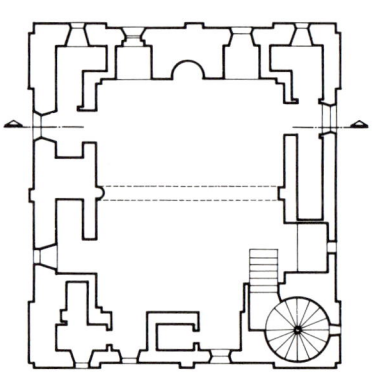

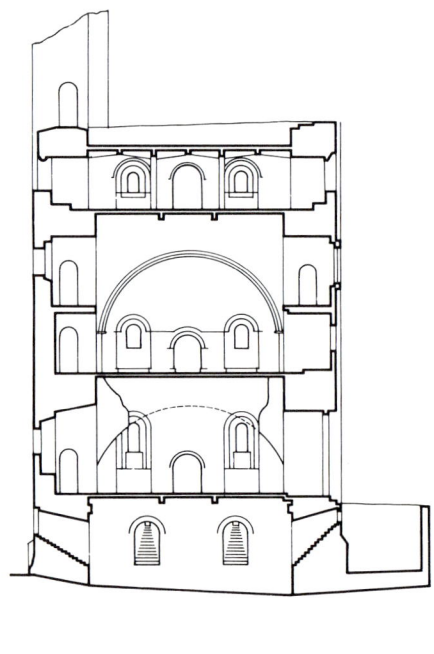

O 1 5   10   20   30   M
0 10 20   50   100 FT

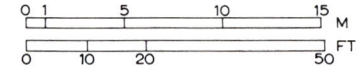

0 1   5   10   15 M
0   10   20   50 FT

Burg Saone

Gesamtplan 1:3000 Grundriß des Burgturms, Schnitt durch den Burggraben und Aufriß des Burgturms 1:600

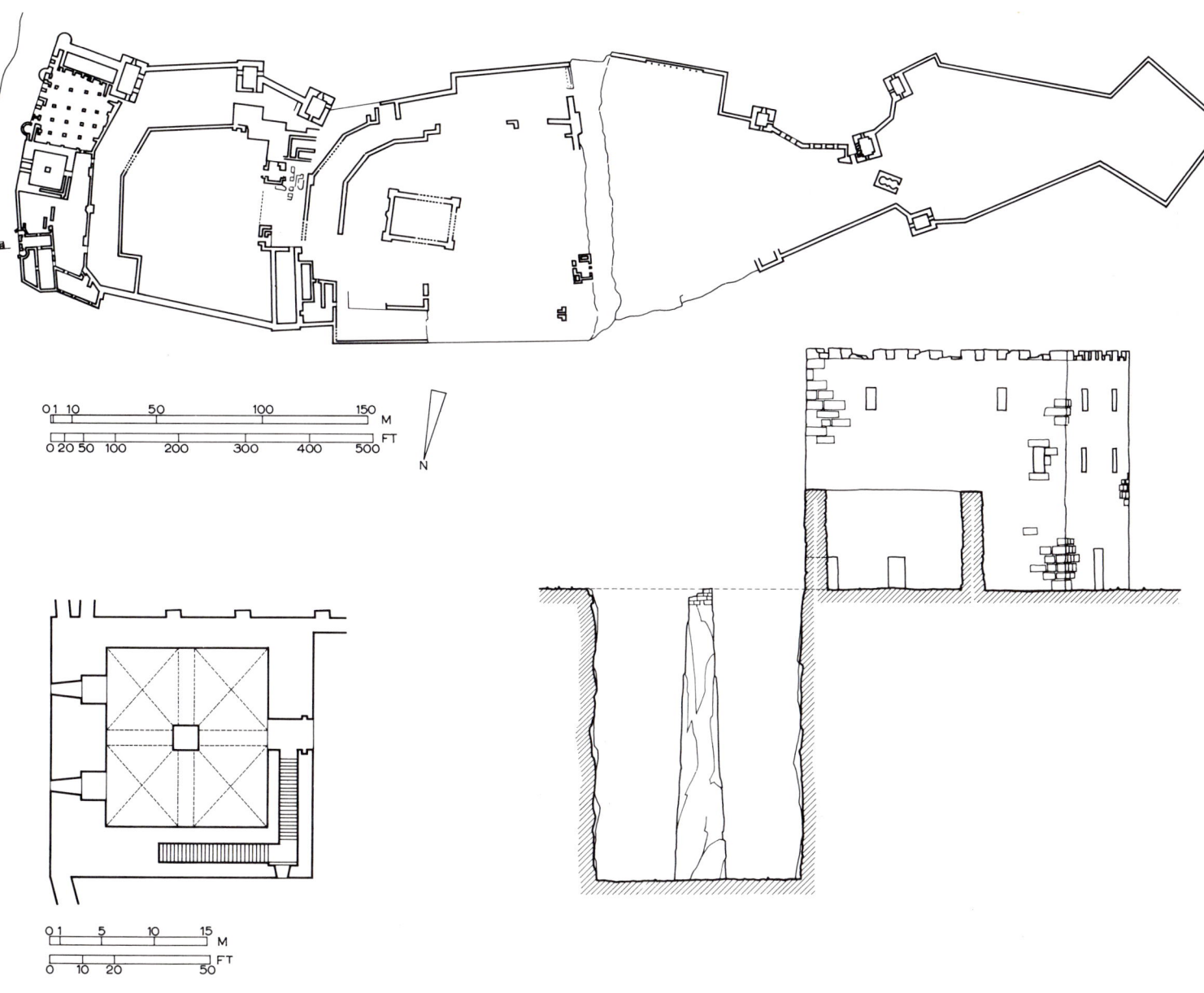

0 1 10   50   100   150 M

0 20 50 100   200   300   400   500 FT

N

0 1   5   10   15 M

0   10   20   50 FT

Legenden

Ely (England)

147 Kathedrale. Blick in das Mittelschiff. Dieses um 1080/90 begonnene hohe, edle Langhaus ist typisch für die dreigeschossigen normannischen Kathedralen mit Stützenwechsel.

148 Mittelschiffwand. Charakteristisch für die englisch-normannischen Kathedralen ist die vollkommene Durchgliederung der Massen. Dienste betonen die Senkrechte; übereinandergestellte Arkaden lösen die Wände auf. Die drei Geschosse stimmen genau überein, doch wird die Gliederung immer reicher: weitgespannte Rundbögen im Erdgeschoß, Zwillingsöffnungen im zweiten Geschoß und Drillingsfenster im obersten Geschoß. Dadurch wird der Blick nach oben gezogen, hin zum Licht, das durch die Fenster einfällt.

149 Detail eines Pfeilers (oben) und normannische Blendarkatur auf Halbsäulen mit Würfelkapitellen (unten).

Hedingham (England)

150 Burg. Eine der gewaltigen Turmburgen («Keep»), die nach der Eroberung von den Normannen zur Überwachung des Landes errichtet wurden. Die vier orthogonalen Geschosse ruhen auf einer leicht vortretenden Grundmauer. An zwei gegenüberliegenden Ecken ragen quadratische Treppentürme auf. Nur wenige, besonders in den Untergeschossen schmale Fensteröffnungen durchbrechen die massiven Mauern.

151 Fenster im Untergeschoß. Zwei mauergebundene Säulchen tragen drei Rundbögen.

Saone (Syrien)

152 Burg. Der aus dem gewachsenen Fels herausgearbeitete Burggraben mit dem stehengelassenen Obelisken, über den einst ein Steg in die Burg hineinführte.

153 Detail der Festungsanlagen. Auf der linken Bildhälfte ein Rest der kleinquadrigen byzantinischen Mauer und der quadratische Burgturm.

154 Tür mit Entlastungsbogen über dem Türsturz.

155 Die gesamte Festungsanlage, von Osten her gesehen. Im Vordergrund der Burggraben und der Hauptturm.

Tahull (Spanien)

156 Santa Maria. Die im Herzen Kataloniens liegende Kirche wurde 1123 geweiht; wie ihre um die gleiche Zeit entstandene Schwesterkirche San Clemente in Tahull ist sie ein Beispiel für den ursprünglichen Stil der Comaciner.

157 Bogenfries an der Apsis, Detail.

158 Blick zur (restaurierten) Vierungskuppel.

159 Vierung und Chor.

160 San Clemente. Die Kirche von Osten her gesehen.

161 Eine der Chorkapellen mit mauergebundenen Halbsäulen und Bogenfries.

162 Der mit Bogenfriesen verzierte Glockenturm.

163 Die freskengeschmückte Apsis (heute im Museum von Barcelona).

Cardona (Spanien)

164 San Vicente. Ansicht von Nordosten.

165 Blick in die Trompenkuppel über der Vierung.

166 Die Vorhalle.

167 Mittelschiffwand.

168 Blick in das Seitenschiff.

Estella (Spanien)

169 Romanisches Gebäude an der nach Santiago de Compostela führenden Pilgerstraße.

170 Kapitell eines Stützpfeilers.

151

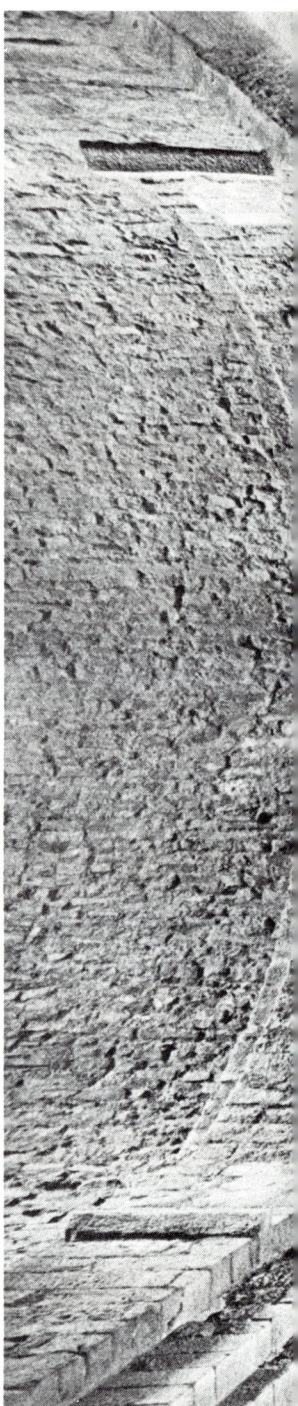

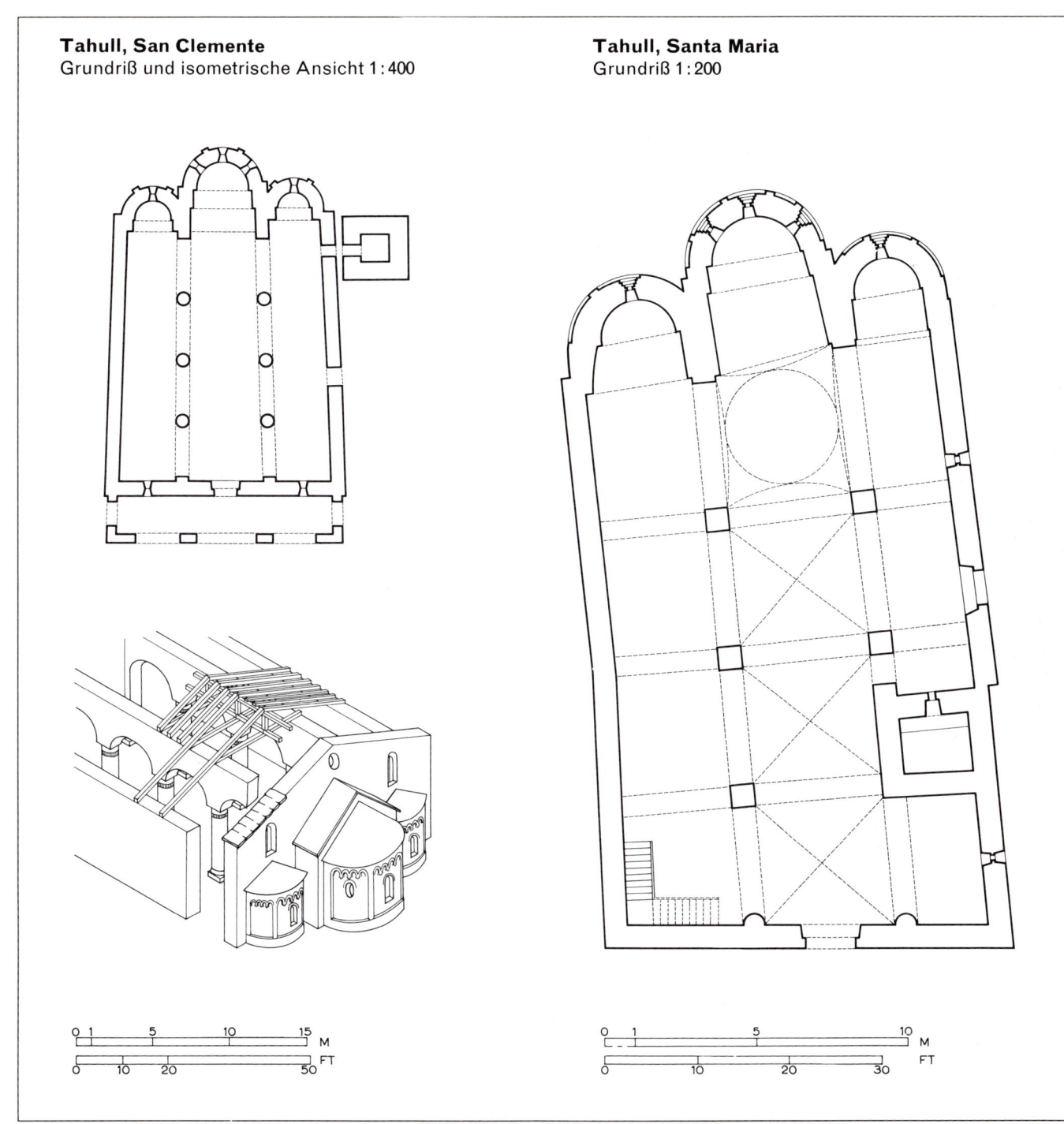

Tahull, San Clemente
Grundriß und isometrische Ansicht 1:400

Tahull, Santa Maria
Grundriß 1:200

Cardona, San Vicente
Grundriß und axonometrische Ansicht 1:400

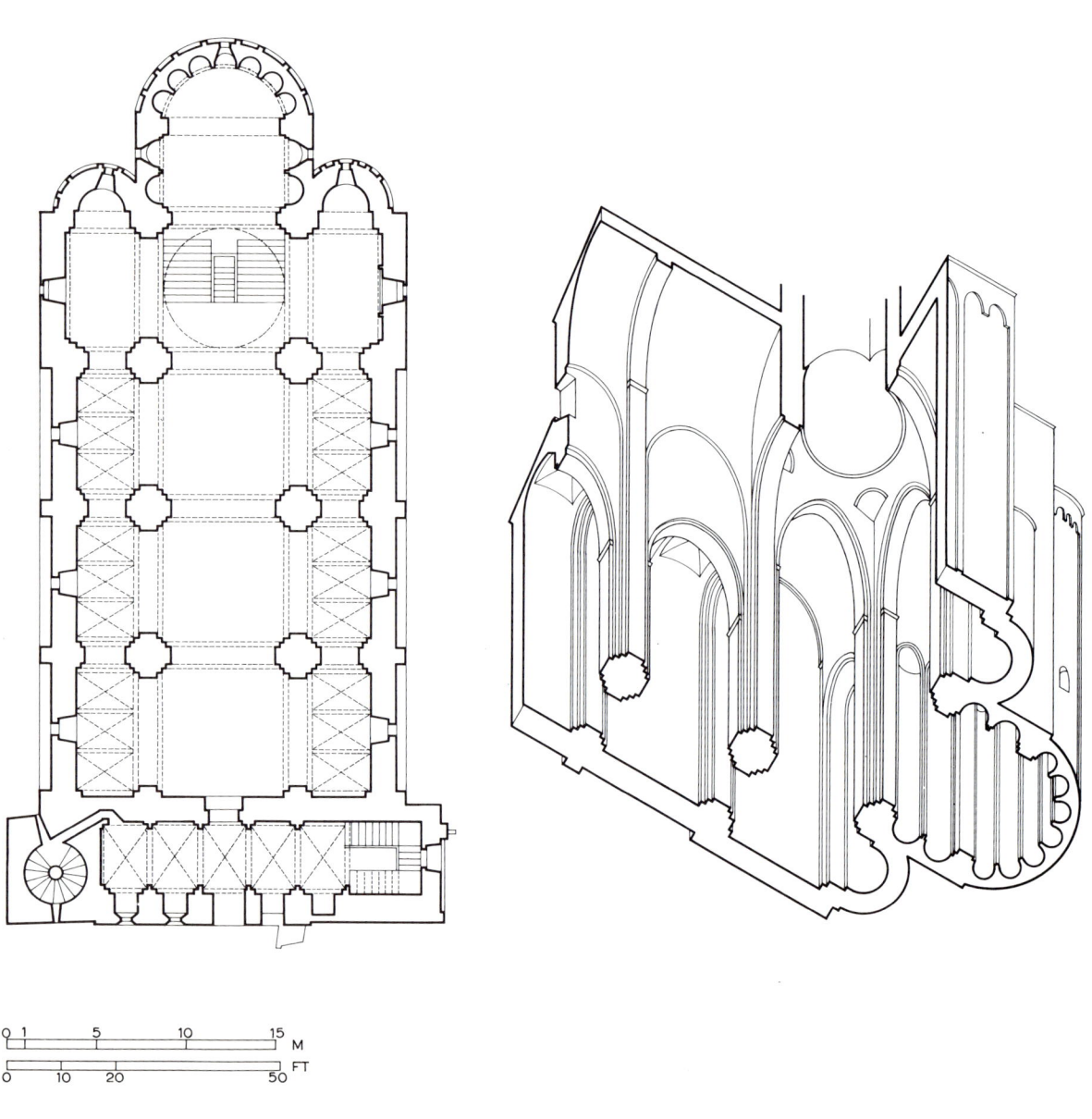

0 1 5 10 15
M
0 10 20 50
FT

4. Die Einheit romanischen Geistes

Eine Baukunst für Zeiten des Krieges und der Not

Die romanische Architektur, die ebenso großartig und kunstvoll wie anheimelnd und einfach sein kann, ebenso mit mächtigen Steinquadern wie mit in Mörtel eingebetteten gewöhnlichen Kieseln arbeitet, gewaltige Klosterkomplexe und bescheidene Dorfkirchen geschaffen hat, weist nicht die auf die Dauer monotone Einheitlichkeit der Kunst der römischen Kaiserzeit auf, von der sie sich angeblich herleitete. Der harte Existenzkampf der damaligen Zeit, die Kriege, Hungersnöte und Seuchen, die immer wieder das Abendland heimsuchten und den Menschen nur selten Annehmlichkeiten und Ruhe gönnten, die bestehende Sozialordnung, die den Städten eine untergeordnete Stellung zuwies – all das vermag zu erklären, warum es keine großangelegten städtebaulichen Planungen gab, die sich mit den eindrucksvollen Schöpfungen der antiken Kulturen im Mittelmeergebiet vergleichen lassen. In diesen unruhigen, von Angst und Entsetzen erfüllten Jahrhunderten brauchte jedes bewohnte Fleckchen Land zunächst einmal Verteidigungsanlagen und Refugien. Auf dem den Wäldern abgerungenen, von Sümpfen und Mooren durchzogenen flachen Land gab es kaum mehr als dürftige Hütten und Häuser, die sich ängstlich im Schatten der auf einem Hügel oder einer künstlichen Aufschüttung emporragenden schützenden Turmburg zusammendrängten.

Die räumlich zusammengeschrumpften Städte nahmen wieder von den Hügeln und geschützten Anhöhen Besitz, die man unter der Pax Romana verlassen hatte. Nur wenige historische Vorgänge sind so aufschlußreich wie diese Rückkehr zu den Stätten der Angst. In Lugdunum Convenarum sind die Ruinen der am Fuße der Pyrenäenberge liegenden Römerstadt über eine weite Fläche verstreut; zum früheren Oppidum besteht keinerlei organische Verbindung. Während der Völkerwanderung sank die 69 v.Chr. gegründete Stadt in den Boden zurück, aus dem sie entstanden war; die Bischöfe, die im Hochmittelalter hier ihren Sitz hatten, zogen sich auf die höchste Stelle des schmalen Felskegels zurück, der nach dem heiligen Bertrand von Comminges genannt wurde. Die römische Stadtmauer von Autun, das nahe dem Mont Beuvray mit seiner längst dem Erdboden gleichgemachten einstigen Äduer-Hauptstadt Bibracte gelegen war, wurde so erweitert, daß sie ein größeres Gebiet umschloß, als die heutige Stadt einnimmt; der Bischofssitz wurde auf einen über die felsige Hochebene emporragenden Granitwall verlegt, den gallischen «dun», der während der Römerzeit lediglich als Eckpfeiler für die mächtige Stadtmauer gedient hatte. Noch ungewöhnlicher war das Schicksal von Annecy in Savoyen. Als bescheidenes «emporium» (Handelsplatz) war der Weiler Boutae nur durch die sumpfigen Ufer eines Bergsees geschützt; zunächst breitete sich der Ort auf der alluvialen Ebene aus, aber als die Zeiten immer unruhiger wurden, flüchteten sich die Bewohner zuerst auf den nahegelegenen Hügel von Annecy-le-Vieux und dann auf den geschützteren felsigen Hang des letzten Ausläufers des Semnoz. Erst durch die starke Erweiterung der Stadt in jüngster Zeit wurden die alten Siedlungsgebiete wieder eingeschlossen.

Chaotische Städte

Breite, von Grabmälern gesäumte Straßen, prächtige Gebäude, Torhallen und Triumphbögen, mit denen sich einst die Eroberer verewigt hatten, wurden nun nicht mehr errichtet. Erst in der Übergangszeit von der Romanik zur Gotik entdeckte man wieder die verlorengegangenen Geheimnisse des rechtwinkligen Stadtplans und der logischen Gliederung des zur Verfügung stehenden Raumes; aber neben diesen planvoll kreisförmig oder rechteckig angelegten Stadtteilen existierten noch lange Zeit die winkligen, dichtgedrängten alten Viertel und die planlos gewachsenen Vorstädte. Von einem Stadttor zum anderen zogen sich enge, krumme Gäßchen mit malerischen Namen, die infolge des Fehlens einer Kanalisation oft regelrechte Sümpfe waren. Gesäumt wurden sie nicht von Tempeln oder stolzen Mausoleen, sondern von einem Häusergewirr, das jeder mathematischen Gesetzmäßigkeit Hohn sprach. In den spanischen Städten und Vorstädten, durch die sich die berühmte Pilgerstraße nach Santiago de Compostela zieht, sind die Häuser längs der steinigen Straße nicht regelmäßig angeordnet, sondern drängen sich planlos zu beiden Seiten. In Cluny war die Rue d'Avril, zweifellos die älteste Straße der Stadt, im 12. Jahrhundert die «Via triumphalis», die von den Bergen zur gewaltigen Kirche des Klosters führte: wie ein Wurm schlängelt sie sich zwischen niedrigen, unregelmäßig dastehenden Häusern hindurch, die mit ihren Spitzbogenarkaden im Erdgeschoß und ihren Bogengalerien im Obergeschoß im romanischen Stil erbaut sind.

Der Unregelmäßigkeit des Stadtplans entsprach – soweit sich aus den wenigen erhaltengebliebenen Beispielen aus jener Zeit Rückschlüsse ziehen lassen – die völlige Freiheit hinsichtlich der Höhengliederung der Bauwerke, für die es ebensowenig ein einheitliches Programm gab.

Sogar noch nach der Gotik bewahrten die alten Städte lange ihre ungleichmäßig gestaffelten Dächer, ein verwirrendes, systemloses Durcheinander, aus dem hier und da schlanke Kirchtürme emporragten. In San Giminiano in Italien, wo die soziale Stellung einer Familie in dem das Patrizierhaus überragenden Turm ihren Ausdruck fand, wurde das Stadtbild infolge der kindischen Rivalität durch zahlreiche eigenartige Türme verunziert, deren wirre Fülle an die Wolkenkratzer von Manhattan denken läßt.

Die Patina von acht Jahrhunderten hat auf den sonnenverbrannten rostbraunen Hängen von Kastilien, auf den Hügeln der Toskana und Umbriens und auf den wilden Hochebenen der französischen Causses diese Bauten mit der Landschaft verschmolzen, so daß sie für unser Auge mit ihr eine unlösbare Einheit bilden. Zur Zeit ihrer Entstehung aber störten ihre leuchtend weißen Mauern die uralte Harmonie ebensosehr, wie es heute die an den Rändern der Städte emporschießenden Wohnblöcke tun, durch welche die Wälder und Wiesen immer mehr zurückgedrängt werden.

Diese Ähnlichkeit ist nicht nur scheinbar oder oberflächlich. Die romanische Unlogik hatte ebenso ihre Regeln wie die moderne Architektur, die in erster Linie durch die gemeinsamen Bedürfnisse und Notwendigkeiten bestimmt wurden. Auch die Klosterbauten, die im ganzen christlichen Abendland entstanden, waren diesen Regeln unterworfen. Die Erfordernisse des Klosterlebens, dessen baulicher Rahmen der der römischen Villa blieb, verlangten und ermöglichten viele Veränderungen (und Verschlechterungen), und das Grundprinzip der regelmäßigen Klosteranlage mit der Kirche im Norden, dem rechteckigen Kreuzgang und den umliegenden Nutzräumen konnte entsprechend den landschaftlichen Gegebenheiten abgewandelt werden. Aber diese Freiheiten waren zu allgemein und zu systematisch, um lediglich das Ergebnis einer unbewußten Notwendigkeit zu sein – vielmehr sind sie gleichzeitig Atavismus und Ausdruck eines bestimmten künstlerischen Empfindens.

Die Gebundenheit an die Umwelt

Wenn man auch über die romanische Bau- und Arbeitstechnik im einzelnen nur wenig weiß – erst in der Gotik erfahren wir mehr darüber –, steht doch fest, daß sie eng mit dem zur Verfügung stehenden Baumaterial und den Transportmöglichkeiten zusammenhing. Noch vor dem

Jahr 1000 begann man gründlich die tieferliegenden Schichten des Bodens zu erkunden; dies taten nicht nur die Benediktiner, die sich inmitten des allgemeinen Chaos als bewundernswürdige Organisatoren erwiesen, sondern auch die Dorfbewohner selbst, die auszogen, ihre Ländereien zu entdecken und nach deren Schätzen zu forschen. Daher rührt vielleicht die außergewöhnliche Materialkenntnis der Romanik hinsichtlich der verschiedenen Gesteine. Nun stieg die Architektur von dem Sockel herab, auf den sie die unechte karolingische Renaissance gehoben hatte, und kam gleichsam zum Volk. Geduldig untersuchten die Steinmetze jede Gesteinsart, tasteten sie ab, wogen sie, erprobten alle ihre Möglichkeiten, formten sie mit liebevoller Hand, und so entdeckten sie allmählich alle ihre Geheimnisse – Schwere, Dichte, Gewicht, Widerstandsfähigkeit, Tragkraft. Heute erkennt man immer deutlicher, daß das ganze romanische Bemühen um die Gliederung des Raumes aus dieser Verbreitung von intuitiven und wissenschaftlichen Erkenntnissen hervorging, die nun nicht mehr das eifersüchtig gehütete Geheimnis eines einzigen, über Legionen von Werkleuten herrschenden Baumeisters waren. Vielleicht büßte die romanische Kunst dadurch die eindrucksvolle Geschlossenheit einer technischen Transzendenz ein, aber dafür gewann sie eine Verbindung zu ihrer Umwelt, die Dichte eines wogenden Weizenfeldes, dessen Ähren sich unter dem Himmel zu einer goldenen Einheit zusammenschließen, obwohl keine Ähre genau der anderen entspricht.

Gliederung des Raumes auf Grund einfacher Gegebenheiten

Noch einmal sei wiederholt, daß der romanische Baumeister kein Theoretiker war. Eine der wenigen Abhandlungen über die «verschiedenen Künste», die uns aus dieser Zeit überkommen sind, gibt keinerlei Aufschluß über die Rätsel, die uns die damalige Baukunst aufgibt. Untersuchungen an Ort und Stelle und vertiefte Forschungen lassen die Hauptmerkmale romanischer Architektur erkennen: Sparsamkeit der Mittel, Verzicht auf unnötiges Beiwerk, Pragmatismus, Sorge um Sicherheit auf Kosten aller zweckfreien und kostspieligen Phantasien. All das sind Tugenden des einfachen Volkes. Vereinfachend kann man sagen, daß sich in der romanischen Architektur alles auf einige wenige, sehr einfache Methoden zurückführen läßt: die Gliederung des Raumes in gleich große Zonen (Joche), die Zusammensetzung – oder seltener Übereinanderstellung – von Räumen, die wie Bauklötze angeordnet sind. Jeder technische Fortschritt, der durch umherziehende Werkleute oder politische Veränderungen herbeigeführt wurde, paßte sich dem Grundschema an. Die Wehrbautechnik profitierte von den Kreuzzügen, entdeckte die komplizierten Anlagen und Rundbauten der byzantinischen Festungen. Die alte Turmburg des 11. Jahrhunderts auf ihrer künstlichen Aufschüttung (Motte) verschwand nun fast hinter hohen Mauern und Kasematten. Die Errichtung solcher Anlagen – eine Zusammenfügung von rechteckigen Räumen – war für die Baumeister weit unproblematischer als die Stereometrie der Rundtürme an den Umfassungsmauern, die übrigens vermutlich viel zur Verbreitung der Kuppelgewölbe beigetragen haben. Der schwierigere, wenn auch nicht erfindungsreichere Kirchenbau bediente sich der gleichen Verfahren.

Man kann wohl ohne Übertreibung sagen, daß bei einer Kirche schon ein einziges Joch die gesamte Raumgestaltung repräsentiert; danach ging es nur noch darum, dieses Raumelement zu multiplizieren, wobei man dem Symbolgehalt der Zahlenverhältnisse keine allzu große Bedeutung beimessen sollte. Erfreuen wir uns vielmehr der durch die Aneinanderreihung der Joche gegebenen rhythmischen Raumgliederung, die eines der bezeichnendsten Kennzeichen romanischer Architektur ist. Dem inneren Rhythmus, der durch die Abfolge der Bauelemente – Pfeiler und Zwillingsbögen, Arkaden und Fenster – gegeben ist, entspricht die äußere Gliederung durch Strebepfeiler, Öffnungen und verbindende Arkaden.

Autonome Joche mit teilweiser und vollständiger Verstrebung

Für den Aufbau der Seitenwände gab es zwei Möglichkeiten, die nur scheinbar einen Gegensatz bilden. Durch Aushöhlung und Einzüge wird die Wand leichter und dünner, je höher sie emporragt; Vorsprünge dagegen lassen auf dünnen Stützen die ganze Last des Bauwerks ruhen, wobei durch entsprechende Stufungen die Druck- und Schubkräfte verteilt und abgeleitet werden.

Das ganze Bemühen der romanischen Baumeister ging dahin, die strukturelle Autonomie des überwölbten Joches zu sichern. Auf dieser Tatsache beruht zweifellos das Geheimnis ihrer Dynamik, die weit reicher ist als das spätere Monopol des Spitzbogens. Das Grundelement wird entweder für sich durchgestaltet, und zwar ausschließlich mittels eines sorgfältig ausgearbeiteten Gleichgewichts, oder es treten äußere Stütz- und Hilfselemente hinzu. Angesichts dieser Möglichkeiten sind die Verfahren zur Ordnung des Innenraums so vielfältig, daß man auf ihnen beinahe ein neues, viele scheinbare Gegensätze aufhebendes Klassifikationssystem der romanischen Baukunst begründen könnte. Die einschiffige Anlage, die Saalkirche, die vom liturgischen Standpunkt ideal ist, weil der ganze Innenraum überblickt werden kann, muß mangels entsprechender seitlicher Abstützung durch Klostergewölbe oder Kuppeln bedeckt werden, so daß die Wände lediglich Druck-, aber keine Schubkräfte aufzunehmen haben. Das elegante langgestreckte Tonnengewölbe wiederum verlangt Gegenkräfte, die nur dann voll zur Wirkung kommen, wenn sie dort einwirken, wo Bruchgefahr besteht, also an der Basis des Gewölbes. Dies wird erreicht durch mit Halbtonnen überwölbte Seitenschiffe oder durch Seitenschiffe mit Emporen, wie sie unter anderen von den Baumeistern der Auvergne bevorzugt wurden. Schon um das Jahr 1000 hatte man in der Vorkirche von Tournus mit einfachsten Mitteln ein Meisterwerk der Tektonik geschaffen, eine der stabilsten Raumkombinationen der ganzen romanischen Architektur. Kein Jahrhundert später glich man in Cluny die unvollkommene Abstützung

▲ Kirche von Gensac-la-Pallue (Charente): Längsschnitt durch eine typische Kuppelkirche

des Mittelschiffes durch mit Kreuzgratgewölben überdeckte Seitenschiffe aus, indem man auf jeder Seite zwei verschieden hohe Seitenschiffe anschloß; dann schuf man im Mittelschiff selber die durch die Spitztonne erforderlichen Gegenkräfte.

Damit stellt die große Abteikirche des heiligen Hugo den Höhepunkt einer hundertjährigen Entwicklung dar, eines allmählichen Erwachens, das schließlich zu Schöpfungen von erstaunlicher Größe führte. Aber war mit dieser eindrucksvollen Kirche das letzte Wort gesprochen? Das würde bedeuten, daß allein die technische Leistung, in die so viele moderne Architekten ihren Stolz legen, Geist und Phantasie der romanischen Baumeister befriedigt hätte. In Wirklichkeit jedoch hatte der letzte Akt noch nicht begonnen. Noch blieb übrig, die so kunstvoll gegliederten Mauern mit ihren sorgfältig verteilten Flächen und Öffnungen zu beseelen, ihnen gleichsam eine höchste feierliche Weihe zu geben: «Wo euer Schatz ist, da ist auch euer Herz...»

Die romanische Bauplastik

Was nun geschah, ist dem Vorgehen eines Malers vergleichbar. Wenn die Farben aufgetragen sind, nimmt er, um ihnen Leben einzuhauchen, nochmals den Pinsel zur Hand, taucht ihn in Bleiweiß ein und höht mit einigen gekonnten Strichen die Züge eines Antlitzes, betont einen Faltenwurf, läßt eine Kontur hervortreten. Wie in ein plötzliches Spiel von Licht und Schatten gestellt, gewinnt das Gemälde

▼ Querschnitt. Die Seitenschiffe sind mit Halbtonnen überwölbt

Plastizität und Leuchtkraft. Diese letzte Beseelung fehlte noch den romanischen Bauwerken.

Die wichtige Aufgabe, dem architektonischen Gerippe Leben zu geben, wurde von der Bauplastik erfüllt. Wie die einfachen Muster auf alten Tongefäßen verleiht sie dem so funktionell, absichtlich und logisch erscheinenden Bauwerk einen Hauch von Irrationalität. Von ihren barbarischen und byzantinischen Vorfahren her hatte die romanische Seele einen gewissen «horror vacui» geerbt. Das Relief als Ausdruck des ewigen, endlosen Kampfes zwischen dem Dunkel und dem schließlich siegreichen Licht spielte eine so große Rolle, daß man sich sogar in manchen Wandgemälden bemühte, durch täuschend genaue Nachahmung das unmerkliche Zittern einzufangen, das in einem Mosaik wie in einem lebendigen Gesicht schwingt.

Die der Architektur eigenen Möglichkeiten machen an dieser Grenze halt. Für das architektonische Gerippe der romanischen Kirche werden, wie wir gesehen haben, nur einfachste Linien und Formen verwandt: Gerade, Kreuz, Halbkreis und Kreis. Die mit ihrer Hilfe geschaffenen Flächen und Räume sind nüchtern und eindrucksvoll, haben etwas kraftvoll Elementares. Varianten kommen bei der Zusammenfügung dieser Elemente ins Spiel. Joseph Gantner hat jedoch zu Recht festgestellt: « Alles, was die vielfältigen wissenschaftlichen Untersuchungen uns aufgezeigt haben – die Ausbreitung von Einflüssen, die Abhängigkeitsverhältnisse, die Wanderungen von Motiven usw. –, hat als Ausgangspunkt letzten Endes nur das, was dort geschieht, wo der schöpferische Künstler in freier oder durch die Gegebenheiten gebotener Entscheidung dem Objekt gegenübersteht, das er zu seinem Subjekt machen will. » Eine solche Auffassung widerspricht natürlich der herkömmlichen kunsthistorischen Betrachtungsweise, bietet aber endlich eine Möglichkeit, die zahlreichen verschiedenen Züge der romanischen Kunst einheitlich zu ordnen, und hebt den inneren Widerspruch zwischen den zweckbestimmten Forderungen der faktischen Bedürfnisse und dem aus den Tiefen der von Sehnsucht erfüllten Seele aufsteigenden Traum auf – zwischen dem, was der Künstler sieht, und dem, was er erträumt.

Die kunsthistorische Forschung hat aufgezeigt, daß es bestimmte Zentren der romanischen Bildhauerei gab. Seit dem ausgehenden 11. und erst recht im 12. Jahrhundert verwischen sich jedoch die scharfen Grenzen durch den einsetzenden regen Austausch zwischen diesen Gebieten. Dennoch läßt die bauplastische Gestaltungsweise auch

noch in späterer Zeit ihr Ursprungsgebiet erkennen. Östlich vom Zentralmassiv war die Bauplastik stets nur zusätzlicher, aufgesetzter Schmuck, der zwar hohes Können verriet, aber nicht unbedingt notwendig war: die schöne Kluniazenserkirche von Paray-le-Monial kommt mit ihrer strengen Dreigliederung ohne viel Schmuck aus, ja, die sparsame Ornamentik trägt sogar zum feierlichen Charakter des Bauwerks bei. Westlich des Zentralmassivs hingegen ist die Bauplastik aufs innigste mit der Architektur verbunden und bezieht aus dieser ihre Kraft. Allerdings ist dieser einem unterschiedlichen Empfinden entspringende Dualismus geographisch nicht präzis lokalisierbar.

▼ Tarascon, Sainte-Marthe: verzierte Sparrenköpfe und Stufenportal

Die Verteilung des Dekors

Wenn man das gesamte Verbreitungsgebiet der Romanik in Betracht zieht, spielt die Bauplastik eine verhältnismäßig geringe Rolle – allerdings nur quantitativ, nicht qualitativ. Ihre objektive Abhängigkeit von der Architektur zeigt sich darin, daß der romanische Baumeister nur die am meisten ins Auge fallenden Teile seiner Schöpfung dergestalt ausschmückt. Wenn er von dieser prinzipiellen Sparsamkeit abweicht, wird durch ausgleichende Elemente das Gleichgewicht wiederhergestellt. Das Äußere der Kirchen weist nur an drei sinnvoll verteilten Stellen Bauplastik auf: am Dachgesims, an den Bögen und in den Tympana über den Portalen. Das Dachgesims verläuft, wie schon der Name besagt, oben an der Mauer dort, wo das Dach aufliegt. Die Sparrenköpfe, die das Gesims tragen, mildern die Strenge dieser stark betonten Horizontalen. Während sie in östlichen Gegenden (wie später in der Gotik allgemein) meist schmucklos bleiben, erhalten sie von Spanien bis zum Berry Langetten und Schnörkel, die an Hobelspäne erinnern und angeblich arabischen Ursprungs sind. In Westfrankreich schmückte man die Sparrenköpfe mit bildlichen Darstellungen, ein Usus, der sich bis ins Tal der Loire verbreitete. Die verhältnismäßig kleinen Sparrenköpfe schränkten die Möglichkeiten zoo- oder anthropomorpher Darstellungen ein, aber bei manchen Kirchen im Poitou, in der Saintonge und in der oberen Auvergne gelang es den romanischen Künstlern, für die im Hinblick auf das Ganze kein Detail zweitrangig war, an diesen Stellen ihren Einfallsreichtum zu voller Entfaltung zu bringen.

Die Bögen erfüllen an den Fassaden einen doppelten Zweck: Zunächst einmal rahmen sie mit ihrer vollkommenen Wölbung ein Fenster oder eine Türe ein und betonen somit irgendwie deren strukturelle Rolle; durch stufenweise Einzüge wird die Wand, in der sich die Öffnungen befinden, schmaler gemacht, so daß der unschöne Eindruck eines simplen Mauerdurchbruchs vermieden wird. Meist wurden nur die Archivolte über den Portalen geschmückt, deren große Flächen man nicht gut völlig freilassen konnte, während die kleineren Bögen über den Fenstern gewöhnlich unverziert blieben. Nur im Westen, besonders in der Saintonge, versah man alle Bögen mit plastischem Schmuck – mit Laubwerk, Palmen und sogar mit kleinen Figuren, die nach dem Mittelpunkt ausgerichtet waren.

Die großen reliefgeschmückten Portale schließlich sind das Ergebnis jener unzweifelhaften Wiedergeburt der Bildhauerkunst, die kurz vor 1100 die bedeutsamen architektonischen Experimente des 11. Jahrhunderts krönte und das Ende einer seit dem Jahr 1000 ohne Unterbrechung vorangetriebenen vielfältigen Entwicklung darstellte. Das fast gleichzeitige Erscheinen solcher Portale im Languedoc und in Burgund läßt die Breite dieser Entwicklung erkennen. Von der sogenannten Porte Miègeville von Saint-Sernin in Toulouse und dem Westportal der großen Kirche von Cluny, die so nüchtern und luftig durchkomponiert sind, zu den im 12. Jahrhundert entstehenden wimmelnden apokalyptischen Visionen, Darstellungen des Jüngsten Gerichts oder – wie in Vézelay – einer Aussendung der Apostel wurden stufenweise Figurenreichtum und Ausdruckskraft immer größer; die Starre der frühromanischen Bildnerei löste sich; es setzte eine Formüberspinnung der Fassaden ein, die ihnen einen eigentümlichen Zauber verlieh. Hinter diesem «Formenrausch» trat die lehrhafte Bedeutung der Darstellungen allmählich zurück.

Es ist schon wiederholt versucht worden, zwischen den großen figurengeschmückten Portalen und den Pilgerfahrten nach Santiago de Compostela eine Beziehung herzustellen. Wenn es auch zutrifft, daß zwei der berühmtesten Portale in ganz Europa – in Vézelay und Saint-Gilles-du-Gard – an Kirchen zu finden sind, die im Pilgerführer von Santiago als Endpunkte zweier Pilgerstraßen bezeichnet werden, widerspricht dieser Hypothese doch anderseits die Tatsache, daß es im Velay und in der Auvergne, zwei Landschaften, durch die sich viele solcher Pilgerstraßen zogen, die zudem zahlreiche verehrte Reliquien aufweisen, keine derartigen Portale gibt. Und warum fehlen sie auch im Poitou und der Saintonge, Landschaften, durch die die großen westfranzösischen Pilgerstraßen führten? Eine einleuchtendere Erklärung erhält man, wenn man die geographische Lage der Kirchen mit dem in den betreffenden Gegenden zur Verfügung stehenden Gestein in Verbindung bringt: figurengeschmückte Portale sind dort verbreitet, wo es den leicht zu bearbeitenden, widerstandsfähigen, großflächig verwendbaren Kalkstein gibt, während die Granitblöcke, aus denen die Kirchen im Zentralmassiv errichtet sind, eine solche Bearbeitung kaum zulassen.

Die «erzählenden» Kapitelle

Dafür kommt der Granit bei den Kapitellen zu seinem Recht, die als «Gelenk» zwischen Stütze und Bogen eingeschoben sind. Das Prinzip wurde von den romanischen Baumeistern aus der klassischen Antike übernommen.

▲ Kirche von Déols bei Chateauroux (Indre): Tierkapitell

Die dem Geist jener Zeit allzu wenig entsprechenden dorischen und ionischen Formen wurden nicht verwandt; dagegen ahmte man oft die reichgegliederten Blattkelche der korinthischen Kapitelle nach, wandelte sie jedoch mannigfach ab. Im Sommer 1964 wurde in Cluny ein herrliches Kapitell ausgegraben, das vermutlich aus der nach Fertigstellung der Hauptkirche um 1115–1120 entstandenen Vorkirche stammt. Auf einem sehr gestreckten Rumpf, der unversehens in einer kräftigen Volute endet, ist das Motiv mit einer Dichte und Sicherheit stilisiert, die vielleicht niemals übertroffen worden sind.

Wesentlich erweitert wurde das Repertoire durch viele der barbarischen Goldschmiedekunst und der vorromanischen – besonders der irischen – Buchmalerei entnommene Motive: verschlungene Windungen und dämonische Tiere, die Rücken an Rücken stehen oder sich einander zuwenden und aus den Tiefen Asiens stammen. Aber während die romanischen Künstler die tektonische Funktion des

Kapitellrumpfes voll ausnützten, wiesen sie ihm als Bildträger ganz neue Aufgaben zu. Während der Romanik – und nur während dieser Zeit – erhielten die Kapitelle eine liturgische Bestimmung, dienten zur Veranschaulichung der wunderbaren Geschichten, an denen die christliche Frömmigkeit sich erfreute. Wie es ihnen gelungen ist, diese Aufgabe zu lösen, zeigen auf eindrucksvolle Weise zahllose Beispiele im ganzen Verbreitungsgebiet der Romanik.

Zwei Kapitellformen existierten nebeneinander. Auf einer freistehenden Säule ist der Kapitellrumpf vollständig ausgebildet, entweder als mehr oder weniger abgeflachter Kegelstumpf oder als unten abgerundeter Würfel. Wenn die Säule in eine Wand oder eine Stütze einbezogen ist, also zur Halbsäule wird, wird das Kapitell einfach in der Mitte senkrecht geteilt, ohne daß sich das Profil dadurch verändert. Manchmal wird die Halbsäule allerdings dadurch stärker in die Stütze eingebunden, daß im Kapitell friesartig der Abschluß der Stütze mit Vorsprüngen, Schichtungen und Wölbungen fortgeführt wird.

Aber wenn sich auch das Kapitell für Laubschmuck hervorragend eignete, so waren figürliche Darstellungen doch weit schwieriger unterzubringen als auf einer ebenen Fläche. Während die Kunst der Pflanzenbildnerei in Stein auch während den dunkelsten Wirren der Völkerwanderungszeit nie ganz erlosch, war die Ausschmückung der Kapitelle mit figürlichen Darstellungen, an die sich die romanischen Künstler heranwagten, etwas ganz Neues.

▼ Ein Beispiel für die Wundergeschichten, die die frommen Christen ergötzten

▲ Dijon, Abteikirche Saint-Bénigne: Kapitell

erhobenen Arme. Ähnlich finden sich bei den unvollendeten Wandmalereien in der Kapelle von Montbellet im Departement Saône-et-Loire noch die eigenartigen geometrischen Rahmen der Figuren, die aussehen, als ob sie direkt aus dem Skizzenbuch von Villard von Honnecourt stammten.

Die Kapitelle von Saint-Bénigne sind deshalb so wertvoll, weil sie bereits mit voller Deutlichkeit das Grundprinzip der romanischen Bildhauerei erkennen lassen: vollkommene Unterwerfung unter Form und Fläche des Bildträgers, auch wenn sie noch so außergewöhnlich waren. Dies erklärt die berühmten anatomischen Verformungen, Dehnungen oder Verkürzungen oder beides nebeneinander, mit denen die in den Kategorien des Akademismus denkenden Kunsthistoriker des 19. Jahrhunderts so wenig anzufangen wußten. Der romanische Bildhauer kam – außer bei

▼ Aniane (Hérault), Kreuzgang: Kapitell mit Darstellung der Gewissensqualen des Sünders

Die allerersten Versuche um das Jahr 1000 waren von rührender Unbeholfenheit, zeigten aber bereits vielversprechende Ansätze. Aus den damals herausgearbeiteten Gesetzen leitete sich die ganze spätere Entwicklung ab. Ganz deutlich läßt sich dieser Schöpfungsprozeß in Saint-Bénigne in Dijon ablesen: fast alle Kapitelle in der Rotunde sind schmucklos, ausgenommen jene, die den westlichen Zugang säumen. Sie weisen geheimnisvolle Reliefs auf; auf einem von diesen glaubt André Parrot die Symbole der vier Evangelisten zu erkennen. Man kann sich kaum vorstellen, daß diese inhaltlich und technisch bereits vollkommenen Schöpfungen um die gleiche Zeit entstanden sind wie die ungeschickten Versuche auf einigen Kapitellen des Umgangs. Dort hat an einer Stelle ein Bildhauer mit richtigem Gespür für die formalen Notwendigkeiten des Kapitellrumpfes, aber unbeholfener Hand versucht, einen Oranten zu gestalten. Die Figur ist nur schematisch angedeutet; das Gesicht mit der niederen Stirn und dem von einem Mittelscheitel geteilten Bart erinnert entfernt an römische Bildhauerei. Linkisch hält der Betende die beiden Arme empor. Durch eine anatomisch unmögliche Drehung sind die Hände bis zu den Ecken des Kapitells verlängert, das sonst nur von Laubwerk geschmückt ist. Auf der Seite findet sich eine zweite Skizze eines Oranten (vielleicht wurde der Bildhauer in seiner Arbeit unterbrochen und konnte das Kapitell nicht fertigstellen): wir erkennen den gekräuselten Bart und die

zweitrangigen Details – überhaupt nicht auf den Gedanken, die Natur nachahmen zu wollen, für die er kein
Gespür hatte – wenn er sie nicht fürchtete. Er beobachtete
nicht. Von einem Gefühl, einer Idee, einem Traum ausgehend, überzog er den Stein mit Linien, denen er dann die
Darstellung anpaßte, wie man in die ständig wechselnde
Form einer vorüberziehenden Wolke Formen und Profile
hineinprojiziert. Dieses Verfahren ging in erster Linie
auf die irische Buchmalerei zurück, für die sogar die
verzerrte, gedehnte, verrenkte menschliche Gestalt nur ein
Vorwand für endlose Träumereien war, versponnen wie
undeutliches Gebetsgemurmel. Durch die fast schranken-
lose Kühnheit der Verkürzungen, der verschlungenen
Arabesken, der Verzerrungen und des verwirrenden Ge-
wimmels von Lebe- und Fabelwesen gelang es dem
Künstler, für die unerbittliche Logik der romanischen Architektur ein Gegengewicht zu schaffen, wie mit einem
Zauberstab ihr nüchternes Gleichgewicht aufzulockern, in
die kühle Strenge einen Hauch von göttlicher Irrationalität zu bringen. Je vollkommener sein handwerkliches
Können wurde, desto mehr schien er sich in einer Virtuosi-
tät zu gefallen, die für ihn ebenso notwendig war wie die
Luft, die er atmete. Die spätesten, durchdachtesten,
gekonntesten, vielfältigsten Schöpfungen – beispielsweise
die beiden jüngeren Portale von Charlieu, in denen sich
schon deutlich das Ende der Romanik ankündigt – weisen
mit ihren Wirbeln, Spiralen und Schnörkeln die lebendige
Spontaneität eines rasch hingeworfenen Freskos auf.

Die apologetische Funktion der romanischen Bauplastik

Hinter den technischen Verfahren dieser Kunst steckt weit
mehr als eine stilistische Notwendigkeit entsprechend
dem von Henri Focillon so ausgezeichnet definierten
« Gesetz des Rahmens », die auf eine einfache plastische
und gefühlsmäßige Wirkung abzielt – sie ist alles andere als
eine zweckfreie Kunst. In der Fülle der Formen zeichnet sich
eine Idee ab, nimmt ein Weg seinen Anfang, der durch
das ganze Universum führt und in der Einheit einer allum-
fassenden Vision vom Gewimmel der Wesen zum Menschen
und vom Menschen zum Geist aufsteigt. Die dramatische
Spannung in Menschen, die Ordnung, Ruhe und Frieden
lieben, aber in eine unerbittliche, grausame Welt gestellt
sind, wird durch diesen Aufschwung ausgeglichen.
Der romanische Baumeister überzog das Land mit Kirchen,
die das Ewige repräsentierten, und mit stillen Kapellen,
die so fest standen wie das Kreuz über der in unauf-
hörlichem Wandel begriffenen Welt – aber seine Angst,

▲ Kirche von Mas d'Agen (Lot-et-Garonne): Kapitell

das ihn ständig quälende Schuldbewußtsein füllte diese
Bauwerke mit seltsamen, elenden Schimären, mit einem aus
der Tiefe der Erde aufsteigenden sehnsüchtigen Ruf
nach Erlösung.

Tiere und Menschen

Diese Welt tierischer Ungeheuer, in deren Betrachtung
sich die romanische Seele erging, war ihrerseits weit mehr
als ein Reservoir von Formen und dekorativen Themen:
sie war die Kodifizierung einer schrecklichen, heimgesuch-
ten Welt und ihrer dämonischen Urgründe. In einem
infernalischen Reigen finden sich alle nur denkbaren Ungeheuer – aus Alpträumen emporgestiegene Monstren,
Greife, östlicher Phantasie entsprungene Fabelwesen,
Paviane, großohrige Zwerge: eine merkwürdige Welt des
Entsetzens und zügelloser Phantasie. Ängstlich trat der
Mensch diesen entfesselten Mächten gegenüber, die ihn
umgaben und erschreckten; im Haus Gottes hallte der
Lärm des unheimlichen Kampfes zwischen den Mächten
des Lichtes und den Mächten der Finsternis wider. Der

Sünde ausgeliefert, waren die Kinder Adams nackt, schwach und hilflos. Der Mensch erscheint auf diesen Plastiken mit in spitzem Winkel gebeugten Knien oder mit der Waffe in der Hand einem Gegner gegenüber im erbarmungslosen Kampf von Mann zu Mann. Denn die Erinnerung an die Barbareneinfälle ist noch sehr lebendig; die Grenzen des christlichen Abendlandes sind stets bedroht, und Wolfsrudel und andere Raubtiere durchstreifen das von Hungersnöten und Seuchen heimgesuchte Europa.

Die Geweihten Gottes

Aber zumindest kennt der einsame, sich seines Elends bewußte Christ den Wall, der ihn schützt. Die Geweihten Gottes, die Gesalbten, die Propheten und die Heiligen, die die Welt überwunden haben, tragen zu seinem Trost sichtbar das Zeichen ihrer Erwählung. Zusammen mit den Heiligen an den Portalen sind sie die Wächter der Heiligtümer, trotzen dem abscheulichen Satan, der sie quält und ihnen Fallstricke spannt. Gemessen sind ihre Gesten, abgeklärte Ruhe spricht aus ihren Gesichtern. Den Hals vorgereckt, treiben sie mit erhobener, aus dem Kapitell oder dem Sockel hervorragender Hand den Teufel aus der Welt und segnen diese. Oder sie zeugen mit in erhabener Geste in Schulterhöhe erhobener flacher Hand für den Unsichtbaren, den ihre Augen gesehen, ihre Ohren vernommen haben. Heute kennt dank der Fotografie jedermann Beispiele der einzigartigen Reihe romanischer Antlitze – vom gedankenverlorenen Jeremias in Moissac bis zum tanzenden Jesaias in Souillac, von den in andächtigem Staunen erstarrten Apostelgesichtern des Abendmahlkapitells in Issoire bis zu den schon fast ein wenig gekünstelt wirkenden Marien am Grabe in Mozat, von den ekstatisch verzückten klugen Jungfrauen in Civray bis zur ahnungsschweren Flucht nach Ägypten in Autun. Sie alle tragen irgendwie das Siegel Gottes, wie der Blick mancher Seher noch lange Zeit die unaussprechliche Welt widerspiegelt, zu der sie für kurze Zeit Zugang erhalten hatten.

Die aus den Klöstern stammende mystische Betrachtung leitete den Meißel der Bildhauer. Durch die konkrete, ja «buchstäbliche» Darstellung des Unsichtbaren sollten die Gläubigen ohne große Mühe mit ihm vertraut werden. Die geweihten Steine waren auf dieser Welt die Rast- und Wohnstätte der Gerechten. Natürlich gab sich der romanische Bildhauer keineswegs einer Art von verfrühtem Quietismus hin: er wußte stets, daß sich der eigentliche Kampf in jener immateriellen Welt abspielte, die für ihn wirklicher war als die sichtbare Welt. Als Symbole der vielfältigen Macht des Bösen, das bis zum Ende der Zeiten mit ausdrücklicher Erlaubnis Gottes die Seelen quält, waren ihm die Dämonen zu jeder Zeit gegenwärtig, trügerisch verkleidet oder in wilde Tiere verwandelt, um ihn heimtückisch zu Fall zu bringen. Luzifer als das höchste Böse wurde infolge der panischen, respektvollen Angst, die man ihm gegenüber hegte, nur selten dargestellt, aber um so zahlreicher sind die Abbildungen seiner verdammten Kinder. Sie finden sich überall, und um sie darzustellen, entfaltete die romanische Phantasie ihren ganzen Reichtum. Doch diese finsteren Gestalten haben nichts Großartiges an sich: die häßlichen, ungestalten, widerlichen bösen Geister sollen nur Abscheu, Entsetzen, Ekel erregen. Einer der erlauchtesten Geister des 12. Jahrhunderts, Petrus Venerabilis, schilderte sie in seinem Mirakelbuch mit einer Derbheit und einer Fülle von skatologischen Details, die feinfühlige Seelen entsetzen würden, wenn es dem Verfasser nicht darum ginge, mit allen Mitteln einen totalen Sieg über diese Welt des Bösen zu erringen.

Die Geister des Lichtes und des Sieges

Denn jeder Christ wußte: zuerst mußte «offenbart werden der Mensch der Sünde, der Sohn des Verderbens, der da ist der Widersacher», auf daß ihn «der Herr Jesus umbringen wird mit dem Hauch seines Mundes und wird ihm ein Ende machen durch seine Erscheinung, wenn er kommt» (2. Thessalonicher 2). Die Engel waren die Boten seiner Herrlichkeit. Tapfer, hochherzig, edel, waren sie das Gegenstück der unreinen Geister. Dies brachten die Skulpturen zum Ausdruck: der wilden Unruhe der Dämonenwelt stellten sie eine majestätische Ruhe entgegen, die manchmal, wie in Civray, von einem verhaltenen, zärtlichen Lächeln überstrahlt war. Selbst wenn sie im Kampf mit den Mächten des Bösen gezeigt wurden, behielten sie diese ruhige, abgeklärte Haltung bei. Ebensogut wie das Publikum, für das er arbeitete, kannte der romanische Bildhauer die in der Heiligen Schrift geoffenbarten Kategorien des Guten und Bösen. Die drei Flügelpaare der Seraphine, von denen eines dazu dient, den Flammenleib Gottes zu verhüllen, bauen im Tympanon der Kirche in Perrecy-les-Forges eine doppelte Dreieckskomposition auf, die auf beiden Seiten der Mandorla mit dem thronenden Christus die ganze Fläche ausfüllt. Meist aber bedient sich die romanische Bildhauerei zur Darstellung himmlischer Wesen des zumindest seit den ravennischen Mosaiken üblichen Typus: herrliche junge Männer in prächtigen langen Gewändern und wallenden Mänteln, manchmal militärisch gegürtet und mit einem in harmonischer Kurve weit ausgespannten Flügelpaar auf dem Rücken. Diese himmlischen Heerscharen sind in erster Linie dazu da, um Gott zu dienen und ihn anzubeten. Sie tragen und zeigen dem Beschauer die Mandorla mit dem thronenden Christus, präsentieren ihn der Verehrung der Gläubigen, deren Führer und Hüter sie sind. Eine fromme Literatur von den Kirchenvätern bis zu den Erzählungen in den Mirakel-büchern macht den Gläubigen mit ihrer ständigen Gegenwart und ihrer Aufgabe als wachsame Beschützer vertraut, die sie in besonders dringlichen Fällen sogar in sichtbarer Gestalt ausüben können. Man sieht, wie sie eine Seele ins Paradies geleiten, einer anderen im Kampf gegen Versuchungen beistehen. Aber unsichtbar führen sie jeden Tag, jeden Augenblick einen unerbittlichen Kampf gegen die Mächte des Bösen. Mit einem martialisch ge-schwungenen kurzen Schwert bewaffnet, schützen sie sich – wie fränkische Krieger – mit einem ovalen Schild, hinter den sich auch die von ihnen beschützte Seele ängstlich duckt (sie ist als kleiner, armseliger, bloßer Mensch dargestellt). Eine Vielzahl von Themen entnahm die romanische Bauplastik der «Psychomachie» des Prudentius, vom dreiköpfigen Adler bis zum monströsen Krieger, der sich ebenfalls auf dem Portal von Perrecy-les-Forges findet. Diese kriegerische Aufgabe ist den Engeln eigen; die Tugenden, die von den Fresken von Allinges in Savoyen bis zu den Kapitellen von Cluny gezeigt werden, begnügen sich mit Anbetung, Kontemplation und Triumph.

Über den Engeln thronen die Erzengel, denen sich der romanische Christ vielleicht am meisten verbunden fühlte: der den Tobias geleitende Raphael, der die Geburt Jesu verkündende Gabriel, vor allem aber Michael, der Beschützer und Heilige der Berge, in welcher Rolle er – vermutlich ohne große Schwierigkeiten – den römischen Gott Merkur ablöste. Ihm war in Cluny eine Oberkapelle auf der Rückseite der Kirchenfassade geweiht, eine vorstehende kleine Apsis, die von einem luftigen Mauervorsprung getragen wurde; ihre Entwicklung läßt sich noch heute von Payerne (Peterlingen) bis zur spätromanischen Kirche von Semur verfolgen. Der Erzengel zeigt sich auf den Kapitellen der Portale, wo er den Drachen des Bösen zur Strecke bringt und ihm somit den Eintritt ins Heiligtum verwehrt. Denn für den Menschen der Romanik, der sich des die Buße der Menschen fordernden göttlichen Erbarmens bewußt war, stellte dieser Kampf nicht die systematische Grundlage eines Gedankens oder einer Lehre dar, sondern

lediglich eine vorübergehende, augenblickliche Prüfung. Vom reichen Schatz unergründlicher Bilder, die sich in der Apokalypse des heiligen Johannes finden, übernahm der romanische Bildhauer nur Themen, in denen das Gute siegte; vergebens sucht man im Inneren der Kirchen eine Darstellung des von dem Drachen angegriffenen sternen-gekrönten Weibes oder der kämpfenden oder der leidenden Kirche. Dieses kriegerische Geschlecht wollte letzten Endes nur über den Kampf nachdenken: der Sünder ist in dem Augenblick, da man über ihn nachsinnt, bereits bestraft; jeder kann das ihm bestimmte Schicksal in Betracht ziehen. Glanzvoll siegt das Gute, was im erhabenen Aufstieg der Linien und ihrem Zusammentreffen über dem Opferaltar zum Ausdruck kommt.

▼ Vézelay, Sainte-Madeleine: Tympanon mit thronendem Christus (Aussendung der Apostel)

Auf der unwandelbaren Spitze der Pyramide

Denn über all diesen Wirren und Wirbeln der irdischen und himmlischen Kämpfe ruht der Schlußstein des festen, alles überragenden Gewölbes, in dem das ganze Bauwerk gipfelt – gleichzeitig Objekt und Subjekt aller bildnerischen Erfindung, die Immanenz, von der aus sich alles gestaltet und ordnet, vom Fundament bis zur Turmspitze: «Jener, der über den Cherubim thront und die Abgründe erforscht» (Dan.3). Genauer gesagt, ist es der erlösende, auferstandene Menschensohn, der vom Portal bis zur Rückwand des Chores herrscht, die sein in leuchtendem Blau und Purpur gehaltenes Bild schmückt. Nur sehr selten werden Szenen aus der Leidensgeschichte dargestellt, die jeder Christ in seinem eigenen Leben vollenden muß. In Montceaux-l'Etoile im Brionnais aber trägt der Sieger über den Tod noch das Werkzeug seines schmählichen Leidens; in Conques wird es von zwei Engeln getragen, und auf dem Tympanon von Beaulieu zeigt sich das Kreuz hinter dem mit kreuzförmig ausgebreiteten Armen thronenden Christus.

Viel lieber stellte man ergreifende Episoden aus dem Leben Jesu heraus, die die wesenhafte Menschlichkeit des Gottessohnes bewiesen und von den Theologen und Predigern des 11. Jahrhunderts mit Odilo von Cluny an der Spitze immer wieder behandelt wurden. Die verhältnismäßig spät aufkommenden Themen aus der Kindheit Jesu bezeugen eine geistige Weiterentwicklung und eine deutliche Vermenschlichung der romanischen Ikonographie, die damit Hand in Hand ging. Zu Jesu Geburt, der Anbetung der Weisen, der Flucht nach Ägypten – Themen, die die Gläubigen stets erfreuten – traten Mariä Verkündigung und Mariä Heimsuchung. Diese Darstellungen zeigen uns das schöne, zärtliche Antlitz der Gottesmutter und Himmelskönigin, die schon vor dem heiligen Bernhard das romanische Empfinden angesprochen hat – sie, die bereits der heilige Odilo als «Nostra Domina», unsere Herrin, besungen hat. Ehe sie auf den Tympana der gotischen Kathedralen in den Mittelpunkt rückte, sah sie gemeinsam mit den Aposteln zu, wie ihr Sohn im Glanz seiner Majestät zum Himmel auffuhr.

Das Abendmahl und dieser Tag, an dem er sich von den Menschen trennte, sind theologisch miteinander verknüpft. «Ich will euch nicht als Waisen zurücklassen.» Nicht umsonst spielt das Opferlamm in der Offenbarung des Johannes eine so große Rolle. Aus prophetischen Tiefen aufgestiegen, vom Kreuz durchbohrt, wird es von den «Ältesten» angebetet; manchmal, so auf dem Tympanon von Charlieu, ist es vom Auferstandenen begleitet, der neben dem Christus des Jüngsten Gerichts die romanischen Tympana beherrscht. Der visionäre Künstler stellt den triumphierenden Gottessohn in eine Mandorla, wie wir sie beispielsweise in Toulouse und Conques sehen. Die erstaunliche plastische Zusammenstellungen ermöglichenden Symbole der vier Evangelisten, die in Conques die Mandorla umgeben, und der vom Antlitz des richtenden Christus ausgehende schreckliche Glanz läßt wie in Moissac jene erstarren, die er jeden einzeln zu betrachten und mit Namen zu rufen scheint. Dieses verwirrende Schauspiel des Weltendes unter Posaunenstößen und dem Beben der sich öffnenden Erde, dem gräßlichen Schreien der Verdammten und den Lobgesängen der Auserwählten ist der Höhe- und Schlußpunkt der romanischen Vision. Die Majestät der architektonischen Ordnung, Symbol jenes himmlischen Jerusalem, «dessen Teile allesamt miteinander verknüpft sind», und der Rausch der von der göttlichen Gegenwart erfüllten Bauplastik münden in dieses herrliche Bild, das alle Widersprüche aufhebt.

Nunmehr versteht man besser das erstaunliche Mißverhältnis zwischen den sakralen Schöpfungen, auf die als auf das einzig Notwendige der romanische Geist seine ganze Schöpferkraft konzentrierte, und den weit selteneren Beispielen profaner Architektur, die, von denselben Baumeistern ausgeführt, oft nur ein schwacher Abglanz sind. Damit zerreißt endlich der Schleier, der die verborgensten, unzugänglichsten Bereiche der Romanik verhüllte. Diese unendlich reiche, wesenhafte Wirklichkeit, die ihrer Vielfalt zugrunde liegende Einheit läßt sich letzten Endes weder auf technischer, geographischer, historischer oder kunsthistorischer Ebene erklären – sie beruht auf dem innersten Wesen des von der «virtus Dei», dem Atem Gottes, erfüllten und emporgehobenen Menschen jener Zeit.

Zeittafel

Wichtige historische Ereignisse

476	Ende des Weströmischen Reiches
528	Benedikt von Nursia gründet das Kloster Monte Cassino und legt die Ordensregeln für das abendländische Mönchstum nieder
800	Kaiserkrönung Karls des Großen, unter ihm Einigung des christlichen Abendlandes
909	Gründung der Benediktinerabtei Cluny
936	Otto I. wird zum deutschen König gewählt
941	
955	Otto I. besiegt die Ungarn auf dem Lechfeld bei Augsburg
957	
962	Otto I. in Rom zum Kaiser gekrönt (Beginn des Heiligen Römischen Reiches Deutscher Nation)
987	Wahl Hugo Kapets zum König von Frankreich
994	Odilo von Mercœur wird zum Abt von Cluny gewählt
998	Gerbert von Aurillac wird als Silvester I. zum Papst gewählt
1002	Tod Kaiser Ottos III.
1003	
1014	
1015–1033	
1030–1061	
1040	
1041–1065	
1049	Hugo von Semur wird Abt von Cluny

Wichtige kunsthistorische Daten	Architektonische Entwicklung
Neubau des Chors der Kirche von Agaunum	Erstes bekanntes Beispiel eines Chorumgangs mit Kapellenkranz
Neubau der Kirche von Banyoles in Katalonien	Erstes bekanntes Beispiel eines vollständig überwölbten Langhauses
Unter dem heiligen Odilo Neubau der Kirchen von Charlieu, Souvigny, Romainmôtier, Payerne (Langhaus) usw.	
Nach Radulfus Glaber Beginn reger Kirchenbautätigkeit im Abendland	Einfluß der Comaciner in Ostfrankreich: Kleinteilige Wandstruktur, Lombardische Friese
Weihe von Saint-Martin in Tours	Erstes Beispiel einer sogenannten «Pilgerkirche», aber ohne Überwölbung des Langhauses
Bau von St. Michael in Hildesheim	Querhaus mit ausgeschiedener Vierung
Dom von Speyer (I)	
Weihe von San Vincente in Cordona (Katalonien)	Querhaus mit Trompenkuppel über der Vierung
Abteikirche von Conques	Prototyp der sogenannten «Pilgerkirchen»: Tonnengewölbe über dem Mittelschiff, Emporen über den Seitenschiffen

Wichtige historische Ereignisse

1062	
1063	
1066	Eroberung Englands durch die Normannen (Schlacht bei Hastings)
1073	Wahl Papst Gregors VII.
1080–1106	
1090	
1093	
1095	Ausrufung des ersten Kreuzzugs
1097	
1100	
1119	
1120	
1130	
1140	
1144	
1146	Ausrufung des zweiten Kreuzzugs
1147	
1152	Abt Suger gestorben
1153	Bernhard von Clairvaux gestorben
1156	Petrus Venerabilis, Abt von Cluny, gestorben
1163	

Wichtige kunsthistorische Daten	Architektonische Entwicklung
Saint-Etienne in Nevers begonnen	
Dom zu Pisa begonnen	
Umbau des Doms von Speyer (II)	Kreuzgratgewölbe über dem Mittelschiff (vgl. 1100: Anzy-le-Duc)
Kathedrale von Ely begonnen	
Kathedrale von Durham begonnen	Erster bekannter Chor mit Kreuzrippengewölbe
Papst Urban weiht den Hochaltar von Cluny III.; S. Abbondio in Como geweiht	Verwendung von Spitzbögen und Spitztonnen
Saint-Etienne in Nevers geweiht	Vollkommenes Beispiel einer romanischen Kirche mit vollständiger Überwölbung, direkter Beleuchtung des Mittelschiffes und Emporen über den Seitenschiffen
Kreuzgang von Moissac.—Um 1100: Kirche von Anzy-le-Duc, Vorbild für Vézelay, vollendet	Kreuzgratgewölbe über dem ganzen Mittelschiff
Weihe des Hochaltars der Kathedrale von Cahors	Kuppelkirche (wie Souillac, Solignac, Fontevrault u.a.)
Baubeginn des Langhauses von Vézelay. Beginn des Neubaus der Burg Saone durch die Kreuzfahrer	Übernahme der Rundtürme byzantinischer Wehrbauten
Weihe von Cluny III	
Weihe des Westbaus der neuen Abteikirche von Saint-Denis	
Weihe des Chors von Saint-Denis	Beginn der gotischen Architektur: farbige Glasfenster, Spitzbogengewölbe
Weihe der Zisterzienserkirche in Fontenay	
Notre-Dame in Paris begonnen	

Bibliographie

Das vorliegende Buch ergänzt in vieler Hinsicht eine frühere Arbeit des Verfassers über die Pilger des Mittelalters, Paris 1963, Fayard. Weitergeführt und ausführlicher dargestellt wird besonders der dritte Teil jener Arbeit, in dem eines der für den Historiker interessantesten Probleme der romanischen Architektur behandelt wird: die Frage, welche Einflüsse die Massenbewegung der Wallfahrten auf Gestaltung und Charakter der Bauwerke ausgeübt hat. Ferner sind in diesem Buch kunsthistorische Vorlesungen des Verfassers in Lyon verarbeitet, deren Hauptgedanke darin besteht, daß die kunsthistorischen Untersuchungsmethoden auf dem gründen sollten, was man – vielleicht ein wenig übertreibend – als «totale Archäologie» bezeichnen könnte. Das bedeutet, daß man bei der Analyse der Baudenkmäler, um die Bauten und die Welt, in der sie errichtet wurden, besser verstehen zu können, andere Wissenschaften heranziehen sollte, die weitere Aufschlüsse zu geben vermögen: Geschichte, Geographie, Volkskunde, ja sogar die Philosophie und die Theologie.

Dementsprechend ist es sehr schwierig, an dieser Stelle alles Quellenmaterial anzuführen, das der Verfasser im Laufe der Zeit studiert, auf einer Reise entdeckt hat und in jedem Fall, in dem er es ermöglichen konnte, durch eigene Nachforschungen an Ort und Stelle ergänzt hat, denn nur dadurch ist es möglich, das Bauwerk im lebendigen Zusammenhang mit seiner Umwelt zu sehen und zu verstehen. Übrigens war es noch weit schwieriger, die ungeheure Fülle der romanischen Architektur auf kaum hundert Seiten darzustellen; er war also gezwungen, zugunsten dessen, was ihm wesentlich erschien, auf die ausführliche Behandlung von Einzelheiten zu verzichten und statt einer in diesem Rahmen unmöglichen Gesamtdarstellung eine seines Erachtens repräsentative Auswahl zu bringen.

Über die Kunst der Romanik sind zahllose Bücher geschrieben worden. Wenn der Verfasser alle Arbeiten aufzählen wollte, die er konsultiert hat, dann ergäbe das ein zweites Buch. Eine der besten, sich stets auf das Wesentliche beschränkenden, auf subjektive Eindrücke verzichtenden Darstellungen der Entwicklung, Verzweigung und Fülle der romanischen Architektur ist die meisterliche Synthese des Amerikaners Kenneth John Conant: «Carolingian and Romanesque Architecture, 800 to 1200», Pelican History of Art, 1959. Das Buch enthält eine umfangreiche Bibliographie, deren Titel er hier nicht im einzelnen anzuführen braucht.

Fast ebenso aufschlußreich ist die bemerkenswerte «Histoire de l'art. Moyen Age et Temps modernes», die Pierre Lavedan veröffentlicht hat, Paris 1944. Die Arbeit ist nur in wenigem überholt; die wichtigsten Fragen der romanischen Kunst sind klar herausgestellt. Die Bibliographie enthält viele inzwischen zu Klassikern gewordene Veröffentlichungen, so den vielbändigen «Dictionnaire raisonné de l'architecture française du XIe au XVIe siècle» von Viollet-le-Duc, die zweibändige Studie «Die kirchliche Baukunst des Abendlandes» von G. Dehio und G. von Bezold, Stuttgart 1884–1901, die umfangreiche, von André Michel herausgegebene und noch heute benützte «Historie de l'Art», Band I und II, Paris 1905/06, ferner die großen Fachzeitschriften, die sich seit mehr als einem Jahrhundert mit der Romanik befassen: «Bulletin Monumental» und «Congrès archéologique» in Frankreich, «Journal of the British Archaeological Association» in Großbritannien, «Zeitschrift für Kunstgeschichte» in Deutschland, «Speculum» in den Vereinigten Staaten usw. Es werden auch neuere Arbeiten angeführt, so Henri Focillons «Art d'occident. Le Moyen Age roman et gothique», Paris 1955.

Ebenso zahlreich sind die Schriften über die romanische Baukunst nach Ländern und Landschaften; sie alle anzuführen, ist ganz und gar unmöglich. Der Verfasser beschränkt sich also darauf, die wichtigsten zu nennen. Eine Arbeit von grundlegender Bedeutung, die bis heute nicht übertroffen wurde, ist für Frankreich das «Manuel d'archéologie française» von Camille Enlart, I. Architecture religieuse; II. Architecture civile et militaire; III. Costume, Paris, mehrere Neuauflagen; 3. durchgesehene Auflage 1927. Wichtig ist auch «L'architecture religieuse en France à l'époque romane» von Robert de Lasteyrie (besonders die zweite, von Marcel Aubert durchgesehene und erweiterte Auflage, Paris 1929). Großbritannien behandelt A. W. Clapham in seinen beiden brillanten Studien «English Romanesque Architecture before the Conquest», Oxford 1930, und «English Romanesque Architecture after the Conquest», Oxford 1934; ferner Sydney Toy in «The Castles of Great Britain», London 1953. Mit Deutschland befassen sich E. Hempel in «Geschichte der deutschen Baukunst», München 1949, und L. Grodecki in «Au seuil de l'art roman. L'architecture ottonienne», Paris 1958. Eine gute Darstellung der Entwicklung in Italien gibt A. Venturi in «Storia dell'arte italiana», Mailand 1904, die durch die Arbeiten von M. Salmi ergänzt wird («L'arte italiana», Florenz 1953; «L'architettura romanica in Toscana», Mailand/Rom 1927; «Romanische Kirchen in der Toskana», Nürnberg 1961); das Wirken der Comaciner schildert G. Rivoira in «Le origini della architet-

191

tura lombarda e delle sue principali derivazioni nei paesi d'Oltr'Alpe» Mailand 1908; A.K.Porter in «Lombard Architecture», New Haven 1915–1917, und E.Arslan: «L'architettura del 568 al mille» in «Storia di Milano» II, Mailand 1954. Spanien behandelt L.Torres Balbás in «El arte de la alta edad media y del periodo románico en España», 1936, den «premier art roman» J.Puig i Catafalch in seinen berühmten Büchern «L'arquitectura romanica a Catalunya», Barcelona 1908–1918, «La geografia els origens del primer art romanic», Barcelona 1930 und «Le premier art roman», Paris 1928.

Die Vervollkommnung von Reproduktionsverfahren und Drucktechnik seit dem Zweiten Weltkrieg hat dazu geführt, daß die Denkmäler und Schätze der romanischen Baukunst einem breiten Publikum durch zahlreiche Bildbände bekanntgeworden sind. Ausgezeichnete Abbildungen und fachkundige Texte enthalten die Publikationen der Editions Braun, von denen bis heute erschienen sind: J.Gantner und M.Pobé, «L'art monumental roman en France», 1955 (deutsch: «Gallia Romanica», Wien/München 1955) H.Decker, «L'art roman en Italie», 1958, (deutsch: «Italia Romanica», Wien/München 1958), M.Durliat, «L'art roman en Espagne», 1962 (deutsch: «Hispania Romanica», Wien/München 1962) und H.Busch, «L'art roman du Saint-Empire», 1963 (deutsch: «Germania Romanica», Wien/München 1963).

Zu erwähnen sind schließlich die Editions Zodiaque («La Pierre-qui-Vire», Yonne). Zwölf der bisher 21 Bände umfassenden Sammlung «La nuit des temps» sind der romanischen Kunst in Frankreich gewidmet: Burgund, Auvergne, Loire-Tal, Poitou, Touraine, Roussillon, Anjou, Quercy, Limousin, Angoumois, Forez-Velay und Rouergue. Ein Band behandelt die romanische Schweiz, ein weiterer die Bauten der Kreuzfahrer im Heiligen Land, und zwei Bände befassen sich mit Katalonien. Bedeutsame Ausführungen über die romanische Architektur enthalten die Bände von M.A.Dimier über die Zisterzienserkunst, «Recueil de plans d'églises cisterciennes», Paris 1949, und «L'art cistercien», Paris 1962, die dreibändige Arbeit von Melle Henry über die irische Kunst, sowie P.de Palol und M.Hirmer, «Spanien – Kunst des frühen Mittelalters», München 1965.

Die Photographien der Burg Saone, Syrien, auf den Seiten 152, 153 und 154 wurden uns freundlicherweise von Herrn Gérard Zimmermann zur Verfügung gestellt und die Luftaufnahme auf Seite 155 stammt aus dem Institut français d'archéologie, Beirut.

Herr Gérard Zimmermann, vom Institut d'histoire de l'art du Moyen Age, Genf, zeichnet für die im Text aufgeführten Dokumente.

Inhaltsverzeichnis